Découvrez l'histoire par les archives de presse

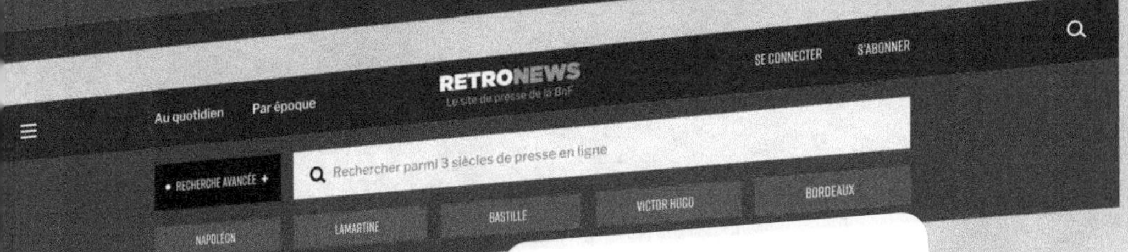

RETRONEWS

Le site de presse de la BnF

www.retronews.fr

1re Année. — No 1.   JUIN 1862.

LE
BIBLIOPHILE
FRANÇAIS

REVUE MENSUELLE DES LIVRES

ANCIENS ET MODERNES

SOMMAIRE :

INTRODUCTION. — LE LIVRE, par *Gustave Nicole*. — LES FEMMES DE SHAKESPEARE, par *James Mortimer*. — RÉIMPRESSION du *Dictionnaire de la Noblesse* de La Chenaye-Desbois et Badier (publication de MM. Schlesinger frères), par le *Bibliophile* JULIEN. LES OLYMPIADES, par *Reuillon*. — CATALOGUE des Livres anciens de la Librairie de Mme *Bachelin-Deflorenne*. — Livres en nombre.

<table>
<tr><td>PARIS</td><td></td><td>DÉPARTEMENT</td></tr>
<tr><td>Un an . . 2 fr. 50</td><td></td><td>Un an . . . 3 fr.</td></tr>
<tr><td>ÉTRANGER</td><td></td><td>UN NUMÉRO</td></tr>
<tr><td>Un an. . . . 4 fr.</td><td></td><td>Prix . . . 25 cent.</td></tr>
</table>

PARIS

LIBRAIRIE DE Mme BACHELIN-DEFLORENNE
RUE DES PRÊTRES-St-GERMAIN-L'AUXERROIS, 14, AU PREMIER
Près la Place de l'École.

1862

AVIS.

—Les abonnements ne peuvent se faire que pour l'année courante et sont payables d'avance en un mandat ou en timbres-postes.

Un exemplaire du *Bibliophile* est adressé *franco* à toute personne qui en fait la demande par lettre affranchie.

— Nous invitons les Bibliothécaires, les Archivistes, les Membres des Sociétés archéologiques et savantes qui désireront devenir les Correspondants du *Biblio-phile français*, de vouloir bien nous adresser *franco* leurs communications et leurs renseignements.

— Il est rendu compte, s'il y a lieu, des ouvrages dont il est déposé deux exemplaires.

NOTA.

— Si un ou plusieurs articles se trouvaient vendus à la réception d'une demande, l'absence de ces articles ne pourrait faire refuser le restant de l'envoi.

Comme nous ne possédons qu'un seul exemplaire de la plupart de ces ouvrages, il est important que l'on nous transmette promptement les demandes. Nous engageons nos lecteurs à bien nous préciser les titres, ainsi que la page et le numéro qui se trouve au commencement de chaque article.

— Nous rappelons aux Amateurs que l'administration des Postes se charge du transport des livres reliés ou brochés pour toute la France et l'Algérie à des prix très-réduits. Les envois se feront, sauf avis contraire, par l'entremise des Messageries impériales et CONTRE REMBOURSEMENT.

Achat de Bibliothèques ou partie de Bibliothèques. — Expertises.
— Rédaction de Catalogues. — Ventes publiques.

On reçoit les annonces de Librairie à raison de 12 fr. la page.

Adresser les lettres à Mme Bachelin-Deflorenne, éditeur du *Bibliophile français*, rue des Prêtres-Saint-Germain-l'Auxerrois, 14, à Paris.

LES
FEMMES
DE SHAKESPEARE

NOUVELLE ÉDITION ILLUSTRÉE

L'OUVRAGE COMPLET	2 BEAUX VOLUMES
PRIX : Broché, 12 fr. Relié à l'anglaise et doré sur tr., 15 fr. rendu franco *à domicile.*	Grand in-8° jésus AVEC COUVERTURES tirées **en Couleur.**

DE 45 MAGNIFIQUES PORTRAITS DE FEMMES

Dessinés et gravés sur acier par les Célébrités artistiques de Paris et de Londres.

Chaque Portrait est accompagné d'une Notice historique, biographique, critique et littéraire, par l'élite des Écrivains français, tel que MM. VILLEMIN et DE PONGERVILLE, de l'Académie française, DE MONTIGNY, PHILARÈTE-CHASLES, J. DE FONTENELLE, G. DE SAINT-PRIEST, DUPORT, POUJOULAT, O'SULLIVAN, HYPPOLITE LUCAS, E. DESCHAMPS, NISARD, L. HALÉVY, LEROUX DE LINCY, AMÉDÉE PICHOT, etc., et par Mesdames GEORGES SAND, AMABLE TASTU, LOUISE COLET, la princesse DE CRAON, etc.

EN SOUSCRIPTION A LA MÊME LIBRAIRIE :

DICTIONNAIRE
DE LA NOBLESSE

CONTENANT

Les Généalogies, l'Histoire et la Chronologie des Familles nobles de la France, l'explication de leurs Armes et l'état des grandes terres du royaume, possédées à titre de Principautés, Duchés, Marquisats, Comtés, Vicomtés, Baronnies, etc., par création, héritages, alliances, donations, subtitutions, mutations, achats ou autrement.

ON A JOINT A CE DICTIONNAIRE

Le Tableau Généalogique, Historique, des Maisons souveraines de l'Europe et une Notice des Familles étrangères les plus anciennes, les plus nobles et les plus illustres

PAR LA CHENAYE-DESBOIS ET BADIER

3e édition, publiée par MM. Schlesinger frères, rue de Seine, 12, à Paris.

Les tomes XIII, XIV et XV de l'édition in-4° sont refondus Augmentée des Noms puisés dans l'édition in-8° qui ne se trouvent pas dans l'in-4° ; d'une Table générale des Noms de familles citées dans l'Ouvrage, plus d'un ARMORIAL représentant les blasons d'un grand nombre de familles dont les Notices sont comprises dans cette édition qui sera publiée en

17 VOLUMES FORMAT GRAND IN-8° A DEUX COLONNES

Imprimés sur beau papier vergé collé

Chaque volume coûtera 16 francs aux Souscripteurs

Et sera distribué par demi-vol. de 300 pages environ, au prix de 8 fr.

Les trois cents premiers Souscripteurs recevront l'Armorial à titre de prime ; ils auront, de plus, la faculté de faire insérer, *sans frais,* à la fin de l'ouvrage, une Annotation généalogique ou de filiation de trente lignes, tirée des ouvrages nobiliaires antérieurs à 1789, et de ceux de Saint-Allais et de Courcelles.

860—Arras, typ. Schoutheer, rue des Rapporteurs, 6.

1re Année. — No 2.   JUILLET 1862.

LE
BIBLIOPHILE
FRANÇAIS

REVUE MENSUELLE DES LIVRES

ANCIENS ET MODERNES

SOMMAIRE:

Chronique littéraire, par le *bibliophile Julien*. — Lettres inédites de Béranger, Correspondance: lettre de M. *Christian*. — Les Soirs d'octobre de M. Juillerat, par *Armand Lebailly*. — Histoire de l'Hôtel-de-Ville de M. Rittiez, par *La Rigaudière* — Livres sur la Noblesse, les Beaux-Arts, l'Architecture, etc. en nombre. — Souscription au *Dictionnaire de la Noblesse* de La Chenaye-Desbois (réimpression de MM. Schlesinger frères).

PARIS

Un an . . 2 fr. 50

ÉTRANGER

Un an. . . . 4 fr.

DÉPARTEMENT

Un an . . . 3 fr.

UN NUMÉRO

Prix . . . 25 cent.

PARIS

LIBRAIRIE DE Mme BACHELIN-DEFLORENNE
RUE DES PRÊTRES-St-GERMAIN-L'AUXERROIS, 14, AU PREMIER
Près la Place de l'École.

1862

AVIS.

———

—Les abonnements ne peuvent se faire que pour l'année courante et sont payables d'avance en un mandat ou en timbres-postes.

Un exemplaire du *Bibliophile* est adressé *franco* à toute personne qui en fait la demande par lettre affranchie.

———

— Nous invitons les Bibliothécaires, les Archivistes, les Membres des Sociétés archéologiques et savantes qui désireront devenir les Correspondants du *Bibliophile français*, de vouloir bien nous adresser *franco* leurs communications et leurs renseignements.

— Il est rendu compte, s'il y a lieu, des ouvrages dont il est déposé deux exemplaires.

———

NOTA.

— Si un ou plusieurs articles se trouvaient vendus à la réception d'une demande, l'absence de ces articles ne pourrait faire refuser le restant de l'envoi.

Comme nous ne possédons qu'un seul exemplaire de la plupart de ces ouvrages, il est important que l'on nous transmette promptement les demandes. Nous engageons nos lecteurs à bien nous préciser les titres, ainsi que la page et le numéro qui se trouve au commencement de chaque article.

— Nous rappelons aux Amateurs que l'administration des Postes se charge du transport des livres reliés ou brochés pour toute la France et l'Algérie à des prix très-réduits. Les envois se feront, sauf avis contraire, par l'entremise des Messageries impériales et CONTRE REMBOURSEMENT.

———

Achat de Bibliothèques ou partie de Bibliothèques. — Expertises. — Rédaction de Catalogues. — Ventes publiques.

———

On reçoit les annonces de Librairie à raison de 12 fr. la page.

———

Adresser les lettres à Mme Bachelin-Deflorenne, éditeur du *Bibliophile français*, rue des Prêtres-Saint-Germain-l'Auxerrois, 14, à Paris.

AVIS IMPORTANT

954—Arras, typ. Schoutheer, rue des Rapporteurs, 6.

1re Année. — No 3. AOUT 1862.

LE
BIBLIOPHILE
FRANÇAIS

REVUE MENSUELLE DES LIVRES

ANCIENS ET MODERNES

SOMMAIRE:

CHRONIQUE LITTÉRAIRE, par le *bibliophile Julien*. — LA FRANCHE-MAÇONNERIE, par M. *P. Christian*, ancien Bibliothécaire au Ministère de l'Instruction publique. — CHARLOTTE CORDAY, par M. *A de Martonne*, archiviste du Loir-et-Cher. — RELATIONS POLITIQUES de la France et de l'Espagne avec l'Écosse, par M. *Teulet*. CATALOGUE des Livres anciens de la librairie de Mme *Bachelin-Deflorenne* et de la librairie de MM. Schlesinger, frères. — Livres en nombre.

PARIS
Un an . . 2 fr. 50

ÉTRANGER
Un an. . . . 4 fr.

DÉPARTEMENT
Un an . . . 3 fr.

UN NUMÉRO
Prix . . . 25 cent.

PARIS

LIBRAIRIE DE Mme BACHELIN-DEFLORENNE
RUE DES PRÊTRES-St-GERMAIN-L'AUXERROIS, 14, AU PREMIER
Près la Place de l'Ecole.
1862

AVIS.

—Les abonnements ne peuvent se faire que pour l'année courante et sont payables d'avance en un mandat ou en timbres-postes.

Un exemplaire du *Bibliophile* est adressé *franco* à toute personne qui en fait la demande par lettre affranchie.

— Nous invitons les Bibliothécaires, les Archivistes, les Membres des Sociétés archéologiques et savantes qui désireront devenir les Correspondants du *Bibliophile français*, de vouloir bien nous adresser *franco* leurs communications et leurs renseignements.

— Il est rendu compte, s'il y a lieu, des ouvrages dont il est déposé deux exemplaires.

NOTA.

— Si un ou plusieurs articles se trouvaient vendus à la réception d'une demande, l'absence de ces articles ne pourrait faire refuser le restant de l'envoi.

Comme nous ne possédons qu'un seul exemplaire de la plupart de ces ouvrages, il est important que l'on nous transmette promptement les demandes. Nous engageons nos lecteurs amateurs ou libraires à s'adresser directement à nous et à bien nous préciser les titres, ainsi que la page et le numéro qui se trouve au commencement de chaque article.

— Les envois se font, sauf avis contraire, par l'entremise des Messageries impériales et CONTRE REMBOURSEMENT.

Achat de Bibliothèques ou partie de Bibliothèques. — Expertises. — Rédaction de Catalogues. — Ventes publiques.

On reçoit les annonces de Librairie à raison de 12 fr. la page.

Adresser les lettres à Mme Bachelin-Deflorenne, éditeur du *Bibliophile français*, rue des Prêtres-Saint-Germain-l'Auxerrois, 14, à Paris.

1re Année. — No 4. SEPTEMBRE 1862.

LE
BIBLIOPHILE
FRANÇAIS

REVUE MENSUELLE DES LIVRES

ANCIENS ET MODERNES

SOMMAIRE:

CHRONIQUE, par le *Bibliophile* JULIEN.
COMPTE-RENDU de la vente *Libri*, à Londres, avec indication des prix d'adjudication.
LE DICTIONNAIRE DE LA NOBLESSE ET LA MAISON
DESSALLES, recherche historique, par le *Bibliophile* JULIEN.
CATALOGUE de Livres à prix marqués.
Livres en nombre.

PARIS	DÉPARTEMENT
Un an . . 2 fr. 50	Un an . . . 3 fr.
ÉTRANGER	UN NUMÉRO
Un an . . . . 4 fr.	Prix . . . 25 cent.

PARIS

LIBRAIRIE DE Mme BACHELIN-DEFLORENNE

RUE DES PRÊTRES-St-GERMAIN-L'AUXERROIS, 14, AU PREMIER

Près la Place de l'Ecole.

1862

AVERTISSEMENT

Nous prévenons nos lecteurs que pour recevoir régulièrement le *Biblio-phile français* il faut nécessairement être abonné. Un grand nombre de libraires et d'amateurs paraissent avoir compris le contraire. C'est une erreur. Le *Bibliophile* est un journal utile non seulement pour les renseignements bibliographiques qu'il comporte, mais encore pour les prix marqués du catalogue dont l'importance n'a pas besoin d'être démontrée. Or, l'abonnement est minime, il nous couvre à peine de nos frais, et nous ne saurions distribuer cette revue gratuitement.

AVIS.

—Les abonnements ne peuvent se faire que pour l'année courante et sont payables d'avance en un mandat ou en timbres-postes.

Un exemplaire du *Bibliophile* est adressé *franco* à toute personne qui en fait la demande par lettre affranchie.

NOTA.

— Si un ou plusieurs articles se trouvaient vendus à la réception d'une demande, l'absence de ces articles ne pourrait faire refuser le restant de l'envoi.

Comme nous ne possédons qu'un seul exemplaire de la plupart de ces ouvrages, il est important que l'on nous transmette promptement les demandes. Nous engageons nos lecteurs amateurs ou libraires à s'adresser directement à nous et à bien nous préciser les titres, ainsi que la page et le numéro qui se trouve au commencement de chaque article.

— Les envois se font, sauf avis contraire, par l'entremise des Messageries mpériales et CONTRE REMBOURSEMENT.

Achat de Bibliothèques ou partie de Bibliothèques. — Expertises. — Rédaction de Catalogues. — Ventes publiques.

On reçoit les annonces de Librairie à raison de 12 fr. la page.

Adresser les lettres à Mme Bachelin-Deflorenne, éditeur du *Bibliophile français*, rue des Prêtres-Saint-Germain-l'Auxerrois, 14, à Paris.

Ouvrages de M. l'abbé A. Latouche

Chanoine d'Angers, ex-professeur de philosophie et de rhétorique, Prédicateur du prince de Croix, de Cherbourg, Principal du collége de Colmar, Auteur de plusieurs ouvrages philologiques,

GRAMMAIRE HÉBRAIQUE avec points-voyelles, mais raisonnée, et courte, comparativement. 1 vol. in-8. 3 fr. 50

RACINES GRECQUES ramenées aux langues orientales et occidentales, raisonnées et réduites à un petit nombre apprises facilement et retenues pour toujours. PREMIÈRE PARTIE : Iniation à l'hébreu suffisante pour entendre seul toute la partie historique de la sainte Bible. DEUXIÈME PARTIE : Les grandes racines hébraïques retrouvées dans l'arabe, le grec, l'allemand, etc., et communes à toutes les langues. TROISIÈME PARTIE : Les racines ou plutôt les branches grecques appropriées aux besoins des arts et des sciences anciennes et modernes (3,000 racines). 1 vol. in-12. 3 fr. 50

CLEF DE L'ETYMOLOGIE, presque pure de points-voyelles. 1 vol. in-8. 3 fr. 50

DICTIONNAIRE IDIO-ETYMOLOGIQUE HEBREU-FRANÇAIS, avec points-voyelles, mais raisonné. 1 vol. in-8. 3 fr. 50

DICTIONNAIRE GREC, où chaque mot a sa racine hébraïque. *Les deux ouvrages ensemble.* 4 fr.

ADAM, tableau très-grand où la langue hébraïque, avec points-voyelles, transcrite en caractères vulgaires, est distribuée philosophiquement sur Adam, debout au centre de la création, légèrement esquissée. 2 fr.

ECHO DU PANORAMA DES LANGUES, ouvrage pur de points-voyelles, où sont enseignés, en douze petits volumes, Hébreu, Grec, Latin, Allemand et Anglais, avec bon nombre de morceaux traduits dans l'unité linguistique, in-8 9 fr.

TABLEAU des idées et des sons se transformant pour composer, sous la forme d'un arbre généalogique, avec un peu d'éléments les immenses variétés de mots communs aux diverses langues. 2 fr.

CHRESTOMATHIE HEBRAIQUE, avec points-voyelles, traduction littérale en regard, graduée depuis la création jusqu'à la plus haute poésie. 1 vol. in-8. 3 fr.

GRAMMAIRE ALLEMANDE très-courte, avec exercices de traduction littérale. 1 vol. in-8. 2 fr. 50

PSAUMES DE DAVID, traduits presque littéralement sur le texte universellement admis, 1 vol. in-18. 2 fr.

La clarté de la nouvelle methode est descendue sur plusieurs passages, et revele leur ensemble parfait et leur divine harmonie, le style oriental, biblique. — L'auteur regrette d'avoir employe les points-voyelles dans ses premiers ouvrages, espérant se concilier certains esprits, l'experience l'a corrige pour toujours.

PHILOSOPHIE DES LANGUES, introduction par l'hébreu à la connaissance élémentaire des racines et des formes de toutes les langues ; grammaire hébraïque abrégée, et morceaux choisis en hébreu avec traduction. 1 vol. in-8. 4 fr.

DICTIONNAIRE HEBREU raisonné et comparé. 1 vol. in-8. 5 fr.

CHRESTOMATHIE HEBRAIQUE raisonnée et comparée, renfermant la création, le meurtre d'Abel, le déluge, la tour de Babel, etc., avec des réflexions scientifiques pour la justification des livres sacrés. 1 vol. in-8. 3 fr.

NOUVEAU TABLEAU D'INIATION A L'HEBREU, nécessaire pour l'intelligence de la précédente Chrestomathie. 2 fr.

Ouvrages de M. l'abbé O'Donnelly.

DECOUVERTE PRODIGIEUSE nouvellement faite en belles-lettres appliquée au premier chapitre de la Genèse, traduit selon le mouvement naissant des signes de la parole. *Paris*, 1858, in-8 br. 1 fr. 50

HEROGLYPHES (Extrait de la traduction authentique des) de l'obélisque de Louqsor à Paris, faite en septembre 1850 par suite de la nouvelle découverte de la langue originelle et universelle. *Paris*, 1851, in-18 br. 1 fr. 50

1re Année. — No 5.

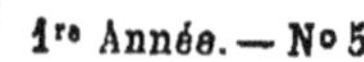

OCTOBRE 1862.

LE
BIBLIOPHILE
FRANÇAIS

REVUE MENSUELLE DES LIVRES

ANCIENS ET MODERNES

SOMMAIRE:

CHRONIQUE, par le *Bibliophile* JULIEN.
UN MOT SUR LES BIBLIOTHÈQUES, par M. *P. Christian.* — LE DICTIONNAIRE
DE LA NOBLESSE ET LA MAISON DESSALLES,
recherche historique (*suite*), par le *Bibliophile* JULIEN.
CATALOGUE de Livres à prix marqués.
Livres en nombre.

PARIS

Un an . . 2 fr. 50

ÉTRANGER

Un an . . . 4 fr.

DÉPARTEMENT

Un an . . . 3 fr.

UN NUMÉRO

Prix . . . 25 cent.

PARIS

LIBRAIRIE DE Mme BACHELIN-DEFLORENNE
RUE DES PRÊTRES-St-GERMAIN-L'AUXERROIS, 14, AU PREMIER
Près la Place de l'École.

1862

Nous prévenons nos lecteurs que pour recevoir régulièrement le *Biblio-phile français* il faut nécessairement être abonné. Un grand nombre de libraires et d'amateurs paraissent avoir compris le contraire. Le *Biblio-phile* est un journal utile non seulement pour les renseignements bibliographiques qu'il comporte, mais encore pour les prix marqués du catalogue dont l'importance n'a pas besoin d'être démontrée. Or, l'abonnement est minime, il nous couvre à peine de nos frais, et nous ne saurions distribuer cette revue gratuitement.

—Les abonnements ne peuvent se faire que pour l'année courante et sont payables d'avance en un mandat ou en timbres-postes.

NOTA.

— Si un ou plusieurs articles se trouvaient vendus à la réception d'une demande, l'absence de ces articles ne pourrait faire refuser le restant de l'envoi.

Comme nous ne possédons qu'un seul exemplaire de la plupart de ces ouvrages, il est important que l'on nous transmette promptement les demandes. Nous engageons nos lecteurs, amateurs ou libraires, à s'adresser directement à nous et à bien nous préciser les titres, ainsi que la page et le numéro qui se trouve au commencement de chaque article.

— Les envois se font, sauf avis contraire, par l'entremise des Messageries Impériales et CONTRE REMBOURSEMENT.

Achat de Bibliothèques ou partie de Bibliothèques. — Expertises. — Rédaction de Catalogues. — Ventes publiques.

On reçoit les annonces de Librairie à raison de 12 fr. la page.

VENTE PUBLIQUE.

Le *Catalogue* de la vente annoncée dans le numéro d'Août est *sous presse* et sera mis prochainement en distribution.

Cette vente comprendra un choix très-remarquable de Livres anciens, rares et curieux, sur les principales branches des connaissances humaines.

1re Année. — No 6.

NOVEMBRE 1862.

LE
BIBLIOPHILE
FRANÇAIS

REVUE MENSUELLE DES LIVRES

ANCIENS ET MODERNES

SOMMAIRE:

Un nouveau document Hagiographique, par *M. de Martonne*,
Archiviste de Loir-et-Cher — Le Dictionnaire de la Noblesse et la Maison
Dessalles, par le *Bibliophile* Julien.
Catalogue de Livres anciens en vente aux prix
marqués. — Livres en nombre.

PARIS

Un an . . 2 fr. 50

ÉTRANGER

Un an . . . 4 fr.

DÉPARTEMENT

Un an . . . 3 fr.

UN NUMÉRO

Prix . . . 25 cent.

PARIS

LIBRAIRIE DE Mme BACHELIN-DEFLORENNE

RUE DES PRÊTRES-St-GERMAIN-L'AUXERROIS, 14, AU PREMIER

Près la Place de l'École.

1862

Nous prévenons nos lecteurs que pour recevoir régulièrement le *Bibliophile français* il faut nécessairement être abonné. Un grand nombre de libraires et d'amateurs paraissent avoir compris le contraire. Le *Bibliophile* est un journal utile non seulement pour les renseignements bibliographiques qu'il comporte, mais encore pour les prix marqués du catalogue dont l'importance n'a pas besoin d'être démontrée. Or, l'abonnement est minime, il nous couvre à peine de nos frais, et nous ne saurions distribuer cette revue gratuitement. *Une table générale* des Noms d'Auteurs cités dans nos Catalogues sera publiée à la fin de chaque année.

— Les abonnements ne peuvent se faire que pour l'année courante et sont payables d'avance en un mandat ou en timbres-postes.

NOTA.

— Si un ou plusieurs articles se trouvaient vendus à la réception d'une demande, l'absence de ces articles ne pourrait faire refuser le restant de l'envoi.

Comme nous ne possédons qu'un seul exemplaire de la plupart de ces ouvrages, il est important que l'on nous transmette promptement les demandes. Nous engageons nos lecteurs, amateurs ou libraires, à s'adresser directement à nous et à bien nous préciser les titres, ainsi que la page et le numéro qui se trouve au commencement de chaque article.

— Les envois se font, sauf avis contraire, par l'entremise des Messageries Impériales et CONTRE REMBOURSEMENT.

Achat de Bibliothèques ou partie de Bibliothèques. — Expertises. — Rédaction de Catalogues. — Ventes publiques.

EN DISTRIBUTION

CATALOGUE DE LA BIBLIOTHÈQUE

DE

M. LE VICOMTE D'O...

Membre de plusieurs Sociétés Savantes,

DONT LA VENTE EST FIXÉE AU 15 DÉCEMBRE PROCHAIN.

Cette vente comprendra un choix très-remarquable de Livres anciens, rares et curieux, sur les principales branches des connaissances humaines, particulièrement sur les Beaux-Arts, l'Histoire de la Noblesse, des Villes, des Provinces, etc. etc. Elle sera faite par le représentant de notre maison. *Salle de vente*: N° 1, rue des Bons-Enfants, à Paris, le 15 décembre prochain, à 7 heures précises du soir, elle se continuera chaque soir jusqu'au 24 inclusivement.

Les Commissions sont reçues à notre librairie. Le catalogue forme un beau volume in-8° broché, que nous adresserons sur demande affranchie.

LE

BIBLIOPHILE FRANÇAIS.

INTRODUCTION.

Depuis quelques années, la librairie antique, rare, artistique et curieuse
a pris un développement extraordinaire.

Le goût des belles et bonnes éditions s'est étendu de l'aristocratie
nobiliaire à cette autre aristocratie de la science et du talent qui n'est
plus l'apanage de quelques privilégiés, mais qui, de nos jours, compte
des membres nombreux dans tous les rangs de la hiérarchie sociale.

Il n'est pas en effet, un coin de la France qui ne puisse s'honorer d'un
ou de plusieurs de ces savants modestes que Balzac et Nodier ont si bien
célébrés et qui passent leur noble vie entre la pratique du bien, l'étude
de la nature, la recherche des antiquités nationales et la lecture de ces
vieux maîtres de la littérature européenne, dont les immortelles œuvres
ont en quelque sorte enfanté la civilisation moderne.

De là, pour les amateurs sérieux, la recherche de ces œuvres qui nous
apparaissent plus brillantes, plus vivantes et conséquemment plus réelles,
alors que nous les admirons dans les éditions plus ou moins primitives
sorties des presses de Paris, de Lyon, de Venise, d'Amsterdam, de Londres, sous la signature des Aldes, des Etiennes, des Elzévirs, des Didots,
des Crapelet, etc. etc.

Mais ce n'est pas seulement au point de vue purement littéraire que
ces bonnes éditions sont recherchées ; chez les véritables savants l'amour
du beau n'est pas exclusif et pour eux, les *illustrations* qui accompagnent
le texte de la plupart de nos anciens livres ont un attrait, un charme, un
mérite tout particulier.

De nos jours, l'art est du domaine de tous, car c'est déjà être artiste
que d'aimer les beaux-arts et c'est faire preuve de bon goût et de haute
intelligence en comprenant que l'œuvre de l'écrivain devient plus précieuse et se complète par l'œuvre du dessinateur. Combien d'ouvrages,
en effet, seraient tombés dans le plus profond oubli si les Bernard-Picart,
les Eisen, les Moreau, les Boucher et tant d'autres célébrités artistiques ne
les eussent rehaussés de tout leur génie !

L'amour des grandes choses étant universel en France, chacun de
nous reconnaît que la plus belle couronne d'une nation est celle qui se
compose des lauriers de ses poètes, de ses philosophes, de ses historiens,
de ses savants, de ses artistes dont la plume ou le burin ont pu seuls
immortaliser les héros, les rois, les princes et tous les champions du progrès humain. Il est donc indispensable de connaître et de posséder les
plus belles créations artistiques et littéraires de ces puissants penseurs
dont la grande voix retentit encore par de là les générations éteintes.

Cette voix, d'ailleurs, est une voix complaisante, une voix amie, qui
n'importune jamais et qui, comme un écho vivant des siècles disparus ne
parle que lorsqu'on l'interroge ; et combien de fois ne l'interroge t'on pas

dans la vie? Au milieu du brouhaha du monde, dans le silence de la retraite, à la tribune, au salon, partout enfin où l'esprit s'agite et lutte, l'homme éprouve la nécessité de recourir au génie des anciens pour appuyer sa science et consolider sa raison.

On conçoit dès lors quelle importance a dû prendre la bibliographie par suite de cette nécessité : le cercle des bibliophiles sérieux s'est agrandi de plus en plus, l'érudition s'est popularisée et la formation des bibliothèques particulières est devenue la conséquence obligée de cette gravitation des esprits lettrés vers le beau, le vrai, l'utile et l'agréable.

Toutefois pour former ou compléter des bibliothèques, il ne suffit pas d'être amoureux des livres ; il ne suffit même pas d'être érudit, il faut encore connaître les maisons de librairie qui font leur spécialité de la vente des anciens ouvrages, a quelque genre qu'ils appartiennent.

Aussi les relations journalières qui se sont établies entre les bibliophiles et les libraires ont-elles dû amener la création de revues dont le but principal est la simplification des moyens de correspondance.

Ces revues, pour nous servir d'une métaphore empruntée à un vieux chroniqueur parlant de son œuvre, « sont comme un champ de courses, où toutes choses sont mémorées au galop, et où tout ung chacun peut trouver esbattement et plaisir. »

Ce que plusieurs confrères ont fait avant nous avec un juste succès, à notre tour, nous le tentons aujourd'hui ; aussi bien l'importance et l'ancienneté de notre maison nous en font un véritable devoir, car nous ne croyons pas sans utilité pour MM. les amateurs de beaux et bons livres de leur faire passer en revue nos rayons qui se distinguent par un choix remarquable d'ouvrages anciens et modernes sur la Théologie, la Philosophie, les Sciences, l'Histoire, la Littérature, les Beaux-Arts, l'Architecture, l'Archéologie, l'Astrologie, le Blason, l'histoire de la Noblesse, du Clergé, des Grands Capitaines, des Peintres et artistes célèbres, des Provinces, des Villes, des Pays étrangers, etc., etc.

Cependant notre but en créant ce petit journal n'est pas seulement de faire connaître notre catalogue.

Le *Bibliophile Français*, fidèle à sa devise : *Fert eundo Lucem*, veut encore et surtout, mettre ses lecteurs au courant de toutes les connaissances bibliographiques, de tous les progrès de l'esprit humain.

Il fera connaître les ventes de livres célèbres et indiquera les prix atteints dans ces ventes par les ouvrages les plus connus et les plus remarquables ; en un mot il se fera le moniteur de tous les évènements qui peuvent se rattacher à cette science attrayante et profonde de la *bibliophilie* qui a fait la célébrité de tant d'écrivains modernes et la gloire de tant d'amateurs sérieux.

Un grand nombre de savants et d'hommes de lettres justement aimés du public, tels que MM. P. Christian, Ch. Monselet, Antony Meray, A. Lebailly, G. Nicole, A. Liseux, Robert, Victor, La Rigaudière, etc., etc., ont déjà promis le concours de leur talent à notre publication ; mais en fait de collaboration celle de nos abonnés nous sera toujours précieuse et nos colonnes seront ouvertes à deux battants à tous ceux de nos abonnés qui auront à signaler des *trouvailles* ou de nouvelles appréciations artistiques, littéraires et scientifiques.

Mme BACHELIN-DEFLORENNE.

LE LIVRE.

« L'idée, au moment même où elle apparaît dans le cerveau, y reçoit sa formule qui la détermine et la fixe. Ce produit interme du langage se transmet au dehors par la parole et par l'écriture. Une série d'idée énoncées conformément aux règles de la logique, forment le discours ; écrites, elles constituent ce qu'on appelle d'ordinaire le *style*, mot dérivé de l'instrument dont se servaient les anciens pour graver sur leurs tablettes. On use aujourd'hui d'un autre procédé pour composer le manuscrit. Transformez celui-ci, remplacez la lenteur des copies par la multiplication rapide de l'exemplaire ; le cachet individuel de l'autographie par des caractères universels : vous aurez le Livre.

Ici se présente un produit d'une nature toute spéciale, d'une forme éminemment variable ; qui relève tout à la fois de l'art, de l'industrie et du commerce ; auquel le producteur imprime le sceau de sa personnalité ; où l'agréable s'unit à l'utile dans une proportion dont il est seul juge, et dont la valeur double en quelque sorte le mérite de l'œuvre écrite.

Il faut s'entendre. Evidemment une œuvre bien écrite a, par les idées qu'elle contient et par la manière dont elles sont exprimées, une valeur intrinsèque à laquelle ne sauraient ajouter ni la netteté des caractères, ni les blancs habilement jetés, ni l'heureuse disposition des titres. Mais s'il est vrai que la plus belle œuvre en soi ne servirait à rien si elle demeurait inconnue, et que l'écrivain a tout intérêt à être compris, qui pourrait nier les clartés dont s'illumine l'esprit du lecteur devant un livre ainsi typographiquement conçu ? Les idées cachées sous les mots défilent devant lui avec rapidité ; jamais son cerveau n'est en retard sur ses yeux ; il parcourt sans hésitation ni fatigue les anneaux d'un raisonnement ; il se plaît à suivre jusque dans ses nuances les plus fines, l'analyse d'une passion ou d'un caractère, et la description la plus minutieuse ne saurait l'effrayer.

Ce dernier mot fait songer à Balzac. Après avoir lu un de ses romans dans la belle édition Houssiaut, relisez-le dans le manuscrit : *Quantùm mutatus ab illo !* Et personne n'échappe à la loi commune. Si l'imprimerie a rendu d'immenses services à l'humanité, elle n'a pas non plus été inutile aux grands écrivains.

Il y a donc dans le livre une partie matérielle dont l'habile exécution est indépendante du mérite des idées et du style, mais qui lui prête un utile concours en le rendant plus saisissable. Que l'éditeur ajoute maintenant à la perfection typographique les splendeurs de la gravure, ce texte vivant et parlant, la supériorité du papier et l'élégance du format ; qu'il revête le tout d'une reliure imposante ; qu'il fasse scintiller sur la tranche l'or, l'argent ou la pourpre vive, et il aura fait ce qu'on appelle en librairie une édition de luxe. Rien de mieux si tant d'efforts et tant d'art ont réussi à élever à quelque grand maître un temple digne de son œuvre. Que M. Hetzel s'illustre, en associant dans la gloire Dante Alighieri et Gustave Doré ; que MM. Firmin Didot offrent à Virgile et à Horace un merveilleux tribut d'admiration, qui oserait ne les en féliciter pas ? Mais on ne saurait voir, sans en être importuné, une œuvre médiocre favorisée des honneurs de l'édition de luxe. Tant de pauvreté sous tant de richesse choque le bon goût. L'harmonie entre le tableau et le cadre est rompue : celui-ci écrase celui-là, mais celui-là fait tort à celui-ci ; si on pouvait acheter le cadre sans le tableau !

L'édition de luxe, est comme son nom l'indique, inaccessible aux petites bourses. Mais les lecteurs pauvres se contentent de jouir par les yeux, quand ils peuvent, en laissant aux riches le plaisir de toucher. La multiplicité des autres livres leur offre d'ailleurs, sans qu'il leur en coûte beaucoup, d'amples dédommagements. Les uns achètent de la philosophie, de l'histoires et des sciences exactes pour quelques francs, et les autres des romans pour quelques sous.

Ce n'est point nous qui nous plaindrons de la modicité du prix des romans : elle a développé, dans des proportions inouïes, le goût de la lecture, et par un juste retour, elle a ouvert des débouchés infinis à la plus intéressante de nos industries. Mais nous voudrions que les facultés sérieuses de l'esprit pussent recevoir une aussi abondante pâture que l'imagination ; que les saines idées, les notions exactes et les sévères maximes trouvassent leur place à côtés des fictions et des agréments de la littérature facile ; nous voudrions, en un mot, que la lecture put instruire à aussi peu de frais qu'elle amuse, et qu'un livre de science, d'histoire, de philosophie, ne coûtât pas plus cher qu'un roman. De généreux mais inintelligents efforts ont été tentés dans cette direction, en ce moment même la *Bibliothèque utile* poursuit la publication à un prix excessivement minime d'ouvrages dûs à la plume d'éminents écrivains. Atteindra-t-elle le but qu'elle se propose, qui est de populariser la science et les idées de progrès ? Il est permis d'en douter, en lisant ces dissertations savantes, écrites dans un style élevé, et dont une broussaille de dates et de termes techniques rend impossible aux ignorants l'accès des vérités les plus simples et des notions les plus élémentaires. Ce n'est point ainsi qu'on écrit pour le peuple; tant qu'on n'aura point su lui parler un langage naturel et naïf comme elle ; tant qu'on aura point su lui rendre la science attrayante, la foule continuera à se ruer avec avidité sur les romans.

Quoiqu'il en soit, la mission vraiment civilisatrice du Livre est déterminée. Tôt ou tard elle s'accomplira.   GUSTAVE NICOLE.

LES FEMMES DE SHAKESPEARE.

Nouvelle édition publiée par Mme Bachelin-Deflorenne.

Extrait du NEW-YORK MORNING-EXPRESS. — Les français apprennent tous les jours à mieux apprécier les véritables mérites de Shakespeare.

L'admiration de ce génie immortel augmente en France à mesure qu'on le comprend mieux. Jusqu'à présent les traductions françaises de ses ouvrages ont laissé beaucoup à désirer, mais les écrivains les plus connus et les plus distingués commencent maintenant à rendre populaire Shakespeare par des critiques et des commentaires bien sentis.

Une excellente et textuelle traduction du célèbre poëte anglais a été commencée par M. F. V. Hugo et une autre par M. Guizot.

En outre il vient d'être publié un ouvrage fondé sur les plus belles créations de Shakespeare, qui devra rencontrer beaucoup de lecteurs non-seulement en France, mais encore aux Etats-Unis et en Angleterre. Ce livre est intitulé : *les Femmes de Shakespaere*, et il renferme des notices critiques sur toutes les charmantes ou remarquables héroïnes du poète, écrites par les premiers auteurs français du jour.

Je trouve parmi eux les noms de MM. Villemain, secrétaire perpétuel de l'Académie française ; de Pongerville, George Sand, Casimir Delavigne, Halévy, Lucas, Phil. Chasles, Nisard, Artaud, la princesse de Craon, Louise Colet, etc. 2 beaux vol, grand in-8 jésus, ornés de 45 portraits.   James MORTIMER.

RÉIMPRESSION
DU DICTIONNAIRE DE LA NOBLESSE

DE LA CHENAYE-DESBOIS ET BADIER

(Publié par MM. Schlesinger Frères, libraires, à Paris.)

S'il est une publication qui mérite à tous les points de vue les honneurs de la réimpression, c'est assurément le *Dictionnaire de la Noblesse*, par La Chenaye-Desbois. Rare, utile, indispensable à toutes les bibliothèques, à tous les savants, à toutes les familles nobles, ce vaste memorandum de la science généalogique ne se trouve plus aujourd'hui qu'à des prix inabordables, qui varient de 12 à 1500 francs.

Les chiffres ont une éloquence invincible, a dit un célèbre écrivain : ce qui précède le prouve et si nous remontions des effets aux causes nous pourrions induire avec raison que la noblesse a conservé tout son prestige, toute sa splendeur, toute sa dignité, nous pourrions même ajouter que cette noblesse est encore la fine fleur de la société française.

En dépit de toutes les révolutions qui ont grondé sur nos têtes, de toutes les utopies égalitaires qui ont passé sous nos yeux depuis quelque soixante ans, ce n'est pas sans admiration que nous avons vu les petits-neveux de nos antiques chevaliers traverser fièrement les tempêtes sociales et reprendre aux sommets de la hiérarchie moderne le noble rang qu'occupèrent leurs aïeux.

Le temps marche et tout change : seuls, le souvenir des grands faits, l'autorité des grands noms, la mémoire des grandes œuvres survivent aux générations éteintes, et autour d'eux comme autour d'un soleil vivifiant viennent se grouper tour à tour les vertus nouvelles et les génies naissants. C'est ainsi que la noblesse présente se ramifie à la noblesse passée et que les puissants efforts du progrès contemporain parviennent à faire un tout des grandeurs éparses d'une nation. Ce tout, c'est le plus beau monument du génie d'un peuple, c'est son héritage le plus beau, c'est sa gloire toujours exemplaire, toujours admirable et frappée à jamais du sceau de l'immortalité.

Laissons donc aux rêveurs leurs doctrines égalitaires. Le hibou ne naît pas de l'aigle, la noblesse enfante la noblesse et quiconque veut s'élever par la vertu, l'héroïsme ou la science aspirera nécessairement à un titre nobiliaire pour le transmettre intact et précieux à ses descendants. «Pour « savoir la valeur des titres de noblesse, écrivait M. Granier de Cassagnac, « il y a quelques années, il faut demander l'avis de ceux qui les ont mé- « rités. En 1707, au moment le plus glorieux de sa carrière, Duguay- « Trouin reçut de Louis XIV l'offre d'une pension. L'illustre marin la « déclina avec respect, écrivant à M. de Pontchartrain; que « si le roi le « jugeait digne de quelque grâce particulière, il espérait de sa bonté qu'il « voudrait bien lui accorder des lettres de noblesse.» Duguay-Trouin était « aussi bon juge qu'un autre, en fait d'honneur; et s'il pensait qu'un titre « d'écuyer serait un prix suffisant pour plus de trente navires de guerre « anglais, pris à l'abordage, il faut bien que les titres aient plus de valeur « que certaines personnes ne leur en attribuent. » ...

De là, la nécessité des généalogies et pour rester dans notre sujet de là l'importance acquise par l'œuvre de La Chenaye-Desbois qui peut être considérée comme le *livre d'or* de la noblesse française. Plus de 30,000 noms illustres ou titrés sont inscrits dans cette encyclopédie unique et il n'est pas une famille noble d'Europe qui n'ait intérêt non seulement de la connaître, mais encore de la posséder.

En France surtout, ce *Dictionnaire* est devenu indispensable depuis la loi de 1858 sur les titres de noblesse; car il est le point de départ des meilleures recherches généalogiques.

Et lorsqu'en présence de l'utilité, de l'importance, de la nécessité d'un tel ouvrage, on considère sa cherté actuelle, ce qui étonne le plus ce n'est pas cette cherté, c'est l'indifférence profonde des éditeurs, qui, depuis Badier, continuateur du *Dictionnaire de la Noblesse* avant 1793, n'avaient pas encore vu dans la réimpression de cette œuvre, tout à la fois une bonne spéculation et un service rendu à la noblesse française. Tant d'ouvrages plus considérables, moins utiles et plus coûteux, fruits du plagiat et du mercantilisme, ont trouvé des clients et la fortune en ce siècle, qu'il y avait lieu d'espérer dans la réimpression de La Chenaye Desbois, sinon de grands bénéfices, du moins de sérieuses et honorables chances de succès.

Quoiqu'il en soit, la glace est rompue; cette indifférence est tombée, et nous sommes au début de ce journal, heureux d'annoncer cette bonne nouvelle de la réimpression du *Dictionnaire de la Noblesse*.

De consciencieux éditeurs, MM. Schlesinger frères, rue de Seine, 12, viennent en effet d'entreprendre cette réimpression et cela dans des conditions tellement avantageuses, qu'il suffit de les signaler pour faire ressortir ces avantages.

Copions donc textuellement le prospectus que viennent de distribuer ces éditeurs.

CONDITIONS DE LA SOUSCRIPTION.

«Le *Dictionnaire de la Noblesse* sera distribué par demi-volume de 300 pages environ, grand in-8° à deux colonnes, imprimé en caractères neufs sur beau papier vergé collé. Il aura 17 volumes et un *Armorial* de même format, donnant les blasons de familles insérées dans l'ouvrage. Cet *Armorial*, qui est publié pour la première fois, est ajouté à cette édition pour être accordé *en prime aux trois cents premiers souscripteurs.*

Le *Dictionnaire de la Noblesse* sera terminé par une Table générale, indiquant non-seulement les noms classés par ordre alphabétique, mais encore tous ceux cités dans le corps de l'ouvrage par alliances, ainsi que ceux des terres et fiefs, ce qui n'avait pas encore été fait jusqu'à ce jour. Cette Table, offrira d'un coup d'œil la réunion de toutes les familles nobles de la France et des pays étrangers mentionnés dans la publication, et renverra, pour l'historique propre à chacune d'elles, au volume qui la concernera. Cette disposition épargnera les recherches longues et fatiguantes que nécessitent les anciennes éditions du *Dictionnaire de la Noblesse* et de ses nombreux suppléments.

Le prix de chaque volume, au domicile des éditeurs, est de 16 francs, et de 30 francs pour l'*Armorial.*

« Les souscripteurs pourront faire insérer à la fin de l'ouvrage une Annotation exclusivement généalogique ou de filiation, de trente lignes; les
Notices des éditions in-8° et in-4° du *Dictionnaire de la Noblesse*, seront
reproduites textuellement; les annotations qui tendront à les modifier,
seront placées à la fin de l'ouvrage et ne pourront être puisées que dans
les Recueils généalogiques antérieurs à 1789 et dans ceux de MM. Viton
de Saint-Allais et De Courcelles, publiés depuis 1804. Des traités consentis
par nous avec le propriétaire actuel de ces ouvrages, assurent aux souscripteurs la facilité d'extraire de ces derniers les passages qui entreront
dans l'annotation produite par eux.

Les blasons qui seront insérés dans l'ARMORIAL, seront reproduits d'a-
près le texte du *Dictionnaire de la Noblesse* de La Chenaye-Desbois et de
Badier, texte auquel il ne sera rigoureusement rien ajouté ou retranché.
Pour indiquer les brisures, qui distinguent les branches de la même famille, MM. les souscripteurs sont invités à faire parvenir aux éditeurs les
empreintes exactes de leurs armoiries.

Les avantages accordés aux trois cents premiers souscripteurs, cesse-
ront aussitôt que ce nombre sera atteint, et le prix du *Dictionnaire de la
Noblesse* sera augmenté pour être catalogué dans le commerce. »

Ces promesses, ces avantages, MM. Schlesinger peuvent les tenir, et leur
exactitude ne saurait être mise en doute. Déjà un grand nombre d'adhé-
sions leurs sont parvenues et mieux que personne ils sont à même de me-
ner rapidement cette publication à bien. Leur bibliothèque choisie de
livres nobiliaires, leurs relations nombreuses avec les savants spéciaux,
l'ancienneté de leur maison, la conscience de leurs travaux, sont pour les
souscripteurs des garanties plus que suffisantes de bonne et prompte exécution. Aussi, confiants nous-mêmes dans le succès de cette réimpression
textuelle, nous sommes heureux de pouvoir lui prêter notre concours,
et le *Bibliophile français* fournira avec plaisir à ses abonnés tous les renseignements qu'ils pourront désirer sur cette publication pour laquelle les
souscriptions sont reçues dès aujourd'hui dans ses bureaux.

LE BIBLIOPHILE JULIEN.

LES OLYMPIADES

(4° volume), *publié par la société* L'UNION DES POÈTES, *grand in-8° de 480
pages, orné d'un magnifique portrait de M. le marquis de La Rochefoucauld-
Liancourt, président d'honneur. (Prix : 5 francs), chez* Mme *Bachelin-Deflorenne.*

Il y a deux choses à remarquer dans cette publication : une œuvre et un ouvrage. L'œuvre est une association de 125 poètes, unis pour s'aider, s'encou-
rager, se soutenir mutuellement. L'ouvrage est un recueil de 500 pièces de vers
de tous les genres, de toutes les formes, de toutes les espèces, divisées, clas-
cées dans un ordre admirable, qui répond aux diverses situations de l'âme.

Ainsi, votre imagination veut-elle se reposer sur les riants tableaux de la
nature? elle pourra parcourir avec les *champêtres*, les prés, les bois, les
plaines brûlantes, la grève et le désert; ou bien écouter le rossignol, l'hiron-
delle, l'orage et les vents d'hiver, contempler l'aurore, le mois de mai, les papillons et les beaux soirs d'été. Si vous aimez à rêver sur un berceau, les

enfantines vous raconteront le *Livre du Bon Dieu*, *Mon Adda*, *la Berceuse*, *Chagrin d'enfant*, *l'Enfant et les Roses*, *Première Douleur*. Qu'un caprice vous entraîne au pays des chimères, vous rencontrerez sur votre passage les *Fantaisistes* avec *Une douce violence*, *la Fontaine et la Punaise*, *Trahit sua quemque voluptas*, *Caprice*, *un Bal et la Veilleuse*. Préférez-vous les douces joies du foyer domestique ? Sous le toit des *Intimes*, vous sentez revivre autour de vous une fée, un poëte, une jeune fille, une amante ; vos souvenirs d'enfance, vos souvenirs de jeunesse, vos bonheurs de la famille. Lorsque la douleur est venue vous visiter, vous pleurez sur les *Elégiaques*. Les pauvres qui demandent leur pain, le bon vieillard quittant cette terre, la jeune fille frappée par la cécité, le désespoir ou la mort, l'ami qui vous abandonne, ceux qui ne sont plus. Mais, alors que des hallucinations terribles ont ébranlé les fibres de votre cerveau, vous croyez voir passer, comme dans les fantasmagories d'un songe, les *Fantastiques* ; et le *Kaléidoscope* au mirage bizarre, et *Arlequin*, qui se meurt d'ennui et le forçat qui s'évade dans les horreurs de la nuit, et le *Feu follet*, qui vous attire au milieu des cimetières, ou de blanches apparitions glissant à travers les espaces, ou le château désert, ou Satan lui-même ordonnant la ronde du sabbat, ou bien encore toute une génération seigneuriale, tenant table ouverte aux gouffres infernaux. Bientôt, les *Satiriques* vous rappellent en ce monde, pour y broyer les vices sous votre talon d'honnête homme indigné. C'est le mauvais riche que vous flagellez ; c'est l'avare dont la hideur vous répugne ; c'est la courtisane qui vous fait détourner la tête ; c'est Rome dont la décadence vous afflige.

Comme lumière au-dessus de ces ombres, les *Nationales* vous montrent Paris, dans sa splendeur, Louis XVI, héros martyr, le musée de Versailles avec toutes nos gloires, Rachel et Musset dans l'auréole de leur jeunesse et de leur talent, une main impériale bâtissant à Vincennes l'asile des malheureux, enfin, l'aigle inscrivant au sommet de la colonne de bronze un nom grand comme le monde. Cependant *les Philosophiques* nous font redescendre de ces hauteurs, pour nous ramener au néant de notre misère humaine. *Où s'en vont les rêves*, *Souffrons*, *le Songe*, *la Morale du plaisir*, *Au doute*, *Hymne au travail*, *Hymne au progrès*, *le Dernier Jour*, *une Voix d'outre-tombe*, *le Temps*, *la Mort et l'Immortalité* sont des enseignements austères, bien propres à nous faire réfléchir. Mais l'espérance est au bout. Voici la vérité vraie. *Les Religieuses*. Ecoutez... *Notre-Dame de Paris* vous parle par ses pierres ; *l'Orgue* vous transporte au concert des anges, les sphères célestes vous racontent les splendeurs du Très-Haut ; une vieille église vous indique le chemin du ciel, qui s'ouvre pour vous laisser voir *Joseph, fils de Jacob*, dans la magnificence des palais éternels. Enfin, la trompette du jugement dernier bouleverse le monde et sépare les bons des mauvais. N'êtes-vous pas haletants d'une pareille course à travers le ciel, la terre et les enfers ? Eh bien, c'est là le grand voyage que vous ferez en lisant les OLYMPIADES.

Si l'espace me le permettait, je vous dirais, et cette préface, vrai chef-d'œuvre de style moderne, et cette magnifique poésie de Mlle Mélanie Bourotte, victorieuse au concours fondé par M. le marquis de La Rochefoucauld-Liancourt, ce généreux protecteur des lettres, docte lui-même ; et ces intéressantes notices où la postérité viendra rechercher les origines des noms qui surgiront un jour. Il faudrait remplir un volume pour analyser convenablement le volume qui, sous le point de vue typographique, ne laisse rien à désirer.

DES LIVRES ANCIENS

DE LA LIBRAIRIE DE Mme BACHELIN - DEFLORENNE

Rue des Prêtres Saint-Germain-l'Auxerrois, 14

En vente aux prix marqués.

1. **Académie** de l'Espée de Giraud Thibault d'Anvers, où se démontrent par règles mathématiques sur le fondement d'un cercle mystérieux, la théorie et pratique des vrais et jusqu'à présent incognus secrets du maniement des armes, à pied et à cheval. *Anvers*, 1628, gr. in-fol. v. br. 60 fr.
Ce volume remarquable est orné du portrait de l'auteur et contient un grand nombre de planches ainsi que des armoiries en belles épreuves gravées, par A. Bolswert et Crispin de Pas.

2. **Abrégé des antiquitez** de la ville de Pontoise et personnes illustres de ladite ville. *Rouen, Ph. P. Cabut*, 1720, in-8 vél. *(Rare)*. 5 fr.
Avec le pouillier des bénéfices du grand Vicariat de Pontoise.

3. **Affaire de la prairie**. Mémoire pour les habitants de Caen. *Louvigny et Venoix*, contre MM. Moisson et Consorts, in-4 br. 4 fr.

4. **Albicius**. (A.). Principum christianorum stemmata, cum brevibus ejusdem notationibus, ex archivis principum descripta : nunc adjecto stemmate Othomanico consientiente Dn. Autore ex optimis autoribus locupletata et emendatiora reddita. *Argentarat*, 1627, gr. in-fol. titre gr. *(blasons)*. 30 fr.
Ouvrage orné de quantité de portraits de souverains, princes, ducs, duchesses, etc., avec leurs arbres généalogiques, de vue de France, et de l'étranger au XVIe siècle.

5. **Anselme** (le Père). Histoire généalogique et chronologique de la Maison royale de France, des pairs, grands-officiers de la Couronne et de la maison du Roy et des anciens barons ; avec les qualités, l'origine et les progrès et les armes de leurs familles ; ensemble les statuts et le catalogue des chevaliers, commandeurs et officiers de l'Ordre du Saint-Esprit. *Paris*, 1726, 9 vol in-fol. v. *(Bel exempl.)*

6. **Architecture française** ou recueil des plans, élévations, coupes et profils des églises, palais, hôtels et maisons particulières de Paris et des châteaux et maisons de campagne ou de plaisance des environs et de plusieurs autres endroits de la France. *Paris, Mariette*, 1727, 2 vol. in-fol. v. 180 fr.
Bel exemplaire.

7. **Arrest** de la cour du Parlement de Paris par lequel Monseigneur l'Archev. de Rouen est maintenu dans sa juridiction pleine et entière sur la ville de Pontoise et le Vexin françois. *Rouen*, 1694, in-4. 6 fr.

8. **Arrest** de la cour du Parlement, portant règlement pour le cours et l'exposition de Monnoyes du 10 janvier 1662. *Paris, Cramoisy*, 1652, 8 pp. in-12. 3 fr.

9. **Auvergne** (Martial d'). Arrêts d'amour, avec l'Amant rendu Cordelier, à l'observance d'amours, accompagnés des Commentaires de Benoît de Court, augmentés de notes et d'un glossaire des anciens termes (par Lenglet du Fresnoy). *Amst.*, 1731. 2 tomes en 1 vol. in-8 v. f. 10 fr.

10. **Baluze.** Histoire généalogique de la maison d'Auvergne. *Paris*, 1708, 2 vol. in-fol. v. *(fig. et blasons)*. 65 fr.

11. **Beneton de Peyrins.** Traité des marques nationales, tant de celles qui servent à la distinction d'une nation en général que de celles qui distinguent les différents rangs des personnes dont cette nation est composée et qui les unes et les autres ont donné origine aux Armoiries, aux Habits d'ordonnance des militaires, et aux Livrées des domestiques. *Paris*, 1739, in-12, v. 9 fr.

12. **Barlandi** (Hadr.). Ducum Brabantiæ chronica ; *item* Brabantiados poema Melch. *Barlaei*, etc. *Antuerp.*,

ex offic. Plantiniana 1600 in-fol. vél.
30 fr.
Portraits en belles épreuves.

13. **Bibliothèque** protypographique ou librairies des fils du roi Jean, Charles V, Jean de Berri, Philippe de Bourgogne et les siens. *Paris, de l'imprimerie de Crapelet,* 1830, v. mar. dent. gauf., fig. 18 fr.

Tiré à 200 exemplaires. Ouvrage curieux qui nous conserve les titres et la description abrégée de 2311 manuscrits anciens. Ces inventaires sont précédés d'un disc. prélimin. et d'un index alphabétique ou abrégé de bibliographie protypographique spéciale *(Bel exemplaire).*

14. **Bouclier de la France** (le) ou les sentiments de Gerson et des canonistes, touchant les différents des Roys de France avec les Papes. *Cologne, Sambix-le-Jeune,* 1591, in-12, v. b.   6 fr.

15. **Briant de Laubrière.** Armorial général de Bretagne, contenant les noms et les armes des Maisons qui ont obtenu des arrêts de maintenue ou des lettres d'annoblissement établies dans ce pays, l'indication de celles qui ont fait des preuves de Cour, et une liste exacte des Chevaliers bretons inscrits dans les Galeries des Croisades au Musée historique de Versailles. *Paris,* 1844, in-8, br.   7 fr. 50

16. **Brunet.** Abrégé chronologique des Grands Fiefs de la couronne de France, avec la chronologie des princes et seigneurs qui les ont possédés jusqu'à leurs réunions à la couronne. *Paris,* 1759, in-8, v.   10 fr.

17. **Castelnau** (Mich. de), seigneur de Mauvissière. Ses mémoires illustrés et augmentés de plusieurs commentaires, manuscrits, pièces secrètes, servant à donner la vérité de l'histoire des règnes de François II, Charles IX et Henri III et de la Régence et du gouvernement de Catherine de Médicis et l'histoire généalogique de la Maison de Castelnau, par Le Laboureur. *Paris,* 1660, 2 vol. in-fol. v. *(blasons).*   30 fr.

Avec un beau portrait de Mich. de Castelnau, et les généalogies de plusieurs maisons alliées à la sienne.

18. — Le même ouvrage. *Bruxelles,* 1731, 3 vol. in-fol. v. *(blasons)* 50 fr.

19. **Catalogue des poinçons** et médailles du Musée monétaire de la commission des monnaies et médailles. *Paris,* 1833, in-8 br.   6 fr.

20. **Cérémonies et coutumes religieuses** de tous les peuples du monde, représentées par des figures dessinées de la main de *Bernard-Picard. Amsterdam,* 1739, chez *J. F. Bernard,* 7 vol. in-fol. dem. rel. ch.   110 fr.
Bel exemplaire.

21. **Chantereau-Le-Febure.** Considérations historiques sur la généalogie de la Maison de Lorraine (livre I et II). *Paris,* 1642, in-fol. v. (carte).   30 fr.

22. **Chérin.** La noblesse considérée sous ses divers rapports, dans les assemblées générales et particulières de la nation. *Paris,* 1788, in-8, br.   12 fr.

23. **Chevillard** (J.). Dictionnaire héraldique contenant les armes et blasons des princes, prélats, grands-officiers de la Couronne et de la Maison du Roi, des officiers de l'Epée, de la Robe, et des Finances, avec celles de plusieurs Maisons et Familles du royaume existantes, etc. *Paris,* 1723, in-12, v. *Rare.* 60 fr.

24. **Chronique de Nuremberg** (la). traduite du latin en allemand par G. Alten. *Nuremberg,* 1493, in-fol., rel. en bois du temps avec fermoirs.   40 fr.
Il manque deux feuillets à la fin de cet ouvrage remarquable par ses nombreuses gravures sur bois.

25. **Chroniques et légendes.** France. *Paris, Janet,* s. d., in-8, dem. rel. v.   3 fr.
Bel exemplaire d'un ouvrage dont chaque notice est signée par les meilleurs écrivains modernes.

26. **Clausel de Coussergues.** Du sacre des Rois de France et des rapports de cette auguste cérémonie, etc. *Paris,* 1825, in-8 br.   4 fr.

27. **Combauld** (Ch. de). Histoire des ministres d'Estat qui ont servi sous les Roys de France de la troisième ligne. *Paris,* 1642, in-fol. v. front. gr. port.   20 fr.

28. **Condé.** Mémoire pour servir à l'histoire de la maison de Condé. *Paris,* 1820, 2 vol. in-8 dem. rel. bas. fig. et fac.   6 fr.

29. **Coquille** (Guy). Les coutumes du pays et duché de Nivernois, avec annotations et commentaires. *Paris,* 1625, fort vol. in-8 vélin.   8 fr.

30. **Coup-d'œil** sur quelques usa-

-ges particuliers à la ville de Valenciennes. *S. l. n. d.*, in-8 br. (par *Hécart*). 3 fr.

31. **Daniel.** Histoire de la Milice française et des changements qui s'y sont faits depuis l'établissement de la Monarchie française dans les Gaules jusqu'à la fin du règne Louis-le-Grand. *Amst.*, 1724, 2 tomes en 1 vol. in-4, v. fig. 30 fr.

32. **Déclaration du roy**, portant nouveau règlement pour la punition du Crime de Duel, donnée à Saint-Germain-en-Laye, le 14 décembre 1679. *Paris*, *Séb.-Mab.-Cramoisy*, 1679, in-4 br. 9 fr.

33. **Déclaration du roy**, portant que les espèces d'or ne seront exposées que pour le prix de leur juste poids. *Paris*, 1639, 8 ff. in-12. 4 fr.

34. **Description** de la Lorraine. in-4, carton. 15 fr.
Ce curieux manuscrit du XVIIe siècle a été composé par le président Alix, savant historien; dans lequel on trouve des renseignements très-detaillés sur cette province.

35. **Delaporte.** Recherches sur la Bretagne. *Rennes*, 1819, 2 vol. in-8, dem. rel. v. 8 fr.

36. **Desormaux.** Histoire de la Maison de Montmorency, contenant la généalogie de la Maison et son histoire depuis l'année 960 jusqu'en 1531. *Paris*, 1764, 5 vol. in-12, v. 12 fr.

37. **Dictionnaire** héraldique contenant tout ce qui a rapport à la science du blason avec l'explication des termes, leurs étymologies et les exemples nécessaires pour leur intelligence, suivi des Ordres de Chevalerie, dans le royaume et de l'Ordre de Malthe, par Gastelier de la Tour. *Paris*, 1774, in-8 bas. (*blasons*) 10 fr.

38. **Dinaux** (Arthur). Histoire ecclésiastique de la ville et comté de Valenciennes, par Sire Simon le Boucq, prévôt. Reproduction textuelle d'un précieux manuscrit, appartenant à la Biblioth. publique de Valenciennes, illustré par des lithographies, représentant les monuments de la dite ville, dessinées par Henri Macaire. *Valenciennes*, 1844. gr. in-4, dem. rel. v. 30 fr.

39. **Dissertation** sur un traité de Charles Lebrun, concernant le rapport de la physionomie humaine avec celle des animaux. *Paris*, 1806, gr. in-fol, cart. non rog. 37 planches et beau portrait de Lebrun, gravé par Edelinck. 30 fr.

40. **Du Breul** (Jacques). Le Théâtre des Antiquitez de Paris, avec les portraits de *Thomas de Leu*. *Paris*, 1612, in-4, v. br. fig. 35 fr.
Ouvrage peu commun, enrichi d'annotations importantes et curieuses, et augmenté d'une table des matières, autographe, indiquant d'une manière spéciale toutes les curiosités historiques, legendaires et religieuses du vieux Paris.

41. **Du Cange.** Histoire des Comtes d'Amiens, précédée d'une Notice sur la vie et les principaux ouvrages de Du Cange, ainsi que d'une introduction, avec notes et textes d'un certain nombre de pièces inédites. *Amiens*, 1841, in-8 br. 6 fr.

42. **Du Chesne** (F. et A.). Histoire des Chanceliers et Gardes des Sceaux de France distingués par les règnes de nos monarques depuis Clovis Ier jusqu'à Louis XIV. *Paris*, 1680, in-fol. v. (*blasons*). 35 fr.

43. **Duchesne.** Histoire de la Maison de Chastillon-sur-Marne avec les généalogies et armes des illustres familles de France et des Pays-Bas, lesquelles y ont été alliées. — Preuves de l'histoire généalogique de cette maison. *Paris*, 1621, in-fol. vél. front. gr. (*Rare*).
Avec les blasons coloriés et les figures des anciens sceaux.

44. — Histoire généalogique de la Maison royale de Dreux et de quelques autres familles qui en sont descendues par femmes, le tout justifié par chartes de diverses églises, titres, arrests, histoires et autres bonnes preuves. *Paris*, 1631, in-fol. v. 40 fr.
Avec plusieurs tables de noms de familles classées par ordre alphabétique.

45. — Histoire généalogique des Maisons de Guines, d'Ardres, de Gand et de Coucy, et de quelques autres familles qui y ont été alliées. *Paris*, 1631, in-fol.
Le tout justifié par chartes de diverses églises, titres, histoires anciennes et autres bonnes preuves.

46. **Du Londel** (le P.). Les Fastes des Rois de la Maison d'Orléans et de celle de Bourbon, depuis 1497 jusqu'à 1697. *Paris*, 1697, in-8. 10 fr.

Avec une table alphabétique des personnes nommées dans ces Fastes.

47. Durand et Durant (ingén.). Description des monuments antiques du midi de la France (département du Gard). *Paris, Crapelet,* 1819, in-fol. 42 planches dem. rel. v. 15 fr.

48. Du Taya. Broceliande, ses chevaliers et quelques légendes. *Rennes,* 1839, in-8 br. *(tiré à petit nombre)* 6 fr.

49. — Le roi Audren. Monseigneur saint Yves. Légendes. *Rennes,* 1841, br. in-8 3 fr.

50. Edit concernant la poursuite nécessaire contre ceux qui ont jusqu'à présent usurpé les titres de noblesse. *Caen,* 1634, 8 pages in-12. 7 fr.

51. Edict de création de deux commissaires en chacune des villes où il y a Eslection et grenier a sel au ressort de la Cour des Aydes de Normandie, et déclaration sur icelle. *Paris, s. d*, 8 pp. in-12. 4 fr.

52. Edit d'érection de conseillers au parlement de Rouen, et suppression de la souveraineté et ressort des siéges, présidiaulx du pays, de Normandie. *Rouen, Mart. Le Mégissier,* 1570, 16 pages in-12 br. 6 fr.

53. Edict du roy pour la levée des droicts d'entrée moderez, qui seront cucilliz et perceuz en toutes les provinces de ce royaume sur les denrées et marchandises suivant l'advis de l'assemblée tenue en la ville de Rouen. *Angers, Anth. Hernavlt,* 1597, 15 feuillets in-12 br. 6 fr.

Les sept derniers feuillets forment le tarif des droits d'entrée pour toutes les denrées, marchandises, comestibles, etc.

54. Edit du roy portant règlement général sur les duels, donné à Saint-Germain en-Laye au mois d'aoust 1679. Avec le nouveau règlement de MM. les Maréchaux de France sur le mesme sujet. *Paris, Séb.-Max.-Cramoisy,* 1679, in-4 br. 10 fr.

55. Edict du Roy portant restablissement des officiers de la Cour des Aydes de Rouen, et réunion de celle de Caen. *Paris, P. Rocolet,* 1641, 15 pages in-12. 5 fr.

56. Edit du Roy portant création d'une noblesse militaire, donné à Fontainebleau au mois de nov. 1750. 4 pp. in-4 6 fr.

57. L'estat présent de l'Angleterre avec plusieurs réflexions sur son estat trad. de l'angl. d'Ed. Chamberlagne. *Amst., J. Blaeu,* 1669, in-12 v. br. 5 fr.

Première traduction.

58. Etat de la Marine et des colonies, années 1786-1790. 6 vol. in-12 v. f. (2332) 25 fr.

Cet ouvrage contient en outre les noms des consuls de France résidant dans les villes et ports d'Espagne, du Portugal, d'Italie, du Nord, de l'Amérique septentrionale, de Barbarie et du Levant; les drogmans employés dans les Pays musulmans.

59. Examen de la liberté originaire de Venise, (attribué à Marcus Velserus), traduit de l'italien avec une harangue de Louis Helian., *Ratisbonne Jean Aubri, (Amst., Elsevier),* 1677, pet. in-12 v. br. 4 fr.

60. Fabert (Monnier de). Histoire des Ducs de Bourgogne. *Cologne, Marteau,* 1689. 2 v. in-12 v. br. 7 fr.

60 *bis.* **Fastes** de la Légion-d'Honneur, avec l'histoire législative et réglementaire de l'ordre. *Paris,* 1845-47, 5 vol. gr. in-8 dem. rel. 25 fr.

61. Favre (de). Les Quatre Heures de la toilette des Dames, poème en 4 chants, dédié à S. A. S. Mme la princesse de Lamballe. *Paris,* 1779, gr. in-8, v. m. fig. de Leclerc 18 fr.

Vignette, culs-de-lampes et portrait allégorique de la princesse de Lamballe, dont la belle tête représente le *Soleil.*

62. Félibien (Michel). Histoire de la ville de Paris, revue, augmentée et mise au jour, par Guy Alexis Lobineau, bénédictin. Plans, figures, cartes topographiques. *Paris,* 1725, 5 vol. in-fol. v. br. 40 fr.

63. Ferrerio (Pietro). Palazzi di Roma depiu celebri architetti. 2 tom. en 1 vol. in-fol. obl. 15 fr.

64. Feu royal (le) et magnifique qui s'est tiré svr la riuière de la Seine vis à vis du Louvre, en présence de Leurs Majestez, par ordre de Messieurs de ville, pour la resiouysance de l'entrée du roy et de la reyne, le 29 aoust 1660. Avec la description des deuises en Vers, des peintures, architectures et artifices qui ont paru dans le vaisseau destiné pour cette magnificence publique. *A Paris, chez J.-B. Loison,* 1660, plaq. in-4 de 4 ff. dem. rel. maroq.

bleu. 8 fr.

65. Fontaine (P. J.). Manuel de l'amateur d'autographes. *Paris*, 1836, in-8. dem. rel. v. 8 fr.

66. Fouilloux (Jacques du). La Vénerie, précédée de quelques notes bibliographiques. *Angers*, 1844, gr. in-8, dem. rel. 20 fr.
Réimpression sur papier gris, épuisée.

67. Galeries historiques du palais de Versailles (avec les Armoiries des salles des Croisades). *Paris*, 1839, 10 vol. gr. in-8 br. (*blasons*). 35 fr.

68. Gautier de Sibert. Histoire des ordres royaux hospitaliers-militaires de Notre-Dame du Mont Carmel et de Saint-Lazare-de-Jérusalem. *Paris*, 1772, in-4 br. fig. 12 fr.

69. Geliot (L.). Indice armorial ou sommaire explication des mots usitez au blason des armoiries. *Paris*, 1735, in-fol. front. gr. (*blasons*). 35 fr.

70. Généalogie de la Maison de Broglie originaire de Quiers en Piémont. *Paris*, 1843, in-8 br. fig. 7 fr.

71. Généalogies des Souverains (les), rois, empereurs, etc., et de toutes les maisons souveraines: Allemagne, Italie, France, Bourgogne, Arles, etc., avec fig. *Paris*, Giffart, 1736, 4 vol. in-4 veau olive. 70 fr.
Ouvrage estimé dont le 4e volume contient le nobiliaire de la Bourgogne avec tous les blasons.

72. Girault de Saint-Fargeau. Dictionnaire des communes de France et de plus de 20,000 hameaux en dépendant. *Paris, Didot*, 1844, 3 forts vol. gr. in-4 dem. rel. v. nombre de fig. sur acier et blasons coloriés. 55 fr.

73. Girecourt. Essai sur l'histoire de la Maison d'Autriche. *Paris*, 1778, 9 vol. in-12. 25 fr.

74. Gosmond de Vernon. Les campagnes de Louis XV, représentées par des fig. allégoriques avec une explication historique. In-4, *S. l. n. d.*, v. b. 10 fr.
Très-bel exemplaire.

75. Guichenon (S.). Histoire généalogique de la Maison royale de Savoye. *Lyon*, 1660, 2 vol. in-fol. l'exempl. v. (*fig. et blasons*, etc.) 120 fr.
Bel exemplaire.

76. Goût (sur le) des habitants de Valenciennes pour les lettres et les arts (par *Hécart*). *Valenciennes*, 1826, 32 pp. in-8 br. 3 fr.
Avec le portrait de Simon Leboucq, prévot et historien du commencement du XVIe siècle.

77. Hénin. Histoire numismatique de la Révolution française, *Paris*, 1826, 2 vol. dont un de planches, in-4 br. 40 fr.
Épuisé.

78. Histoire de la vie du duc d'Espernon, par M. Girard. *Rouen et Paris, Thomas Jolly*, 1663, 3 vol. in-12 v. br. 12 fr.

79. Histoire de la Maison de Mailly, imprimée d'après le manuscrit présenté au Roy et déposé par son ordre à la bibliothèque de S. M. *Paris*, 1757, in-4, v. f. dor. sur tr. aux armes 25 fr.
Bel exemplaire sur papier vélin.

80. Histoire de la ville de Rouen depuis sa fondation jusqu'en 1774, suivie d'un Essai sur la Normandie littéraire, par M. S***, avocat au Parlement de Rouen. *Rouen*, 1775, 2 vol. in-12, dem. rel. v. 7 fr.

81. Histoire du château et de la ville de Gerberoy, de siècle en siècle, par M. Jean Pillet. *Rouen, Aleau*, 1679, in-4 v. br. 30 fr.
La dernière partie de cet ouvrage, qui comprend les epreuves, renferme des sceaux des XIe, XIIe, XIIIe et XIVe siècles.

82. Histoire générale des Huns, des Turcs, des Mogols et des autres tartares occidentaux, avant et depuis Jésus-Christ jusqu'à présent. *Paris*, 1756, 4 tomes en 5 vol. in-4, v. m. 90 fr.

83. Histoire générale des Provinces-Unies, dédiée à Mgr le duc d'Orléans, par M. M. D***, ancien maître des requêtes et S... de l'Académie de Londres. *Paris*, 1757, 8 vol. in-4 v. m. 35 fr.
Bel exemplaire.

84. Historia de la Antiguedad, Nobleza, y grandeza de la villa de Madrid. *Madrid*, 1629, in-fol. titre gravé (*rare*). 45 fr.

85. Hodey et Vassoult. Abrégé chronologique de la fondation et histoire du Collége de Boissy avec la généalogie de la famille de ses fondateurs, 1724, in-fol. cart. (*Arbres généalogiques avec blasons*).
Rare. On trouve à la fin du volume 24 feuillets manuscrits d'arbres généalogiques contenant les

alliances d'*Anne-Louis Mouchard* avec les familles de Montholon, de Le Fevre d'Ormesson et d'Aguesseau, de Mesgrigny, et de Bouthillier-Beaujeu, de Pas-Feuquières et de Seigheres-Boisfranc, de Chauvelin, Talon, Barbery, Saint-Contest de Bleukard, Bragelogne et Bazan de Flamanville, Huault de Bernay, du Tronchet et du Pouget, de Flexelles, Ferrand et Dodun, etc., etc.

86. **Hozier** (d'). Armorial général de la France. *Paris*, 1821, 2 vol. gr. in-4, br. fig. et blasons. 25 fr.

87. **Hozier** (d'). Statuts et Catalogues des chevaliers, commandeurs et officiers de l'Ordre du Saint-Esprit, avec leurs noms, qualités et postérités, depuis l'institution jusqu'à présent, 1733, in-fol. v. (*blason*). Bel exempl. 35 fr.

88. **Installation** de M. Royer, sous-préfet de l'arrondissement de Valenciennes (le 18 octobre 1824). *S. l.*, 8 pp. in-8 br. 2 fr.

89. **Isnard** (Christolphe). Mémoires et instructions pour le plan des Meuriers blancs, nourriture des vers à soie, et l'art de filer, mouliner, et apprêter les soyes *dans Paris et lieux circonvoisins*. *Paris*, 1565, in-12 v. 5 fr.

90. **Jacob** (Bibliophile — Paul Lacroix). Chronique de Jean d'Auton, publiée pour la première fois en entier d'après les manuscrits de la Bibliothèque du Roi avec une notice et des notes. *Paris, Silvestre*, 1834, 4 vol. in-8. 30 fr.

91. **Laborde** (Alex. de). Description des nouveaux jardins de la France et de ses anciens châteaux, mêlée d'observations sur la vie de la campagne et la composition des jardins. *Paris*, 1808, in-fol. cart. à la Bradel, non rogné. 131 planches de Bourgeois. 60 fr.

92. **Laine.** Dictionnaire véridique des origines des Maisons nobles ou annoblies du Royaume de France, contenant aussi les vrais Ducs, Marquis, Comtes, Vicomtes et Barons. *Paris*, 1818, 2 vol. in-8, dem. rel. (*rare*).

93. **Lairesse** (Gérard de). Œuvres contenant 95 planches gr. in-fol. dem. rel. *Amst.*, s. d. 90 fr.

94. **La vie** du général Monk, duc d'Albemarle, etc., le restaurateur de Sa Majesté Britannique Charles II. Traduite de l'anglois de Thomas Gumble, *Rouen, J. Lucas*, 1672,

in-12 rel. (qq. piq.). 4 fr.

95. **Le Carpentier** (J.). Histoire généalogique des Païs-Bas, ou Histoire de Cambray et du Cambresis, enrichies des généalogies, éloges, armes des Comtes, Ducs, Evêques, de presque 4,000 familles nobles, tant des XVII provinces que de France. *Leide*, 4 parties en 2 vol. in-4, vél. Cartes et blasons. (*Bel exempl.*) 70 fr.

96. **Lechaudé d'Anisy.** Extrait des chartres et autres actes normands ou anglo-normands. *Caen*, 1834, 2 vol. in-8 et atlas, in-fol. obl. br. 20 fr.

97. — Grands rôles des échiquiers de Normandie. *Paris*, 1845 in-4, br. fig. (*rare*). 30 fr.

Contient : 1o les grands rôles de l'Echiquier de Normandie, 2o rôles normands de la Tour de Londres sous le roi Jean, 3e rôles normands de la Tour de Londres sous Henri V, 4o echiquier de Normandie sous les rois de France, 5o appendix ad scaccarium Normanniæ ; et enfin une table des noms, lieux et faits.

98. — Recherches sur le Domesday, ou Liber-Censualis d'Angleterre, ainsi que sur le Liber de Winton et le Boldon-Book, contenant : 1o une description de ces registres, pour servir d'introduction ; 2o trois tables accompagnées de notes historiques et, *généalogiques* sur les familles françaises et anglaises inscrites dans ces registres ; 3o un glossaire ; 4o une statistique de l'Angleterre. *Caen*, 1842, in-4, br. (t. I, seul publié). 15 fr.

99. **Le Laboureur.** Histoire de la pairie, des ducs, marquis, comtes et barons du royaume de France, etc. in-fol. bas. 45 fr.

Manuscrit de 420 pages, en partie inédit, exécuté au XVIIe siècle.

100. **Le Noble.** Histoire du sacre et du couronnement des rois et reines de France. *Paris*, 1825, in-4, dem. rel. v. 4 fr.

101. **Lenoir** (Alexandre). Atlas de l'histoire des arts en France. Recueil de gravures. *Paris*, 1821, in-fol. cart.

102. **Levasseur.** Atlas national illustré des 86 départ. et des possessions de la France, gravé sur acier. *Paris, Combette*, 1845, in-fol. obl. dem. rel. v. 15 fr.

103. **L'Espinoy.** Recherche des an-

tiquités et noblesse de Flandres, contenant l'histoire généalogique des comtes de Flandres, des grands baillys, maistres des eaues et autres officiers principaux des villes ; un recueil de nobles, riches castellenies et baronnies et infinité de belles seigneuries du ressort et district dudit pays avec une déduction généalogique de ceux qui les ont possédées, etc. *Douay*, 1632, in-fol.; v. front. gr. blasons. 65 fr.

104. Le Pipre de Nœufville. Abrégé chronologique et historique de l'origine du progrès et de l'état actuel de la Maison du Roi et de toutes les troupes de France, etc., avec les instructions pour servir à leur histoire, et un journal historique des sièges, batailles, combats et attaques, où ces corps se sont trouvés depuis leurs institutions. *Liége*, 1734, 3 vol. in-4 v. (*blasons*). rare. 85 fr.

105. Le Quien de la Neuville. Histoire des dauphins de Viennois, d'Auvergne et de France. *Paris*, 1760, 2 vol. in-12, v. 6 fr.

106. Lettres patentes du Roy en forme d'édict, portant restablissement du Parlement de Rouen en deux séances et ouvertures semestres. Avec augmentation d'officiers, tant au Parlement que requestes du palais. *Rouen, P. Rocolet*, 1641, in-12 br. 4 fr.

107. Levieil. L'Art de la peinture sur verre et de la Vitrerie. *Paris*, 1774, in-fol., dem. rel. v. 23 fr.

108. Manuel héraldique ou Clef de l'art du Blason, etc., orné d'une planche où sont gravés 159 écussons élémentaires et terminé par une nomenclature des ordres de Chevalerie, par L. F. P. *Limoges*, 1816. in-8 cart. 2 fr. 50

109. Marlès (J. de). Paris ancien et moderne, d'après les historiens les plus estimés. *Paris*, 1837, 3 tom. en 2 vol. in-4, ornés de 300 gravures par *Testard*, dem. rel. v. 45 fr.

Exemplaire du premier tirage.

110. Médailles sur les principaux événements du règne de Louis XIV, avec des explications historiques, par *Fr. Charpentier, J. Racine, P. Tallemand, Boileau*, etc. *Paris*, impr.

roy., 1702, in-4 dem. rel. v. 12 fr. Figures de Le Clerc.

111. Mémoires sur l'Auvergne, concernant sa situation, sa noblesse, ses abbayes et couvents, la Commanderie de Saint-Jean de Jérusalem, ses évêchés, etc., etc. Manuscrit de la fin du XVIIe siècle, format in-4, v. br. 50 fr.

Ce manuscrit est d'une haute importance pour l'histoire, et surtout pour la noblesse originaire de cette province. On trouve a partir de la page 77, l'énumeration d'un grand nombre de maisons nobles, leur généalogie, leur histoire et des alliances avec ces familles originaires de l'Auvergne. Parmi ces maisons figurent Guy de la Tour, la famille Carlat, l'une des plus anciennes maisons de l'Auvergne ; le maréchal duc de Noailles. le marq. de Polignac, le marechal Conros, Mad. la princesse de Rohan-Soubise, le marq. Montboissier, la princesse d'Harcourt, le marq. Sennecterre ou Saint-Necterre, le marq. de Castre, le marq. Dalegre, la marquise de Crussol, le marq. de Merville, le marq. de Malauze, le marq. Cédage, le comte Roussil, l'abbé de Cluny, qui vivait au XIIe siècle et qui est placé parmi les Pères de l'Eglise, et un grand nombre de familles non moins importantes.

112. Ménestrier. Nouvelle Méthode raisonnée du blason et de l'art héraldique, *Lyon*, 1770, in-8 v. 22 fr.

113. Mérian. Recueil de 54 planches représentant divers châteaux de France. 1650, pet. in-fol. dem. rel. Belles épreuves. 20 fr.

On remarque dans ce Recueil les vues des châteaux d'Ancy-le-Franc, de Blérancourt, de Bury, de Chavigny, de Chilly, de Fremont, de Saint-Maur, de Rincy, de Tanlay, etc.. etc.

114. Millin (A. L.). Antiquités nationales ou Recueil de monuments pour servir à l'histoire générale et particulière de l'empire français. *Paris*, 1790-95, 5 tomes en 3 vol. gr. in-4 dem. rel. v. fig. 60 fr.

Cet ouvrage, presenté a l'*Assemblée Nationale* et agréé par *elle*. contient : tombeaux, inscriptions, statues, vitraux, fresques, etc., tirés des abbayes. monastères, châteaux et autres lieux devenus domaines nationaux.

115. Montfaucon (D. B. de). Les monuments de la Monarchie française, avec les figures de chaque règne que l'injure du temps a épargnées (français et latin). *Paris*, 1729-33. 5 vol. in-fol. 450 fr.

Magnifique exemplaire, relié par *Thouvenin*. en veau olive, doré sur tranche. Cet ouvrage rare, intéressant et recherché, est du plus haut intérêt historique et contient les portraits des rois, reines, princes, ducs, comtes, etc., depuis Childéric 1er jusqu'a Louis XV. Les monuments nationaux, reproduits d'après les originaux du temps, y sont decrits et representes avec une exactitude parfaite, ainsi que les ceremonies des sacres, couronnements, lits-de-justice, prestations de serments de fidelité, entrées publiques, etc. Enfin, les cérémonies religieuses, les usages de la vie, les maisons, jeux, monnaies, guerres, duels, funérailles, costumes, armes, etc., y sont l'objet de descriptions spéciales et l'on peut dire que cet ouvrage est indispensable à toute bibliothèque sérieuse.

116. **Moreri** (L.). Le grand dictionnaire historique ou Histoire sacrée et profane. Histoire fabuleuse des dieux et héros de l'Antiquité payenne : les vies et les actions remarquables des patriarches, empereurs, rois, princes, des grands capitaines, papes, martyrs, confesseurs, Pères de l'Église, etc. ; l'Histoire de toutes les religions, sectes, etc. ; l'établissement et les progrès des Ordres religieux et militaires et la vie de leurs fondateurs, les généalogies des familles de France et des autres pays de l'Europe, et la description des empires et royaumes, républiques, provinces, villes, isles, etc. *Paris,* 1759, 9 vol. in-fol. v. br.   120 fr.

117. **Née de la Rochelle,** avocat au Parlement. Mémoires pour servir à l'histoire du Nivernois et Donziois, avec dissertation. *Paris,* 1747, in-12 v. b.   4 fr.

118. **Notice historique** sur le village de Pommard, manuscrit in-4.   15 fr.

L'auteur de ce manuscrit est l'abbé Pierre Colon, vicaire dudit lieu. Il a été copié sur l'original à Pommard même. La dernière partie contient un Inventaire général des titres des archives depuis 1331 jusqu'en 1782.

119. **Notice** sur deux anciens cartulaires manuscrits de la bibliothèque du roi, par G.-B. Depping. *Paris,* 1831, br. in-8.   3 fr.

120. **Ordonnance du roy** sur le faict et règl. général des monnoyes. cart. *Lyon,* 1577, fig. in-12.   8 fr.

121. **Ordonnance** de l'Hôtel-de-Ville qui enjoint au fermier de l'octroy et au directeur des fermes générales de cette ville, de faire ouvrir et fermer la porte Saint-Etienne, aux mêmes heures que les portes Milet, Bayeux et autres portes de la ville, sous peine de cinquante livres d'amende. Devant nous, François Gab. Aim. du Moustier, le lundy 17 juin 1743, en l'hôtel commun de la ville de Caen, placard d'une page in-4.   7 fr.

122. **Palais de Scaurus** (le) ou description d'une maison romaine, fragment d'un voyage fait à Rome vers la fin de la république par Mérovis, prince des Suèves. *Paris,* 1822, in-4 br. fig. bles.   8 fr.
Bel exemplaire.

123. **Paradin** (Cl.) Alliances généalogiques des rois et des princes de Gaule. *Lyon, Jean de Tournes,* 1561, in-fol. v. front. gr. (*blasons*).   30 fr.

124. **Pavillet.** Histoire généalogique de la Maison de Villeneuve en Languedoc. *Paris,* 1830, in-4 v.   20 fr.

125. **Pavillons** des puissances maritimes en 1819, in-fol. obl. fig. coloriées   18 fr.
On a ajouté à cet exemplaire quelques nouveaux pavillons dessinés à la main, tels que ceux du Brésil, Mexique, Chili, Colombie, Buenos-Ayres, Haïti, Grèce, etc.

126. **Pelletier** (A.). Nobiliaire ou Armorial général de la Lorraine et du Barrois. *Nancy,* 1758, gr. in-fol. v. f. non rogn. (6 feuillets manuscrits).   140 fr.
Bel exemplaire, en forme de dictionnaire avec les armes gravées et environnées de cartouches, à côte de chaque article.

127. **Perraud.** Courses de testes et de bague, faites par le roys et les princes et seigneurs de sa cour en 1662. *Paris, impr. roy.,* 1670, in-fol. v. br.   50 fr.
Magnifiques figures. Texte français par Perraud, trad. en latin par Esprit Fléchier.

128. **Précis historique** et statistique sur la ville de Valenciennes, suivi d'un coup-d'œil sur les usages anciens et modernes de la même ville (par *Hécart*) ; *Valenciennes,* 1825, 40 pages in-8 br. (*avec un envoi de l'auteur*).   4 fr.

129. **Vies des hommes illustres de Plutarque,** traduites du grec par D. Ricard, ornées de plus de 1,000 figures, statues, bas-reliefs, cartes et portraits d'après l'antique. Publiées par A. Dubois. 28 vol. in-4, grand papier fort. Exemplaires contenant doubles épreuves et eaux-fortes. Au lieu de 10,000 fr.   1,000 fr.
Nous possédons en outre les 20 premiers volumes de cet ouvrage. Nous les vendrons séparément pour compléter les collections des personnes qui ne possèdent que la fin de cette œuvre magnifique.

BIBLIOPHILE FRANÇAIS.

CHRONIQUE LITTÉRAIRE.

La chronique se meurt! la chronique est morte! s'écrient de toutes parts les écrivains à scandale qui naguère emplissaient de leur prose venimeuse le vaste champ du journalisme parisien ; et dans leur inconstance ils s'en vont quémandant aux échos de la grande ville de nouveaux titres pour servir d'étiquettes à de nouvelles diatribes sur les hommes et les choses du jour. Laissons passer ces *éreinteurs* de profession avec leur bagage de *méchantes* sottises, et à l'encontre de leurs cris de paons effarouchés, rendons à la chronique son caractère véritable en même temps qu'un hommage mérité.

C'est à elle que nous devons les documents les plus précieux de notre histoire nationale et littéraire, et, sous une forme tout à la fois instructive et attrayante, savante et variée, elle nous a rapporté dans toute leur originalité les faits, les us et coutumes des XIII⁰, XIV⁰, XV⁰ et XVI⁰ siècles. Fidèle compagne d'un mot vieux comme elle: *l'honnêteté*, elle n'a dit que ce qu'elle a vu ; mais elle n'a vu que ce qui devait être dit et jamais, comme de nos jours, le mensonge volontaire et la calomnie *quand même* n'ont été des titres à la gloire et à la renommée. C'est qu'aussi nos vieux chroniqueurs ne connaissaient pas ces querelles déplorables, ces combats à outrance en champ clos littéraire où l'orgueil émoussé, tenant lieu de hache d'armes, égorge sans pitié toute prétention rivale. Aujourd'hui.... mais à quoi bon plaider plus longuement une cause qui a si peu besoin d'être défendue. Nos lecteurs sont de ceux qui savent rendre justice au passé et nous les prions de considérer ce qui précède comme un *essai* de profession de foi sur le *système* de chronique que nous entendons adopter pour le *Bibliophile français*. En effet, résumer les évènements artistiques et littéraires du mois, les apprécier à un point de vue général et jamais particulier, nous en prendre aux idées, jamais aux individus, guerroyer contre les mauvais livres anciens ou modernes et jamais contre les écrivains mauvais, fussent-ils morts ou vivants, en un mot, exercer nos *fonctions* de chroniqueur en *bibliophile* et non en policeman de la littérature, tel est notre désir et tel sera notre but.

Et maintenant passons aux faits et tout d'abord signalons la deuxième édition des *Jeudis de madame Charbonneau* que vient de publier M. A. de Pontmartin comme un livre d'autant plus déplorable qu'il est l'œuvre d'un gentilhomme de lettres, dont les déceptions littéraires eussent dû rester enfouies dans les oubliettes du château de Gigondas. Tout écrivain peut raconter les mêmes scènes, peindre les mêmes visages, exprimer les mêmes idées, car les mécomptes littéraires sont malheureusement le partage de tous et nul n'est exempt de ces vicissitudes terribles qui font trop souvent descendre les *littérateurs vrais* dans l'arène des livres à scandale. Cela s'appelle, il est vrai, brusquer la renommée, mais quelle renommée? La patience c'est le génie, et M. de Pontmartin est du petit nombre de ces écrivains qui doivent patienter, n'eussent-ils en perspective au bout de leur carrière qu'un fauteuil à l'Académie.

Avant de parler des *Jeudis de madame Charbonneau*, nous eussions peut-être dû donner le pas aux *Misérables* par M. Victor Hugo, de l'Académie. Mais il s'est fait et il se fera encore autour de ce roman un bruit si formidable qu'il vaut mieux laisser passer le torrent du succès sur cette œuvre grandiose par la majesté du style, avant de l'étudier dans son ensemble et sous toutes ses faces, si tant est qu'il nous soit possible d'entreprendre cette étude difficile.

Une étude plus facile et moins complexe, c'est celle de *Paris*, non pas de Paris en pierre et en plâtre, mais de Paris en chair et en os, s'il est permis de s'exprimer ainsi. L'auteur des *Mœurs de Paris* ou *Tableau mouvant de cette grande ville* écrivait il y a plus d'un demi-siècle, que tous les dix ans il était possible d'écrire un ouvrage neuf sur Paris. Rien n'est plus vrai : chaque jour qui passe fait entrevoir une expression nouvelle au front de cette vaste cité, dont l'histoire matérielle et morale a fait le sujet de mille ouvrages divers et toujours recherchés. M. Gustave Claudin, rédacteur du *Moniteur*, vient à son tour de publier chez Dentu un petit livre aussi spirituel que savant sur Paris. Ce volume pourrait aussi bien s'appeler *la psycologie de Paris*; mais l'auteur est de ceux qui avec raison dédaignent les mots techniques en pareille occurrence et nous l'en félicitons. Le style de M. G. Claudin est clair, simple, précis, sa phrase va au but et ses études multiples sur le *Paris at home* sont en quelque sorte des épreuves d'artiste. Le chapitre : *La cuisine à Paris* nous a fort intéressé et M. Charles Monselet, *le père de la table*, si compétent en pareille matière, n'aurait pas mieux dit. Encore deux ou trois volumes comme *Paris* et M. Claudin pourra frapper aux portes de l'Institut.

De l'Institut à la boutique de M. René Muffat, quai Malaquais, 3, il n'y a que la largeur de 20 pavés. Traversons-les et jetons un coup-d'œil à la hâte sur les rayons de cet éditeur de livres utiles. Ce qui nous frappe tout d'abord, c'est un nom grand comme l'époque qui l'a vu naître : *Louis Veuillot*, dont la plume a broyé bien des utopies modernes. Cette plume, passant du grave au doux avec tous les enchantements d'un style incomparable, vient d'illustrer d'une introduction savante la réimpression d'un charmant et *vieil* ouvrage : *Le Chapelet de Virginité*. Tout le monde voudra posséder ce merveilleux chapelet que M. Muffat vend au prix modique de 1 fr. 50 c., et auprès duquel nous avons encore remarqué, sur le même rayon, un charmant volume : *De l'ancienne Chevalerie de Lorraine*, que nous recommandons vivement à nos lecteurs. Cet ouvrage est orné de nombreux blasons qui sont loin, sans doute, d'être *héraldiques*, mais qui concourrent efficacement au but historique et généalogique du volume. Le graveur de ces blasons, ainsi que la plupart de ses confrères, a cette mauvaise habitude de représenter *les lions*, notamment, comme s'il s'agissait des lions de la ménagerie du Jardin des Plantes. Les Vulson, les Paillot, et *tutti quanti* étaient mieux inspirés, car ils savaient que le blason est une langue hiéroglyphique, aussi charmante qu'incomprise, dont les termes *originaux* ne sauraient être défigurés sans nuire essentiellement au *style* héraldique. Somme toute, *l'Ancienne Chevalerie de Lorraine* est un beau et bon livre qui a sa place marquée dans ce que nous appellerons : *les Bibliothèques nobiliaires.*

Que dirai-je encore des publications nouvelles? Parlerai-je *Du Mariage au XIXe siècle,* par M. E. Thevenin, des *Vierges d'Arabie,* par Mme Olivia de Rocourt, de l'*Histoire héroïque des Français,* par M. Christian, des *Chants du Capitole,* par M. A. Lebailly, quatre volumes, quatre bijoux que vient de ciseler M. Eugène Pick, de l'Isère? Ces titres me tentent, mais l'espace me manque et je dois avant de terminer passer du moderne à l'ancien ou plutôt de la bibliographie à la bibliophilie.

Deux ventes de livres anciens ayant quelqu'importance ont eu lieu en juin dans l'ancienne Maison Silvestre, où tant et tant de beaux et bons livres, depuis nombre d'années, ont été adjugés tour à tour au plus offrant et dernier enchérisseur. Rien n'est intéressant, je dirai même émouvant, comme le spectacle de ces ventes publiques. Le prestige qui s'attache aux grands noms de la littérature dont les œuvres sont successivement jetées sur table, la passion qui anime l'enchère de certains ouvrages rares et curieux, les prix élevés qu'atteignent la plupart des ouvrages catalogués, le miroitement des magnifiques reliures des Capet, des Gruel, des Thouvenin, qui passent sous vos yeux et qui vous tentent au passage ; la splendeur des manuscrits antiques, ornés de miniatures admirables dont la possession est le rêve de tous les amateurs; tout cela réuni est bien digne assurément d'émouvoir une âme sensible aux beautés et aux curiosités artistiques et littéraires qui sont l'objet de ces ventes exceptionnelles.

Celles dont nous parlions plus haut ont eu lieu les 10, 19, 20 et 21 juin. La première était celle de la bibliothèque de M. Lefeuve, homme de lettres, et la deuxième celle de la bibliothèque de M. le comte Jules de Menou. Les *Ordonnances du roi sur les monnaies depuis l'an* 1539 *à l'an* 1596, ensemble 43 pièces ont été adjugées à 43 fr. *L'instruction du roy* ou *l'exercice de monter à cheval,* par Pluvinel, avec les fig. de Crispin de Pas, s'est vendu 90 fr., et pourtant les planches de ce remarquable ouvrage ont été remontées. Les *Mémoires pour servir de preuves à l'histoire de Bretagne,* par Dom Morice, en 3 volumes, ont atteint le chiffre de 121 francs.

Nous ne terminerons pas cette première chronique du *Bibliophile français* sans remercier tous ceux de nos abonnés qui ont bien voulu nous adresser de trop flatteuses approbations pour le dernier article que nous avons publié sur la réimpression textuelle du DICTIONNAIRE DE LA NOBLESSE DE LA CHENAYE-DESBOIS, publié par MM. Schlesinger frères. Cette nouvelle édition est sous presse; nous avons la certitude qu'elle sera digne à tous les points de vue du public auquel elle s'adresse. Le nombre des souscripteurs va chaque jour augmentant: les plus grands noms de France se sont fait inscrire des premiers et le *Bibliophile français* est heureux d'avoir pu contribuer pour sa part au succès de cette souscription qui reste, comme précédemment, ouverte à la librairie de Mme Bachelin-Deflorenne.

LE BIBLIOPHILE JULIEN.

LETTRES INÉDITES DE BÉRANGER.

Il se publie actuellement à la librairie de M. Perrotin, un recueil de toutes les lettres de Béranger que l'éditeur a pu réunir. Le juste intérêt qui s'attache à cette importante publication nous engage à insérer ici trois lettres inédites, — dont les autographes sont en notre possession, — écrites par le poète national a une dame de ses amies.

PREMIÈRE LETTRE (*du 15 décembre 1830*).

« Comment vous figurez-vous que je cours les dîners ministériels, lorsque je vous ai dit que j'avais cessé de voir mes amis devenus ministres ? Non seulement je ne prends plus place à leur table, mais je sors fort peu de chez moi. Je me suis un peu remis à travailler et la solitude ne m'en est que plus chère. C'était d'abord un besoin ; cela devient un plaisir. Je n'en irai pas moins vous visiter ainsi que votre (ici un nom illisible). Le mardi, soit ! Eh bien, un mardi je tâcherai de me lancer de l'autre côté de la Seine pour avoir de vos nouvelles et de celles du mari.

15 décembre.　　　　　　　　　　Signé : BÉRANGER.

DEUXIÈME LETTRE (*sans date*).

« Je n'ai plus de nez, Madame ; aussi n'ai-je point du tout senti votre bonne volaille normande, et cela est fort heureux pour moi, car je ne résisterais peut-être pas au fumet. Or, il faut que vous sachiez que je n'ai pas encore permission de sortir. Vous l'auriez dû deviner, au reste, puisque depuis si longtemps je ne vous ai pas été voir. Voilà pourtant huit jours que je n'ai plus de fièvre ; mais le dégel n'a pas encore opéré sur ma maudite poitrine et je n'ai fait que tousser la nuit dernière, aussi, suis-je brisé aujourd'hui. Il y a seulement dix ans, cela ne m'eût pas empêché d'aller dévorer une cuisse de votre normande ; aujourd'hui, je jeûne au coin de mon feu. C'est sans doute bien plus sage, mais c'est fort ennuyeux et je n'en guéris pas plus vite. Doux privilége des années ! Si encore j'avais quelqu'un pour me soigner ; mais ces diables d'affaires de Beaudoin ne me permettent point maintenant de prendre une bonne. J'en serai réduit à faire comme Kératry, si j'arrive à 63 ans. Espérons que le ciel y mettra bon ordre. En attendant je regrette bien de ne pouvoir être des vôtres et je vous prie de le dire à D...il qu'il m'eut été doux de surprendre.

Recevez tous mes remercîments et puisque diable il y a, croyez-moi au moins bon diable, et tout à vous, Madame, de cœur et pour la vie.

Vendredi　　　　　　　　　　Signé : BÉRANGER.

TROISIÈME LETTRE (*sans date*).

J'ai été bien fâché d'apprendre que (nom effacé) se fut donné la peine de me venir voir un jour où Dubois avait défendu ma porte. Il ne veut pas encore que je reçoive, parce que, dit-il, la conversation nuit à ma poitrine.

Je ne sais pour combien de temps j'en ai encore, j'espère toutefois que j'en pourrai bientôt voir le terme, car je vais mieux et l'on me permet même de manger un peu plus. Je vous remercie bien de votre invitation pour le 13, mais je doute fort que je puisse en profiler. Quant à vos bouts de manche, je vous en remercie beaucoup aussi, il faut, pourtant, que je vous dise que je ne mets jamais de gants. Je n'ai pas été élevé à me dorloter, et quoique maintenant je me soigne un peu mieux, je ne suis pas fâché qu'il y ait encore un petit bout de moi-même exposé aux injures de l'air et dont les picotemens me rappellent une vie plus dure et la souffrance des autres. Vous allez rire de la raison que je vous donne ; j'en ris moi-même quoiqu'il y ait du vrai et beaucoup dans ce que je vous dis.

Vous me dites de ne pas me livrer à des idées tristes, vous avez raison, mais où avez-vous vu que le conseil me fût nécessaire? Je vous assure bien que je ne suis ni triste ni abattu. D'abord, il n'y a pas de quoi, puis la solitude me convient, parceque je travaille et que depuis longtemps je n'avais travaillé autant.

Combien vous et votre mari êtes bons pour moi ! Croyez que j'en suis bien reconnaissant. Je vous embrasse de tout mon cœur,

BÉRANGER.

Si je ne craignais d'impatienter trop votre femme de chambre, je vous en écrirais encore plus long.

Pour copie conforme : Mme BACHELIN-DEFLORENNE.

Nous recevons la lettre suivante du savant M. P. Christian.

A Mme BACHELIN-DEFLORENNE.

Madame,

J'ai lu avec un vif intérêt le premier numéro du *Bibliophile français* que vous avez bien voulu m'adresser. Permettez-moi de dire que votre maison, depuis si longtemps précieuse aux vrais amateurs de beaux et bons livres, se crée de nouveaux droits à la reconnaissance des savants.

Il nous manquait une revue destinée à faire connaître la valeur impérissable d'une foule de livres ou de manuscrits qui, par leur date, leur rareté, leur haut prix commercial, sont devenus en quelque sorte les monuments d'un monde ignoré. Le *Bibliophile français* est appelé à combler cette importante lacune dans l'histoire de l'esprit humain, et je l'apprécie, dès son début, comme le complément indispensable du *Journal général de la Librairie* et du *Manuel de Brunet*. Vous m'avez fait l'honneur de demander mon concours à un si utile travail. Depuis une dizaine d'années, mes études s'enferment dans le cercle des *sciences occultes*, dont l'Orient est l'antique foyer. Ces sciences rallient en Europe douze à quinze cents amateurs, sans compter l'immense société des *Francs-Maçons*, dont les membres notables savent qu'ils ont perdu les clefs de leur institution et le magnifique secret de la *Rose-Croix*. Mes travaux d'antiquaire m'ont fait retrouver ces clefs en compulsant la bibliographie du *magisme* et la *symbolique égyptienne*. Je pourrai donc, de

temps en temps, Madame, par votre gracieux intermédiaire, donner satisfaction à la curiosité des esprits d'élite qui croient avec raison que l'*astrologie* bien comprise n'est pas une erreur, et que tous les autres mystères
du sacerdoce primitif, groupés sous le titre de *haute-magie*, c'est-à-dire,
suprème initiation à la sagesse absolue, sont les voiles diaphanes d'une
science mathématique d'où jaillissent des lumières supérieures à la philosophie moderne.

Veuillez agréer, etc.

P. CHRISTIAN

*Ancien Bibliothécaire au Ministère
de l'Instruction publique.*

LES SOIRS D'OCTOBRE

Par M. PAUL JUILLERAT (*chez Dentu à Paris*);

— Tiré à petit nombre. —

Nous ne devrions nous occuper des *Soirs d'Octobre* qu'en vertu de M. Louis
Perrin, *le bon imprimeur*, continuateur de l'antique et glorieuse typographie
lyonnaise. — Le livre de M. Juillerat, à part son mérite intrinsèque, est immor-
tel comme ces précieux elzévirs qui constituent aujourd'hui des fortunes. L'im-
primeur Louis Perrin a déjà publié une collection choisie de petits chefs-d'œuvre:
Le Chemin de Rome, s'il vous plaît ! (titre long pour un mince ouvrage), de
M. Delessert ; *les Patenôtres d'un Surnuméraire*, de M. Joseph Delaroa ; *les
Cartulaires* de plusieurs abbayes du Lyonnais, et puis *les Soirs d'Octobre.* —
Le livre de M. Juillerat est deux fois un livre, — et je suis convaincu que
M. Jules Janin l'a déjà mis dans sa cassette avec les *Sonnets* de M. Soulary, le
poète des petits moyens et du papillotage.

La muse de M. Juillerat n'est pas novice. — Elle a déjà dit quelque chose à
l'Odéon et à la Comédie française. Elle a le parler clair, — mais je ne lui trouve
pas assez de timbre, ni de couleur. — Les *Soirs d'Octobre* ne sont pas précisé-
ment écrits dans une gamme que fait pressentir le titre ; le poète passe d'une
note à l'autre avec charme et bonheur. Il accorde même sa cavatine avec une
dizaine de lyres qui donnent le ton à chaque page. — Plusieurs d'entr'elles n'ont
plus de cordes, et M. Juillerat a eu la charité de leur en remettre. Si la géné-
rosité était bannie du cœur des rois elle se réfugierait dans le cœur des Muses.
— Le livre de M. Juillerat est surtout pénétré par une philosophie douce et sou-
riante, fruit d'or de l'âge mûr. — Sur ce fond sympathique, il y a des pièces
qui se détachent magistralement : *les Funérailles d'un Oiseau* sont le *Dies iræ*
mélancolique du recueil ; — plus loin, *Ab-del-Kader*, un air de clairon dans un
soir d'orage ; — plus bas, la douce élégie soupire avec le *Berceau vide*, auprès
d'une épître exquise de noblesse et de sympathie — adressée à M. Lefèvre Deu-
mier : *Amicus te salutat.* — Je m'en voudrais d'oublier une boutade : *le Convoi
de la Poésie*, comme si la poésie pouvait mourir pendant que M. Juillerat sera
de ce monde. — Ce livre me plaît, cependant il ne répond pas à l'opinion que j'ai
de la muse contemporaine. — Le poète a charge d'âmes ! — M. Juillerat rentre
dans le cadre de rêveurs intimes et peu-être personnels, qui n'ont que trop rêvé
depuis 1830. Mais je m'empresse de reconnaître chez lui un côté supérieur à ses
devanciers. — Et c'est déjà un signe du temps. — Sa philosophie est empreinte
d'une tolérance religieuse qui dénote une éducation libérale.
— Je conclus : si l'auteur du *Lièvre et la Tortue*, des *Deux Balcons* et *des So-
litudes*, se retirait de l'armée active de la république des lettres, — où il peut

encore fournir une carrière pleine d'estime et d'imprévu,— il quitterait le champ de bataille par un bulletin de victoire, imprimé par Louis Perrin, sur une feuille qui fera tous les pélerinages littéraires et bibliographiques des rares éditions et des bons auteurs.

ARMAND LEBAILLY.

L'HOTEL DE VILLE ET LA BOURGEOISIE DE PARIS,

Depuis les temps les plus reculés jusqu'à 1789

PAR M. F. RITTIEZ.

Un écrivain connu par des travaux importants sur l'histoire contemporaine vient de publier sous ce titre un livre dont le mérite ne le cède à aucune de ses productions antérieures. Dans ce nouvel ouvrage, M. Rittiez a pris soin de passer successivement en revue les faits les plus remarquables de l'histoire nationale, dont l'Hôtel-de-Ville de Paris a été le théâtre. De l'administration municipale sous les Romains, des origines de la bourgeoisie, du parloir aux bourgeois, des corporations des métiers jusqu'à la suppression des priviléges de la ville et à la mort de Jacques de Flesselles, le dernier prévôt des marchands, quelle longue et intéressante histoire ! quels évènements divers et combien dramatiques ! L'auteur ne se contente pas de rappeler les phases si importantes de notre histoire, chemin faisant, il n'oublie pas de citer toutes les particularités de mœurs, de coutumes. Il nous fait connaître les usages disparus, les institutions, qui de nos jours, semblent d'un monde antédiluvien et n'intéressent pas seulement l'antiquaire, mais sont une source féconde de réflexions et de méditations pour les philosophes et les penseurs. Loin de faire parade d'érudition, M. Rittiez a pris soin de condenser le plus de faits possibles sous une forme rapide. Ce livre est le digne complément de son *Histoire du Palais de justice de Paris*. On peut dire sans exagération que ces deux ouvrages forment une histoire complète de la grande cité. Aussi ont-ils leur place marquée dans les bibliothèques des hommes d'État, des historiens et de tous ces esprits attentifs qui s'intéressent aux luttes ardentes qui ont passionné tout le Moyen-Age et s'imposent encore à l'attention de la société moderne.

E. LA RIGAUDIÈRE.

AVERTISSEMENT.

Nous prévenons les abonnés du *Bibliophile français* que notre maison se chargera de toutes les *commissions* en librairie qui lui seront confiées, et qu'elle fournira toutes les publications modernes qui lui seront demandées, sans augmentation des prix marqués par les éditeurs. — Toute commande sera expédiée dans les 24 heures de sa réception.

130. **Arma magnifici** ac in clyti Herois Raymundi fuggeri Augustani comitis, in victissimorum Augusti Caroli V et Ferdinandi romañorum regis conciliarii, etc. *Ingolst.* 1534, in-folio, v. 12 fr.
Nombreuses figures. Très-beaux ornements.

131. **Arnout.** Vues de Paris. 33 planches. *Paris,* 1837. in-folio, obl. cart. à la Bradel. 20 fr.
Belles épreuves

132. **Bartsch** (A. de). Le peintre-graveur. *Vienne,* 1803-21, 21 vol. in-8 et 2 atlas br. obl. 220 fr.
Entièrement épuisé.

133. **Barozzio** (J.). Règles des 5 ordres d'architecture, avec un essai sur les mêmes ordres suivant les sentiments des plus célèbres architectes. *Paris, Chereau,* 1747, in-4, v. 94 pl. (très-belles épreuves). 12 fr.
Le tout orné de vignettes, cartels, dessins et gravés par Babel.

133 *bis.* —Règles des 5 ordres d'architecture. *Paris,* 1750, in-fol. fig. br. 10 fr.

134. **Batissier.** Histoire de l'art monumental dans l'antiquité et au moyen âge, suivie d'un traité de la peinture sur verre. *Paris,* 1848, gr. in-8, fig. noires et col. 25 fr.

135. **Bazan** (F.). Dictionnaire des graveurs anciens et modernes depuis l'origine de la gravure ; 2º édit. augmentée. *Paris,* 1789, 2 vol. in-8, dem. rel. bas. 35 fr.
Orné de gravures de Marillier, Eisen, Moreau, Van Dyck, Rembrandt, etc.

136. **Beauvalet et Normand.** Fragments d'ornements dans le style antique. *Paris,* 1820, 2 vol. in-fol. dem. rel. bas. avec 144 planches. 35 fr.
Ouvrage utile aux peintres, sculpteurs et architectes, aux ornemanistes, marbriers, etc ; aux orfèvres, bijoutiers, fondeurs, tapissiers, ébenistes, fabricants de meubles, de porcelaine, de faïence, tôle vernie, email, cristaux et verres.

137. **Belidor.** Architecture hydrau-lique ou l'art de conduire, d'élever et de ménager les eaux pour les différents besoins de la vie. *Paris,* 1735. 4 v. in-4, v. m. fig. 25 fr.

138. — Architecture hydraulique, ou l'art de conduire, d'élever et de ménager les eaux, pour les différents besoins de la vie ; nouv. édition, avec des notes et additions, par Navier (tome 1 le seul publié). *Paris,* 1819. in-4, br. fig. port. 22 fr.
Ce volume contient les principes de la mécanique et la description et le calcul de diverses espèces de moulins et de machines à élever l'eau.

139. **Besson** (D.). Teatro de los instrumentos y figuras matematicas, y mecanicas con las interpretationes de cada figura, echas por Fr. Bervaldo. En Leon de Francia, por Horacio Cardon. 1602, gr. in-fol. vél. 60 pl. (*mouill.*). 25 fr.
Plusieurs planches ont été gravées par Androuet Du Cerceau.

140. **Blondel.** Cours d'architecture enseigné dans l'Académie royale d'architecture, 2º édit. *Paris,* 1698, 5 part. en 2 vol. in-fol. v. 30 fr.
Ouvrage enrichi de bonnes planches.

141. — Cours d'architecture, ou traité de la décoration, distribution et construction des bâtiments. *Paris,* 1771-77, 9 tomes en 6 vol. in-8, dem. rel. v. 95 fr.
C'est le traité le plus complet et le plus recherché ; il contient une grande quantité de planches d'ornements, portes, balustres, ornements pour les frontons, amortissements pour la décoration des bâtiments, parterre, bosquets, labyrinthes, fontaines jaillissantes, etc., cuvettes, mascarons, portiques, vases, ornements de serrures des portes, etc.; plafonds, frises, panneaux, balcons, grilles, rampes, croisées, cheminées, placards, poêles torchières, vestibules, antichambres, salles de compagnie, salons, chambres de parade, le Louvre, les Tuileries, le Palais du Luxembourg, les châteaux de Blois, d'Issi, de Montmorency, les hôtels Soubise, de Noailles, d'Evreux, et maisons de plaisance, etc.

142. — De la distribution des maisons de plaisance et de la décoration des édifices en général. *Paris,* 1737, 2

—: vol. in-4 *(bel exemplaire)*. 125 fr.

143. Bockler. Architectura curiosa nova, exponens fundamenta hydro-gogica, etc. *Norimbergæ*, 1701, in-fol. v. 30 fr.

Quantité de planches représentant des fontaines, jets-d'eau, jardins, etc.

144. Boucher-Desnoyers. Recueil d'estampes gravées d'après les peintures antiques italiennes, etc., par Boucher-Desnoyers, ou exécu-tées sous sa direction, d'après les dessins qu'il a faits dans les années 1818-19. *Paris, Didot*, 1821, gr. in-folio, 34 pl. et texte, dem. rel. bas. 70 fr.

Exempl. non rogné et très-beau d'épreuves, (rare).

145. Boucher. Recueil de 50 plan-ches représentant des panneaux, portes, lambris, armoires, croisées, plafonds, etc., in-fol. cart. 25 fr.

145 bis. Briant de Laubrière. Armorial général de Bretagne, con-tenant les noms et les armes des Maisons qui ont obtenu des arrêts de maintenue ou des lettres d'anno-blissement établies dans ce pays, l'in-dication de celles qui ont fait des preuves de Cour, et une liste exacte des Chevaliers bretons incrits dans les Galeries des Croisades au musée historique de Versailles. *Paris*, 1844, in-8, br. 7 fr. 50

146. Cervantès (Miguel de). Les principales aventures de l'admirable Don Quichotte, representées en fig. par Coypel, Picart-le-Romain et autres habiles maîtres, avec les ex-plications des XXXI planches de cette magnifique collection. *La Haye*, 1746, in-4 v. 25 fr.

147. Châteaubriand. Génie du Christianisme. *Paris*, Migneret, 1802, 4 vol. in-8 cart. 6 fr.

148. Chapuy. Le moyen âge monu-mental et archéologique Recueil fac-tice de vues et monuments les plus remarquables de l'Europe. 157 pl. in fol. cart. 60 fr.

149. Christ. Dictionnaire des mono-grammes, chiffres, lettres, initiales, logogryphes, rébus, etc., sous les-quels les plus célèbres peintres, gra-veurs et dessinateurs ont dessiné leurs noms. *Paris*, 1750, in-8 fig. 15 fr.

Édition augmentée de plusieurs supplements.

150. Chevalier. Histoire de Guil-laume III, roi d'Angleterre, etc., par médailles, inscriptions, arcs-de-triomphe et autres monuments pu-blics. *Amst.*, 1792, in-f. v. m. 10 fr.

Figures de R. de Hooge.

151. Cinelli. Le Belleze della cita di Firenze. *Firenze*, 1697, gr. in-12 v. 4 fr.

Ce curieux ouvrage est suivi d'un petit opus-cule intitulé : *Nota di tutte et pietre delle quali fabbricata la capella di S. M. C. nominata di S. Lorenzo.*

152. Cuvillier, père et fils. Orne-ments divers et architecture, 9 bel-les pl. in-fol. cart. 20 fr.

153. D'Argenville. Abrégé de la vie des peintres. *Paris*, an IV, 2 v. in-8 fig. v. m. fil. 12 fr.

154. David (E.). Recherches sur l'art statuaire chez les anciens et les modernes. *Paris*, 1805, in-8 d. rel. 12 fr.

155. Daviler. Cours d'architecture avec des commentaires, les figures et descriptions de ses plus beaux bâtiments et de plusieurs beaux des-sins, ornements et préceptes conte-nant la distribution, la décoration, etc. *Paris*, 1720, 2 vol. in-4 v. fig. 25 fr.

156. Daviler et Mariette. Cours d'architecture. *Paris*, 1738, in-4 v. 55 fr.

Édition enrichie de dessins concernant la dis-tribution et la decoration des plus beaux bâtiments etc.

157. Daviler et Mariette. Dic-tionnaire d'architecture civile et hydraulique, et des arts qui en dé-pendent : comme la maçonnerie, la charpenterie, la menuiserie, la ser-rurerie, le jardinage, la construction des ponts et chaussées, des écluses, etc. Nouv. édit. cor. et aug. *Paris*, 1755, in-4 v. 8 fr.

Ouvrage servant de suite au Cours d'Architec-ture.

158. Delarue. Traité de la coupe des pierres où, par une méthode fa-cile et abrégée, l'on peut se perfec-tionner en cette science. *Paris*, 1728, in-fol. fig. front. gr. 15 fr.

159. Derand. L'architecture des voûtes ou l'art des traits et coupes des voûtes ; traité très-utile aux ar-chitectes, maîtres maçons, appareil-leurs, tailleurs de pierre. *Paris*, 1643, in-fol. v. fig. 15 fr.

**160. Description des fêtes

données par la ville de Paris, à l'occasion du mariage de Madame Louise-Elisabeth de France et de dom Philippe, infant et grand amiral d'Espagne, le 29 et 30 août 1739. *Paris*, 1740, gr. in-fol. v. 30 fr.

13 planches dessinées et gravées par Blondel: vue de Paris, joûtes sur la Seine, temple de l'Hymen, construit sur le Pont-Neuf, trône, tentes sur la terrasse du Louvre, feux d'artifice, bal à l'Hôtel-de-Ville, etc.

161. **Desormeaux.** Histoire de la Maison de Bourbon. *Paris*, imprimerie royale, 1772, 5 vol. in-4 v. figures. 40 fr.

Très-bel exemplaire d'un ouvrage estimé. — Vignettes et culs-de-lampes de *Choffart*. Le tableau généalogique de la Maison de Bourbon qui manque dans un grand nombre d'exemplaires, se trouve dans celui-ci.

162. **Du Cerceau.** Collection de puits (6 pièces), petit in-folio (beau d'épreuves). 25 fr.

163. **Durand** (J.-N.-L.). Leçons d'architecture, — partie graphique des cours d'architecture faits à l'école royale polytechnique. *Paris*, 1819-21, 3 vol. in-4, 97 pl. 35 fr.

164. **Esbattement moral** des animaux. *Anvers, s. l. n. d.*, in-4, fig. velin. 25 fr.

Titre gravé très-remarquable; nombr. grav. originales en pleine page et représentant des sujets aussi curieux que variés.

165. **Fayette** (comtesse de). Histoire de Madame Henriette d'Angleterre, première femme de Philippe de France, duc d'Orléans. *Amst.*, 1720, in-18, d. r. v. 4 fr.

Titre rouge et noir, en regard duquel on a rapporté un ancien portrait de Mme Henriette d'Angleterre gravé par Schouter.

166. **Felibrici.** Description de la grotte de Versailles. Grav. de *Lepôtre et Chauveau*. *Paris*, impr. roy., 1679, gr. in-fol. rel. v. b. 20 fr.

167. **Flavius** (Joseph). Histoire des Juifs, sous le titre de: Antiquitez judaïques. Traduite sur l'original, revue sur divers manuscrits par M. Arnauld d'Andilly. Enrichie de fig. en taille-douce, in-fol. v. b. *Amst.*, 1700. 25 fr.

Bel exemplaire.

168. **Figures anglaises** d'ornements typographiques et autres. *London*, 1832, in-4 cart. 12 fr.

Bel exemplaire. — Epreuves d'artiste contenant près de 450 sujets variés, blasons, chevaux, voitures, navires, instruments curieux, machines diverses, dessins allegoriques, etc. *Ex libris* du célèbre xylographe Thompson.

169. **Galerie de Florence.** Tableaux, statues, bas-reliefs et camées de la galerie de Florence et du palais de Pitti; dessinés par Wicar, et gravés sous la direction de Lacombe et Masquelier, avec les explications par Mongez, etc. *Paris*, 1789, 3 vol. gr. in-fol. dem. rel. non rogné. 500 fr.

Exemplaire magnifique d'épreuves.

170. **Gau** (J. C.). Antiquités de la Nubie ou monuments inédits des bords du Nil situés entre la première et la seconde cataracte, dessinés et mesurés en 1819. *Paris*, 1820-27, gr. in-fol. 64 pl. noires et coloriées. 45 fr.

171. **Gault de Saint-Germain.** Guide des amateurs de tableaux pour les écoles allemande, flamande et hollandaise. *Paris*, 1841, 2 vol. in-8 br. 15 fr.

172. **Germain.** Eléments d'orfèvrerie. *Paris*, 1748, in-4 vél. 100 fr.

Environ 130 objets sur 100 pl., représentant des ouvrages d'église, burettes, cuvettes, sonnettes, bénitiers, ciboires, encensoirs. vases, burres, calices, chandeliers, croix d'autels, croix pour l'œuvre, crosses, etc.; contours de plats, caisses, casseroles, batteries de cuisine, pot à sucre, salières, saucières, cuvettes à huile, moutardiers, sucriers, flambeaux, seaux à rafraîchir, pots, terrines, plats, vergettes, gobelets, flambeaux, coffres, miroirs, etc.

173. **Giardini** (J.). Promptuarium artis argentariæ ad cujuscumque generia vasa argentea ac aurea invenienda ac conficienda utile. *Romæ*, 1750, 2 tomes en 1 vol. in-fol. v. avec 100 planches. 140 fr.

174. **De Glen** (J.-B.). Histoire pontificale ou plutôt Démonstration de la vraye Eglise fondée par J.-C. et ses apôtres... avec les portraits naturels des papes, taillés par Jean de Glen, Liégeois. *Liège*, 1600, in-4, v. br. fig. 25 fr.

Les portraits des papes insérés dans le texte de ce volume sont très-curieux.

175. **Goguet** (A. Y.). De l'origine des lois, des arts et des sciences, et de leurs progrès chez les anciens peuples. 6 v. in-12, v. *Paris*, 1759, 6 fr.

176. **Grivaud** (C. M.). Antiquités gauloises et romaines, recueillies dans les jardins du Sénat, pendant les travaux d'embellissement qui y ont été exécutés depuis l'an IX jusqu'à ce jour, pour servir à l'histoire des antiquités de Paris. *Paris*, 1807,

.v in-4 avec 26 planches in-fol. gravées
en taille-douce.   18 fr.

177. Guida di Firenze e d'altre
citta principali della Toscana con
numero sessanta vedute, Chepuo di
compendio al viaggio pittorico. (Figures de G. Silvestri et plan de Florence). *Firenze, s. d.*, 2 vol. in-12
cart.   6 fr.

178. Helyot. Histoire des ordres
monastiques religieux et militaires
et des congrégations séculaires. *Paris, 1714, 8 vol. in-4 v. (très-beau
d'épreuves).*   175 fr.

178 bis. Hénin. Histoire numismatique de la Révolution française. *Paris, 1826, 2 v. dont un de planches,
in-4, br.*   40 fr.
Epuisé.

179. Huber. Notice sur les graveurs.
Dresde, 1787, in-8 dem. rel.   8 fr.

180. Huret (G.). Optique de portraiture et peinture (la perspective
pratique accomplie et la perspective
spéculative)... Ensemble les plus
curieuses questions qui aient été
proposées jusqu'à présent sur la
portraiture et la peinture avec
leurs solutions. *Paris*, 1670, in-fol.
fig. v.   25 fr.

181. Joubert (F. E.). Manuel de
l'amateur d'estampes, dans lequel
on trouvera depuis l'origine de la
gravure: 1° les remarques qui déterminent le mérite et la priorité des
épreuves ; 2° les caractères auxquels
on distingue les originaux d'avec les
copies; 3° les prix que les pièces
capitales peuvent conserver dans le
commerce, en raison de leur rareté
et de l'opinion des amateurs. *Paris*,
1821, 3 vol. in-8 cart. (rare) 45 fr.

182. Jousse (M.). Le secret d'architecture découvrant fidèlement les
traits géométriques, coupes et dérobements nécessaires dans les bâtiments. *A la Flèche*, 1642, in-fol.
fig.   10 fr.

183. Krafft. Traité sur l'art de la
charpente théorique et pratique,
plans, coupes, élévations, etc. *Paris*,
6 parties en 1 vol. in-fol. dem. rel.
v. fig.   100 fr.
C'est le meilleur traité sur la charpente ; il se
compose d'environ 200 planches, accompagnées
de texte explicatif en trois langues (français, allemand et anglais).

184. Laborde (le comte A. de).
Voyage pittoresque en Autriche. *Paris*, Didot, 1821, 3 vol. gr. in-fol.
pap. vél., estampes coloriées, dem.
rel. mar. (très-bel exempl.). 250 fr.

185. Lairesse (Gérard de). Le grand
livre des peintres ou l'art de la
peinture dans toutes ses parties, et
démontré par principes, trad. du
hollandais par Janssen. *Paris*, 1787,
2 vol. in-4 dem. rel. bas.   35 fr.
Ouvrage estimé, contenant 35 belles planches.

186. Lamour (J.). Recueil des ouvrages en serrurerie que le roi de
Pologne a fait poser sur la Place
Royale de Nancy. *Nancy*, 1767, gr.
in-fol. front. gr.   70 fr.
17 belles planches, inventées et dessinées par
Lamour, gravées par Colin, Nicole ; il y a en
outre une fort jolie vignette qui représente Stanislas, roi de Pologne, visitant l'atelier et les ouvrages du sieur Lamour.

187. Lavater (G.). Art de connaître
les hommes par la physionomie.
Paris, 1820, 10 vol. gr. in-8, 600
fig. cart.   55 fr.

188. La Rivière (de). Extrait des
coutumes générales et particulières
de France et des Gaules en ce qui
concerne les servitudes réelles, les
édifices et bâtiments et le fait des
rapports des jurés. 1 vol. in-fol. v.
Mss.   40 fr.
Ce manuscrit, en partie inédit, a été écrit par
De La Rivière en 1740 ; il est d'une grande utilité
pour les architectes, experts ou jurés; on trouve
à la fin une table en forme de conférence de
toutes les matières contenues dans tout ce recueil
et une table des arrêts.

189. Laurent Giberté. Les Portes du Baptistaire à Florence, publié
par Keller (Henry) sculpt. 1798, gr.
in-fol. cart. à l'angl. fig.   12 fr.

190 Leberthas (Louis). Toiles
peintes et tapisseries de la ville de
Reims ou la mise en scène du
théâtre des confrères de la Passion.
Planches dessinées et gravées par
C. Leberthas. *Paris*, chez le vicomte
de Bruslard, 1843, 2 v. gr. in-4,
dem. rel. v. fig.   35 fr.

190 bis. Lechaudé d'Anisy. Extrait des chartes et autres actes normands ou anglo-normands. *Caen*,
1834, 2 vol. in-8 et atlas in-fol. obl.
br.   20 fr.
— Grands rôles des échiquiers de Normandie. *Paris*, 1845, in-4, fig. (*rare*).
                             30 fr.
Contient 1° les grands rôles de l'Echiquier de
Normandie, 2° rôles normands de la Tour de Londres sous le roi Jean, 3° rôles normands de la Tour
de Londres sous Henri V, 4° échiquier de Norman-

die sous les rois de France, 5° appendix ad scaccarium Normandiæ ; et une table des noms, lieux
et faits.

— Recherches sur le Domesday, ou
Liber-Censualis d'Angleterre, ainsi
que sur le Liber de Winton et le
Boldon-Book, contenant 1° une description de ces registres, pour servir d'introduction ; 2° trois tables
accompagnées de notes historiques
et *généalogiques* sur les familles
françaises et anglaises inscrites dans
ces registres ; 3° un glossaire ; 4° une
statistique sur l'Angleterre. *Caen,*
1842, in-4 br. (t. I, seul publié).
15 fr.

**191. Le renard ou le procés
des bestes.** Traduction enrichie
de figures en taille-douce. *Bruxelles,*
1739, petit in-8, dem. rel. 6 fr.
Belles épreuves des vignettes dont les sujets
sont aussi curieux que singuliers.

192. L'Eveillé (St.). Etudes d'ombres à l'usage des écoles d'architecture. *Paris,* 1812, in-4 fig. bas. 7 fr.

**193. Livres de termes d'ani-
maux** et leurs antipathies. *Paris,*
Mariette, in-fol. non rel. front. gr. 40 fr.
Première édition d'un livre extrêmement rare,
composé de 51 belles planches et texte, fort utile
aux architectes, peintres, dessinateurs, orfèvres,
etc.

194. Lomazzo (Gia Paulo) milanese
pittore. Trattato dell'arte della pittura, divise in sette libri. Ne quali
si contiene tutta la theorica e la prat-
tica d'essa pittura. *Milano,* 1584,
in-4 v. 20 fr.
Bel exemplaire d'un ouvrage estimé. Ex libris
Descampes.

195. Mariette. L'architecture française ou recueil de plans, élévations,
coupes et profils des églises, palais,
hôtels et maisons particulières de
Paris et de ses environs. *Paris,*
1727, 2 vol. in-fol. v. 326 planches.
180 fr.

196. Malherbe. Poésies rangées
par ordre chronologique, avec la vie
de l'auteur et de courtes notes.
Liége, 1778, in-12, d. r. 4 fr.

196 bis. Marot (J.). Recueil des
plans, profils et élévations de plusieurs palais, châteaux, églises, sépultures, grottes et hôtels bâtis dans
Paris et dans les environs, avec
beaucoup de magnificence par les
meilleurs architectes du royaume.

Paris, 1700, in-4, 120 planches v.
40 fr.

197. Meissonnier (J.-A.). 29
belles planches in-fol. de premier
tirage et de toutes marges (*Rare*).
110 fr.
Environ 70 sujets composés de bordures pour
le portrait du roi, dessins de salières, terrines,
candelabres, tabatières, pot a ail, livre de légu-
mes, écritoires, gardes d'epees, traineau, nef,
pieds de tables, table, glace, bougeoir, mou-
chette et porte-mouchette, oiseaux et pommes de
canne, boites de montres, etc.

198. Methodus Geometrico.
Tractat von der Feldrechnung, etc.
Nurembourg, 1598, in-fol. fig. vél.
30 fr.
Ce livre, extrèmement rare, recherche, et un
des plus anciens traités de geometrie, contient de
nombreuses figures representant toutes sortes
d'instruments, de machines, vues, costumes, etc.,
graves en bois.

199. Mézeray (le Sr F. de). Histoire
de France depuis Faramond jusqu'au
règne de Louis-le-Juste, enrichie de
plusieurs belles et rares antiquités
et de la vie des reynes ; les portraits
au naturel des rois, des reines et des
Dauphins, etc., et d'un recueil de
médailles qui ont été fabriquées sous
chaque règne. *Paris,* 1685, 3 vol. v.
br. 30 fr.
Bel exemplaire.

200. Monicart (J.-B. de). Versailles
immortalisé par les merveilles par-
lantes des bâtiments, jardins, bosquets, parcs, statues, groupes, termes, etc., qui sont dans le château
de Versailles, de Trianon, de la ménagerie et de Marly, etc. *Paris,*
1720, 2 v. in-4, v. m. 25 fr.
Le recit est accompagne de plus de 500 estampes par les plus habiles artistes du temps, belles
epreuves.

200 bis. Montfaucon (D. B. de).
L'antiquité expliquée (en français et
en latin) représentée en fig. *Paris,*
1722, 15 vol. in-folio grand papier,
v. front. gr. avec portrait du comte
d'Estrée. 325 fr.
Exemplaire magnifique d'épreuves.
Environ 4,400 planches representant les dieux
des Grecs et Romains, leur culte et celui des
Egyptiens, Arabes, Syriens, Perses, Scythes,
Germains, Gaulois, Espagnols, Carthaginois. etc.
habits, meubles, armes, lampes, vases, monnaies,
poids, mesures, etc.; travaux, magasins, signes et
combats militaires, funerailles, supplices, etc.;
chemins publics, aqueducs, navigation, bains, ma-
riages, jeux, pompes, chasse, pêche, etc.. etc.

201. Palladio. Les bâtiments et les
dessins de A. Palladio, recueillis et
illustrés par C. B. Scamozzi. *Vicence,*

1786, 4 vol. gr. in-fol. avec planches
dem. rel. . . . . . 60 fr.

202. Paquot (J. N.), **Ferrand** et **de Vaddere**. Traité de l'origine des ducs et du duché de Brabant, et de ses charges palatines héréditaires, avec une Réponse à la défense des fleurs-de-lys de France. *Bruxelles*, 1784, 2 v. in-12 v. . . . . 8 fr.

Cet ouvrage est important par les renseignements étymologiques et généalogiques qu'il fournit.

203. Perronet. Description des projets et de la construction des ponts de Neuilli, de Mantes, d'Orléans, de Louis XVI, de Chateau-Thierri, de Brunoi, etc., etc. Nouv. édit. augm. *Paris*, 1788, in-4. v. et atlas grand in-folio cart. port. . . . 70 fr.

C'est le meilleur traité et le plus complet pour la construction des ponts. 75 belles planches qui représentent les ponts, rues, plans, etc., sont dessinées par Eustache de Saint-Far, gravées à l'eau forte par Germain, Perrier, et terminées au burin par Dequevauviller, Auvray et Berthaud.

204. Perelle. Vues de Paris, anciennes portes et monuments, vues des jardins de Versailles et de particuliers. 30 planches coloriées du temps avec légendes historiques. *Paris*, chez Langlois, in-fol. cart. (Bradel). . . . . 30 fr.

205. Pinkerton (J.). The scotish gallery. *London*, 1799, gr. in-8 portraits, cart. . . . . 15 fr.

206. Ponce. Description des bains de Titus ou collection de peintures trouvées dans les ruines des thermes de cet empereur. 60 planches. *Paris*, 1786, gr. in-fol. gr. . 35 fr.

Belles épreuves.

207. Post (P.). Ses œuvres d'architecture dans lesquels on voit les représentations de plusieurs édifices considérables en plans et élévations, avec leurs descriptions. *Leyde*, 1715, gr. in-fol. dem. rel. bas. fig. 25 fr.

Avec le portrait du prince Maurice de Nassau dessiné par Hinck et gravé par Daleu et une collection de cheminées remarquables qui ont été construites en divers palais et cours.

208. Quintinte (de la). Instruction pour les jardins fruitiers et potagers, avec un Traité des Orangers, suivi de quelques réflexions sur l'agriculture avec planches et figures. *Amst.*, 1692, 2 tomes en 1 vol. in-4 cart. . . . . 10 fr.

209. Rabutin (comte de Bussy). Histoire amoureuse des Gaules. *Paris*, 1754, 5 vol. p. in-12 v. marbr.

avec titres gravés. . . . 15 fr.

210.—Histoire amoureuse des Gaules. *Cologne, Pierre Marteau*, 1717, in-12, v. br. . . . . 8 fr.

211. Rabutin (Roger, comte de Bussy). Lettres. *Paris, Brunet*, 1706, 2 vol. in-12, v. br. . 5 fr.

212. Racine (Jean). Œuvres complètes, ornées de fig. dessinées par Lebarbier, et gr. sous sa direction. *Paris*, impr. de Didot, 1796, 4 v. gr. in-8 . . . . 20 fr.

Exemplaire de belles épreuves avec portrait de l'auteur.

213. Recherches historiques, bibliographiques, critiques et littéraires sur le théâtre de Valenciennes, par G. A. H*** (par *Hécart*), *Paris, Hécart*, 1816. in-8 br. 4 fr.

214. Recueil de 41 planches représentant les palais et jardins de Munich, de Nymphenbourg, de Schleshem. Dessins de Math. Disel, gravés par Remshard et Aug. Corvinus, in-fol. oblong cart. à la Bradel (*Rare*). . . . . 20 fr.

215. Recueil généalogique des familles originaires des Pays-Bas ou y établies. Blasons, *Rotterd.*, 1775, in-8 dem. rel. v. . . . . 15 fr.

216. Recueil factice de 90 pièces calquées représentant des cheminées, glaces, meubles, candelabres, pendules, orfèvrerie, frises, arabesques, etc., (par Berain, Dan. Marot, Cauvet, Blondel, etc.), in-fol. dem. rel. . . . . 30 fr.

217. Recueil factice de 32 belles planches dont : têtes antiques trouvées dans le jardin du Vatican, 6 pl. — Novus thesaurus geminarum veterum ex insignioribus dactyliothecis selectarum. V. Brenna, delin. et J -M. Cassini sculp. 1780, 21 pl. 1 vol. in-fol. obl. cart. . . . . 30 fr.

218. Règlement de messieurs les mareschaux de France, touchant les réparations des offenses entre les Gentils-hommes, pour l'exécution de l'Edict contre les Duels. *Paris*, 1653, in-4 br. . . . . 10 fr.

219. Ridinger. Recueil de 46 pl. numérotées de 1 à 46. — sur l'équitation, pet. in-4 cart. à la Bradel. . . . . 20 fr.

Belles épreuves dont les sujets curieux et variés, dessinés par le célèbre Ridinger, sont tout un cours d'équitation.

220. Roma antica e moderna, o sia, nuova, descrizione di tutti gl'edifici antichi e moderni tanto sagri quanto profani della citta di Roma. *Roma*, 1750, 3 vol. in-12, veau, écaille, fig.) 12 fr.

Nombreuses planches. Vues, monuments, médailles et antiquités romaines.

221. Romeyn de Hooge. Onderrichtinge des vortreffeliyke Worstelkoust, c'est-à-dire, Instruction dans l'art de lutter, avec 71 pl. dessinées par Romeyn de Hooge, in-4. *Amst.*, 1674, v. b. tr. dor 30 fr.

Ouvrage très-curieux. Les 71 figures sont précédées d'une dissertation explicative en hollandais sur l'art du pugilat. La traduction manuscrite en français fait suite a cet ouvrage, d'une écriture ancienne ; elle est d'un style clair, simple et précis. Le dernier chapitre, consacré à l'art d'enlever son adversaire pendant une lutte, est des plus curieux à lire.

222. Rousseau (J. J.). Emile, ou l'éducation. *Londres*, 1774, 2 v. in-4 rel. v. b. avec les figures de Moreau-le-Jeune. 15 fr.

223. — Julie ou la nouvelle Héloïse. Lettres de deux amants, habitants d'une petite ville au pied des Alpes. Nouv. éd. originale, revue et corrigée par l'éditeur. *Londres*, 1774. 2 vol. in-4 rel. v. br. avec port. de l'auteur et fig. de Moreau-le-Jeune. 15 fr.

224. Ruffi (Antoine de). Histoire des comtes de Provence, enrichie de plusieurs de leurs portraits, de leurs sceaux et des monnoyes de leur temps, qui n'avaient encore vu le jour. *Aix*, 1655, in-fol. dem. rel. v. 25 fr.

225. Sandrart (J. von.). Deutsche Akademie, etc. Académie allemande d'architecture, sculpture et peinture améliorée par J. J. Volkmann. *Nuremberg*, 1759-75, 8 v. in-f. 160 fr.

Rare. Cette édition est la plus complète et la plus recherchée ; elle contient une grande quantité de planches relatives a la peinture, sculpture, gravure et architecture, etc., les portraits des peintres anciens et modernes, avec leur vie et l'indication de leurs tableaux, dont les principaux y sont représentés par la gravure.

226. Scamozzi (V.). Les cinq ordres d'architecture, tirez du 16e livre de son Idée générale d'architecture avec les planches originales, par Aug. Ch. d'Aviler. *Paris*, 1685, in-fol. v. (*exemp. fat.*). 15 fr.

227. — Ses œuvres d'architecture, tr. par Daviler et Dury. *Leyde*, 1713, in-fol. dem. rel. bas. non rog., orné de nombr. pl. et d'un front. gr. 18 fr.

228. Schuelt. Recueil d'architecture dessiné et mesuré en Italie dans les années 1791-92 et 93. *Paris*, 1821, gr. in-fol. dem. rel. bas. 18 fr.

72 planches contenant environ 200 motifs d'ornements d'architecture et de sculpture et plus de 120 façades de maisons de ville et de campagne, d'églises, théâtres, fontaines, couvents, sarcophages, tombeaux, monuments pour la décoration des jardins. etc.

229. Stampe del duomo di Orvieto. Dedicate alla santita de nostro signore. Pio sesso massimo. *Roma*, 1791, gr. in-fol. bas. 38 pl. 50 fr.

230. Symbola heroica. *Amst.*, 1682, in-4 v. fig. 10 fr.

Ouvrage remarquable par de nombreux cartouches avec devises illustrées. La première partie de cet ouvrage est consacrée a la généalogie de la famille Carafa. Blasons, portraits, titre gravé par Corn. Gall. d'après P. P. Rubens.

231. Toussaint. Memento des architectes, ingénieurs, entrepreneurs, toiseurs, vérificateurs. *Paris*, 6 vol. in-8 et atlas br. 45 fr.

232. Traité de numismatique ancienne, grecque et romaine, composé d'après celui d'Eckhel, augmenté d'un grand nombre d'articles, de remarques et d'observations, avec 7 planches de médailles, contenant plus de 150 sujets gravés pour servir à l'intelligence du texte, par Gérard Jacob. P. *Paris*, 1825, 2 tom. en 1 vol. in-8, dem. rel. 20 fr.

Ouvrage recherché et estimé.

233. Tressan (comte de). Jehan de Saintré — Gérard de Nevers — Regner Lodbray—Robert— Edition ornée de grav. d'après les dessins de M. Colin. *Paris*, 1822, in-8 rel. v. fil. fig. 10 fr.

234. Vaines (D. F. G. de). Dictionnaire raisonné de Diplomatique. *Paris*, 1774, 2 vol. in-8. v. fig. 25 fr.

235. Vergnaud-Romagnesi. Histoire de la ville d'Orléans, avec cartes. *Orléans*, 1830, in-12, d. r. 4 fr.

236. Vertot (l'abbé de). Histoire des chevaliers de Saint-Jean-de-Jérusalem, etc. *Paris*, 1728, 4 vol. in-4, v. f. 40 fr.

Magnifique exemplaire, illustré de 71 portr. y compris celui de l'auteur, exécutés par les premiers graveurs du temps.

237. Villeneuve-Bargemont

— (de). Histoire de Réné d'Anjou, roi de Naples, duc de Lorraine et comte de Provence. *Paris*, 1825, 3 vol. in-8, fig. dem rel. v. 6 fr.

238. **Vulson de la Colombière.** Les vies des hommes illustres et grands capitaines français, qui sont peints dans la galerie du Palais-Royal. *Paris*, 1690, in-12, v. portraits. 6 fr.

239. **Wicquefort** (de). Histoire des Provinces-Unies, des Pays-Bas, depuis le parfait établissement de cet état par la paix de Munster. *Lahaye*, 1719, 2 vol. in-fol. dem. rel. v. 10 fr.

240. **William Young.** A series of plates engraved after the paintings and sculptures. The Early florentine school, intendedo f. illustrate the history of the restoration of the arts of design in Italy Otley f a. s. *London*, 1826, gr. in-fol. cart. 80 fr. 54 planches papier de Chine. Belles epreuves.

241. **Zemganno** (L. V.). Les quatre âges de la Pairie de France ou Histoire générale et politique de France dans ses quatre âges (pairie de naissance, — de dignité, — d'appanage, — moderne et de gentilhomme. *Maestricht*, 1775, 2 tomes en 1 vol. in-8 v. 8 fr.

VILLES DE FRANCE.

242. **Alsace.** Description nouvelle de la Cathédrale de Strasbourg et de sa fameuse Tour par Schweigheuser, 3e édit. *Strasbourg*, 1770, in-8 cart. fig. 5 fr.

243. — Antiquités de l'Alsace ou Châteaux, églises et autres monuments des départements du Haut et du Bas-Rhin, par de Golbéry et Schweigheuser. *Mulhouse*, 1828, 2 vol. in-fol. dem. rel. v. dont 1 de planches. 50 fr.

244. — Essai sur l'histoire littéraire de Belfort et du voisinage. *Belfort*, 1808, in-12 br. 4 fr.

245. **Ardèche** (l'). Souvenirs de l'Ardèche, par Ovide de Valgorge. *Paris*, 1846, 2 vol. gr. in-8 br. 9 fr.

246. **Béarn.** Description du château de Pau et de ses dépendances, par Saget. 2e édit. *Pau*, 1838, in-8 br. plan. 3 fr.

247. **Cambrésis.** Recherches sur l'Église métropolitaine de Cambrai, par L. Glay. *Paris*, 1825, in-4 fig. 15 fr.

248. — Histoire de Ligue, faite à Cambray, entre Jules II, Maximien I, Louis XII et Ferdinand V contre la République de Venise. 4e édit. *Paris*, 1728, 2 vol. in-12 v. f. 12 fr.

249. **Champagne.** Description historique et statistique de la ville de Reims, par Geruzez, 2 vol. in-8 bas. fig. 12 fr.

250. — Abrégé de l'histoire de Reims contenant la succession chronologique des archevêques de cette métropole, par Andrieux. *Reims*, 1824, in-12 br. 3 fr.

251. **Comtat-Venaissin.** Histoire de la ville d'Orange et de ses antiquités, par Gasparin. *Orange*, 1815, in-12 br. fig. 5 fr.

252 — Antiquités et Monuments du département de Vaucluse, par de Fortia d'Urban. *Paris*, 1808, 2 part. en 1 vol. in-12 br. fig. 6 fr.

253. **Corse.** Description de la Corse, mœurs et coutumes de ses habitants, suivie d'une relation de la campagne que les troupes françaises ont faite en l'isle de Corse en 1739. *Paris*, 1768, in-12 br. 5 fr.

254. — Réflexions sur le peuple corse et sur quelques-uns de ses grands hommes. *Paris*, 1814, in-12 br. 4 fr.

255. **Gascogne.** Voyage dans le Pays Basque et aux bains de Biarritz contenant des observations sur la langue des Basques, etc., par De Lagarde. *Paris*, 1835, in-8 br. 5 fr.

256. **Guienne.** Histoire de la ville de Bordeaux, contenant les évènements civils et la vie de plusieurs hommes célèbres, par Dom Devienne. *Bordeaux*, 1771, in-4 v. (*beau portrait de Montaigne*). 15 fr.

257. **Hainaut.** Recherches historiques sur Maubeuge, son canton et les communes limitrophes, avec des

notes sur les villages de l'ancienne prévôté de cette ville, etc., plus une introduction et une table ou glossaire explicatif. *Maubeuge*, 1851, in-4, fig. et cart. 8 fr.

258. — Précis de l'histoire d'Avesnes, par Lebeau. *Avesnes*, 1836, in-12 br. 3 fr.

259. **Isle-de-France.** — *Saint-Germain-en-Laye*, par B. D. L. *Paris*, 1831, in-12 br. fig. 3 fr.

260. — Inventaire du trésor de Saint-Denys, où sont déclarées brièvement toutes les pièces, suivant l'ordre des armoiries dans lesquelles on les fait voir. *Paris*, LXL, in-8 br. 6 fr.

261. — L'histoire de Châtillon, par Laperousse. *Châtillon-sur-Seine*, 1837, 2 vol. in-8 fig. 6 fr.

262. **Languedoc.** Sonnets sur les antiquités de la ville de Nismes, avec des remarques historiques, par Valette. 3e édit. augm. d'une histoire de la ville de Nismes. *S. l.*, 1750, in-8 7 fr.

263. — Essai historique sur les états généraux de la province du Languedoc, par Trouvé. *Paris*, 1818, 2 vol. in-4 br., cartes et fig. 15 fr.

264. — Histoire des antiquités de la ville de Nismes et de ses environs, par Menard. *Nismes*, 1829, in-8 br. fig. 5 fr.

265. — Histoire de l'abbaye de Saint-Polycarpe, depuis sa fondation jusqu'à sa destruction. *S. l.*, 1789, in-12 br. 7 fr.

266. **Toulouse.** — Histoire de la ville de Toulouse, avec une notice des hommes illustres, une suite chronologique et historique des évêques et archevêques de cette ville et une table générale des Capitouls, par Raynal. *Toulouse*, 1759, in-4 v. fig. 20 fr.

267. — Histoire générale du Languedoc avec des notes et les pièces justificatives. *Paris*, 1730, 5 vol. in-fol. v. planches (*Aux armes de France*). 150 fr.

268. **Lorraine.** Histoire de Lorraine, par Digot. *Nancy*, 1856, 6 vol. in-8 br.

269. — Chapelle ducale de Nancy ou Notice historique sur les ducs de Lorraine, etc., par le vicomte L.-F. de Villeneuve-Burgemont. *Nancy*, 1826, in-8 br. 4 fr.

270. — Supplément à l'histoire de la Maison de Lorraine, imprimée à Toul en 1704, avec des remarques sur le traité historique et critique de l'origine et la généalogie de cette illustre Maison. *Toul*, 2 part. en un vol. in-8 10 fr.

271. **Luxembourg.** Histoire de Thionville, suivie de divers mémoires par Teissier. *Metz*, 1828, in-8 dem. rel. fig. 6 fr.

272. **Lyonnais.** Les divers caractères des ouvrages historiques, avec le plan d'une nouvelle histoire de la ville de Lyon : le jugement de tous les autheurs qui en ont écrit et des dissertations sur sa fondation et son nom, etc., par Menestrier. *Lyon*, 1694, in-12 v. 7 fr.

273. — Lettres sur l'histoire ancienne de Lyon. *Besançon*, 1818, in-4 br. fig. 7 fr.

274. — Lyon tel qu'il était et tel qu'il est, par Guillon. *Lyon*, 1807, in-12 br. (taché). 4 fr.

275. **Messin.** Journal de Metz pour l'an de grâce 1763, in-12 10 fr.

276. **Nivernais.** Coup-d'œil sur le Nivernais, par Wagnien. *Nevers*, 1846, in-12 br. 2 fr.

277. — Mémoires de l'histoire de Lyon, par G. Paradin de Cuyscaulx. *Lyon*, (armes). 35 fr.

BIBLIOPHILE FRANÇAIS.

CHRONIQUE LITTÉRAIRE.

Les événements littéraires du mois qui vient de s'écouler sont d'une importance médiocre.

Quelques nouveaux ouvrages se sont bien étalés aux vitrines des libraires à la mode avec leurs couvertures enjolivées de dessins ultratapageurs; mais leur vogue a passé comme les brises du printemps. Le public semble rassasié de ces *ébauches* littéraires, qui dégénèrent parfois en *débauches* d'esprit et qui ne laissent aux lecteurs que de vacillants souvenirs.

Les auteurs ont beau faire : les titres alléchants qu'ils inventent chaque jour pour la vente de *leurs denrées intellectuelles*, finissent par tourner contre eux-mêmes : on est las de *Ces petites dames, de Ce que vierge ne doit lire*, et de tant d'autres productions du même genre que le plus petit coup d'épingle de la critique a si vite réduit à néant. Le temps est heureusement passé où l'on achetait un livre sur les fallacieuses promesses de sa couverture et s'il nous faut du nouveau, n'en fût-il plus au monde, nous tenons, néanmoins, a ce que toute nouveauté surpasse ou égale par le mérite littéraire et par l'exécution typographique ce qui a été fait de mieux *précédemment*.

Est-ce à dire qu'a ce point de vue tous les éditeurs modernes soient en retard sur les éditeurs anciens?

Assurément non! et pour peu qu'on jette un regard sur les catalogues des Didot, des Hachette, des Furne, des Curmer, etc., ce n'est pas sans plaisir que l'on reconnaît combien ces éditeurs ont su grouper avec intelligence autour d'eux, les meilleurs écrivains et faire de leurs publications des œuvres sans rivales en Europe pour la perfection typographique.

Aussi bien ces vaillants soutiens de la librairie française nous dédommagent-ils amplement de toutes ces pauvres éditions d'ouvrages éphémères que nous signalions plus haut et qui n'auront jamais l'honneur de fixer l'attention des bibliophiles sérieux.

Etant donné pour ce mois ci, une pénuerie absolue de nouveautés quelque peu importantes en librairie, hâtons-nous d'en revenir à ces chers et vieux livres qui dans tous les pays et par toutes les saisons conservent leur valeur intrinsèque, basée sur le jugement définitif de maintes discussions et de maintes années.

Dans les derniers jours de juillet un télégramme de Londres nous a annoncé la vente immédiate d'une partie — la dernière sans doute, — de la célèbre bibliothèque de M. Libri. Nous savions que cette vente devait avoir lieu, mais nous ne la croyions pas si prochaine et il nous a été impossible de nous rendre en temps voulu dans la cité reine des trois royaumes; les manuscrits les plus rares et les plus précieux ont dû, notamment, exciter à cette vente, le désir et la curiosité de bien des amateurs. Dans notre prochain numéro nous serons sans doute renseignés assez complétement sur ce qui s'est passé à Londres à cet égard pour que nous puissions en parler ici plus amplement.

Les mercredi 16, jeudi 17, et vendredi 18 juillet, a eu lieu rue Drouot à Paris, la vente des estampes et livres à figures de feu M. Vivenel qui fut un amateur érudit et distingué.

Sa collection aussi précieuse qu'admirablement classée a été adjugée sous la direction de M. Vignères et par le ministère de Me Delbergue-Cormont, commissaire-priseur.

Parmi les œuvres des maîtres des différentes écoles qui ont été vendues, celle d'*Androuet du Cerceau* (Jacques) a été adjugée par parties aux prix suivants:

Arc de triomphe et titre, 40 p. Un calque et traduction du titre 37 »
Les plus excellents bâtiments de France, 2 vol. in-fol. . . . 380 »
Livre des Edifices antiques romains, in-fol., 1584, 98 sujets .   45 »
Plafond à compartiments, grande pl., toute marge . . . 111 »
Frises et Balustrades, 40 pl. rares . . . . 231 »
Petites arabesques, 87 pl., dont un titre très-rare . . . . 205 »
Grandes arabesques, 37 pl. et calque du titre . . . . . 127 »
Vingt-deux motifs de serrurerie en 20 pl . . . . . . 201 »

et ainsi de suite pour les nombreux travaux de ce maître que possédait le savant M. Vivenel. Nous avons encore vu passer des *Aldegraver*, des *Beham*, des *Bry*, des *Alb. Durer*, des *Callot*, des *Lucas de Leyde*, des *Virgile Solis* et *tutti quanti*, dont les épreuves ne laissaient rien à désirer et que marchands et amateurs se sont disputé à plaisir. Tous les ouvrages à figures et les livres sur les arts ont aussi été adjugés à des prix tout à la fois très-justes et très-élevés.

Malgré l'été et l'absence de ce que les beaux-esprits d'un autre temps ont appelé *tout Paris*, une autre vente de livres anciens aura lieu le 13 août à la salle Silvestre. Parmi les ouvrages qui seront adjugés, nous citerons l'introuvable *Parfaite Science des Armoiries* de Gelyot, avec les blasons de l'illustre PAILLOT.

Nous venons de recevoir de M. Brissart-Binet, libraire-bibliophile de Reims, son catalogue d'ouvrages spéciaux et curieux sur la cité Rémoise en particulier et sur la Champagne en général. Nous nous ferons un plaisir de tenir ce catalogue à la disposition des amateurs qui recherchent les livres, gravures et médailles ayant trait à cette ancienne province de France. Un dernier mot, en guise de conclusion. Une magnifique vente publique d'ouvrages anciens sur l'architecture, la noblesse et les beaux-arts est annoncée pour la première quinzaine de novembre prochain. La rédaction du catalogue de cette vente vient d'être confiée aux bons soins et à la rigoureuse exactitude de la librairie Bachelin-Deflorenne; ce catalogue sera mis en distribution dans le courant de septembre et il sera adressé à toute personne qui en fera la demande par lettre affranchie. Mais il est temps de s'arrêter et de signer humblement :

LE BIBLIOPHILE JULIEN.

CHRONOLOGIE

De l'histoire de la Franche-Maçonnerie française et étrangère,
depuis ses temps obscurs jusqu'en 1815.

2 volumes in-8º avec figures (Paris, Elie Dufart, 1815).

La Franche-Maçonnerie est encore une immense société, dont *les loges*
ou assemblées communiquent entre elles par des signes et des mots de
ralliement qui en ferment l'entrée à toute personne non affiliée. Est-ce
donc une société secrète et capable d'inquiéter les gouvernements ? Elle
le fut autrefois, car, après la révolution qui coûta la vie et le trône à
Charles Ier, elle restaura en Angleterre la monarchie des Stuarts et
compta parmi ses grands maîtres Charles II et la plupart de ses succes-
seurs. En France, elle produisit un effet contraire et amena la République
Robespierriste. Mais les Francs-Maçons de 1789 s'entretuèrent à coups
d'échafauds pendant le règne de la Terreur, et lorsque le duc d'Orléans,
leur grand-maître, eut péri, les débris de l'association ne parvinrent à se
rallier que le 17 octobre 1796. Depuis cette époque, soumise à une sur-
veillance plus éclairée ou plus habile, la Franche-Maçonnerie renaissante
abdiqua sagement le rôle dangereux qu'elle avait joué et ne songea plus
qu'à former des centres d'attraction sympathique, de bienveillance et d'as-
sistance mutuelles entre les membres choisis qu'elle admet, après certaines épreuves, à l'intimité de ses causeries et au luxe de ses banquets.
Sous le premier Empire, elle donna au pouvoir des gages d'obéissance politique, en revêtant de ses hauts grades honorifiques le roi Joseph, frère
de Napoléon, le prince Cambacérès, les maréchaux Masséna, Moncey,
Mortier, Oudinot, Lefebvre, Soult, Sermier, etc. Au retour des Bourbons,
elle attira dans ses rangs le duc d'Havré, le duc d'Uzès, le comte de Jan-
court, le duc de Maillé, le duc de Choiseul, etc. Sous le règne actuel, elle
posséda pour grand-maître le prince Murat, et elle s'honore enfin d'être
présidée par le maréchal Magnan.
. Si maintenant vous voulez connaître l'origine anglaise attribuée à la
Franche-Maçonnerie d'Europe et qui l'a fait dater de l'an 287 de notre
ère ; — si vous voulez suivre pas à pas son développement et ses ramifi-
cations en Ecosse, en France, en Hollande, en Russie, en Italie, en Allemagne, en Suède, en Suisse, en Pologne, en Espagne, à Malte, en Portugal, en Hongrie et même en Turquie, dans l'ordre de progression que je
viens de tracer ; — si vous voulez assister aux vicissitudes de son existence
jusqu'en 1815, et connaître les illustres personnages qui, à toutes les
époques, ont fait partie de cette association ; — si vous êtes curieux de
voir se révéler tous les rites, toutes les sociétés particulières, toutes les
sectes dissidentes qui se sont détachées de la société même, tous les de-
grés d'affiliation et toutes les dignités maçonniques ; — si vous voulez
enfin compulser la complète bibliographie de tous les écrits publiés pour
ou contre cette singulière institution, il faut absolument posséder la très-
précieuse et très-rare CHRONOLOGIE que nous annonçons. C'est une véritable encyclopédie que tout franc-maçon français ou étranger devrait

avoir dans sa bibliothèque et dont la réimpression, suivie d'un complément jusqu'à nos jours, serait la plus étrange et la plus intéressante des histoires.

P. CHRISTIAN

Ancien Bibliothécaire au Ministère de l'Instruction publique.

____

CHARLOTTE CORDAY

Étude historique avec des documents inédits, par Henri de Monteyrémar, 1 vol. in-8° — 157 pages. — Paris, chez Sartorius.

Il n'entre guère dans les habitudes de nos travaux de rendre compte des ouvrages consacrés aux temps modernes ; toutefois la découverte de documents inédits aux Archives de l'empire et à la Bibliothèque du Louvre, découverte sur laquelle est basé ce livre, nous a paru mériter une exception. L'auteur ajoute, au moyen de pièces inconnues, de nouveaux détails à l'histoire très-connue de l'assassinat de *l'Ami du peuple.* Les documents qu'il publie, encadrés et commentés dans une simple narration, sont les suivants. — Acte de naissance de Charlotte Corday, qui prouve qu'elle se nommait *d'Armont* et non *d'Armans* ou *d'Ormont,* comme l'ont écrit plusieurs historiens ; (archives de l'empire, section judiciaire, série IV, n° 277). — Lettre de recommandation de Barbaroux à Duperret pour Charlotte, rectifiant la copie inexacte donnée par M. Dubois dans sa notice sur Ch. Corday ; (archives de l'empire, etc.). — Deux billets de Charlotte à Marat, opérant la même rectification ; (archives, etc.). — Déposition des témoins corrigeant plusieurs détails de l'assassinat (archives, etc. — Extraits de l'*Ami du peuple,* de la lettre de Fauchet au président de la Convention nationale (bibliothèque du Louvre, collection de pièces, sur la Révolution). — Procès-verbaux de l'état des lieux, de celui du cadavre et du premier interrogatoire de l'assassin (archives, etc., pièces estropiées par Dubois.) — Deux lettres de Charlotte à Barbaroux, une à son père, une à une amie inconnue, données infidèlement par Dubois (archives, etc.). — Acte d'accusation et ordonnance de prise de corps, par Fouquier-Tinville, pièces tout-à-fait inédites (archives, etc.). — Second interrogatoire de Charlotte devant le président Montané, liste des douze jurés qui composèrent le tribunal révolutionnaire, débats du procès (inédit) et procès-verbaux d'extraction de la prison de l'abbaye de l'évêque Fauchet et du député Duperret, jugement de condamnation (inédit) procès-verbaux d'extraction de la conciergerie et d'exécution capitale ; toutes ces pièces sont tirées des archives impériales. Les suivantes proviennent de la Bibliothèque du Louvre, recueil de pièces sur la Révolution, vol. 203, 604, etc. — Articles de la *Chronique de Paris,* du *Versuch,* brochure d'Adam Lux, interrogatoire du même. — Mémoire de Louvet (*extrait de quelques notices sur l'histoire et le récit de mes périls depuis le 31 mai*). — Complainte sur la mort de Marat, vers en son honneur par François Feuilhac, chantés à la société populaire d'Uzès, vers de Couet de Gironville, destinés au portrait de Charlotte. Ces derniers documents sont relatifs aux suites de l'action, éloges de la jeune fille, fêtes à la gloire de la victime. L'auteur détruit en passant plusieurs assertions fausses, jusqu'ici acceptées par l'histoire. Il démontre, entr'autres, que Marat, frappé à mort, n'a pu écrire sa fameuse lettre à son ami Gusman, que Charlotte alla trois fois et non deux chez Marat; que la visite du peintre Houet à Charlotte dans la prison est une fable, puisqu'il est prouvé par le témoignage de l'abbé Dinomé, ancien curé de Romorantin et vicaire à Blois, maintenant retiré à Orléans; que Houet, son ami, né à Gau-al-Gelheim, électorat de Mayence, en 1751, mort à Blois en 1829, fit pendant ces débats une simple esquisse au crayon de la tête de Charlotte, qui lui donna en récompense pendant une interruption une mèche de ses cheveux blonds (et non pas noirs, comme on l'a cru). C'est seulement aidé de ses souvenirs et de son esquisse que Houet fit le portrait de Charlotte, maintenant placé au Musée de Versailles et acheté en 1839 pour 600 francs pour la direction du Musée aux héritiers de Mme Houet. Une partie de la mèche blonde, donnée par le peintre à son ami, a été longtemps possédée par l'abbé Dinomé, qui depuis l'a perdue.

Cet ouvrage sera consulté avec fruit par ceux qui s'intéressent à l'histoire de la Révolution française.

A. DE MARTONNE.
Archiviste de Loir-et-Cher.

RELATIONS POLITIQUES.

De la France & de l'Espagne avec l'Écosse

AU XVIe SIÈCLE

Papiers d'État, Pièces et Documents inédits ou peu connus tirés des Bibliothèques et des Archives de France, publiés par Alex. Teulet.

(5 volumes in-8°). Prix : 50 francs.

M. A. Teulet, archiviste aux Archives de l'Empire et membre du Conseil de la Société de l'histoire de France, avait publié, il y a quelques années, un recueil de tous les documents intéressants et inédits qu'il était parvenu à réunir, après de longues et laborieuses recherches, sur les relations de la France et de l'Espagne avec l'Écosse pendant le seizième siècle. Ce recueil, en trois volumes in-4°, imprimé avec le plus grand luxe, et tiré à cent exemplaires seulement pour l'usage particulier des membres du *club Bannatyne* d'Édimbourg, est une rareté bibliographique, même en Angleterre, où il n'a jamais été mis dans le commerce; en France il est introuvable.

L'ouvrage qui se compose actuellement de cinq volumes in-8°, en tout semblables à ceux que publie la Société de l'Histoire de France, se divise en deux parties.

Tout le monde voudra posséder ce recueil qui renferme un nombre considérable de documents nouveaux, d'une nature toute confidentielle et qui ne peut manquer d'éclairer d'une vive lumière l'histoire générale d'un siècle signalé par l'un des plus grands mouvements de l'esprit humain. B. D.

278. **Allais** (de Saint-). Nobiliaire universel de France ou recueil général des généalogies historiques des maisons nobles de ce royaume. Tome vingtième. *Paris*, 1841, in-8 br. (blasons). 10 fr.

Comme suite à ce volume et formant néanmoins un ouvrage séparé :

— L'Ordre de Malte, ses grands-maîtres et ses chevaliers. *Paris*, 1839.

279. **Almanach** des jeux ou Académie portative, contenant les règles du whist, du reversis, du tresette et du piquet, édit. augm. du jeu de trictrac. *Paris*, 1782, in-12 v 4 fr.

280. **Almanach** génevois pour 1824, in-18 br. pap. vergé, fig. 2 fr.

Cet almanach contient un curieux dialogue entre l'éditeur et l'un des auteurs.

281. **Amoris** divini emblemata studio et aere Oth. Vanii concinnata, latine, gallice, hispanice et belgice. *Antuerpiæ*, 1660, in-4 v. 15 fr.

282. **Annuaire** historique et biographique des Souverains, des maisons princières, des familles nobles ou distinguées, etc. 1er volume 1844, *Paris*, in-8 cart. 3 fr.

283. **Anselme** (P.). Le palais de l'honneur ou les généalogies historiques des plus illustres maisons de France et de plusieurs nobles familles de l'Europe, ensemble un traité particulier pour apprendre parfaitement la science du blason avec les armes gravées en taille-douce pour en donner l'intelligence ; cérémonies observées aux sacres des rois et reines, etc. *Paris*. 1658, in-4. 20 fr.

284. **Histoire** de la Maison royale de France et des grands officiers de la Couronne. *Paris*, 1674, 2 v. in-4 dem. rel. (portrait). 25 fr.

285. **D'Argenville.** Abrégé de la vie des peintres, avec la notice de leurs ouvrages, orné de figures. *Paris*, in-4, 2 vol. in-8 v. 12 fr.

286. **Arnout.** Vues de Paris. 33 planches. *Paris*, 1837, in-f. cart. à la Bradel. 20 fr.
Belles épreuves.

287. **Azara** (de). Historia de la vida de Marco Tulio Ciceron. Secunda edition. *Madrid*, en la imprenta real. 1804, 4 vol. in-8 br. gr. pap. fig. et portr. 30 fr.

288. **Bailly** (A.) Histoire financière de la France depuis l'origine de la monarchie jusqu'à la fin de 1786, *Paris*, 1830, 2 v. in-8 d. r. v. 6 fr.

289. **Barante** (de). Des communes et de l'aristocratie. *Paris*, 1821, in-8 d. rel. v. 3 fr.

290. **Bartsch** (Adam). Catalogue raisonné des dessins originaux des plus grands maîtres anciens et modernes qui faisaient partie du cabinet de feu le prince Charles de Ligne. *Vienne*, 1794, in-12 br. 6 fr.

291. **Basnage.** Dictionnaire historique sur les duels et les ordres de chevalerie avec un discours préliminaire par Pierre Roques. *Basle*, 1740, in-12 br. 4 fr.

292. **Beroaldus** (Philippus). Commentarii Cæsaris recogniti. Benedictus bibliopola ad emptorem. *Bononiæ*, 1504, in-fol. cart. 10 fr.
Bel exemplaire avec la marque de Beroaldus.

293. **Berquin.** Idylles. *Paris*, 1775, 2 vol. pet. in-8 v. gr. fil. tr. dor. pap. de Hollande. 15 fr.
Ouvrage illustré de 25 jolies gravures de Marillier.

294. **Berthould** (S. H.). La France historique, industrielle et pittoresque de la jeunesse, ouvrage anecdotique, instructif et amusant. *Paris*, 1843, 2 v. p. in-4 dem. rel. v. f. fig. 6 fr.

295. **Biographie** (petite) conventionnelle ou Tableau raisonné des 749 députés qui composaient l'Assemblée dite de la Convention ; orné,

—d'une jolie gravure. *Paris*, 1815, in-12, dem. rel. v. 4 fr.

L'auteur etablit que cette assemblée était étrangement composée de comtes, curés, marquis, bouchers, évêques, comédiens. huissiers, apothicaires, etc.

296. **Boquillon.** Dictionnaire biographique des personnes illustres, célèbres ou fameuses de tous les siècles et de tous les pays. *Paris*, 1826, 2 tomes en 1 vol. in-12 dem. rel. 3 fr.

297. **Bosse** (Abraham). De la manière de graver à l'eau forte et au burin et de la gravure en manière noire. Nouvelle édition, enrichie de 19 pl. en taille-douce. *Paris*, 1745, in-8 v. 6 fr.

298. **Buchon** (J. A.). Chronique de Jean Molinet. Publiées pour la première fois d'après les mss. de la bibliothèque du roi. *Paris*, 1827, 5 vol. in-8 br. 12 fr.

De la collection des chroniques nationales françaises.

299. **Buchon.** Chroniques nationales françaises écrites en langue vulgaire du XIIIe au XVIe siècle, avec notes et éclaircissements. *Paris. Verdière*, 1827 et suiv. 7 vol. in-8. 20 fr.

Ces sept volumes comportent 1o Branche des Royaux Lignages, chronique metrique de Guillaume Guiart. 2o Chronique des ducs de Bourgogne par Georges Chastellain, 2 v. 3o Chronique metrique de Godefroy de Paris, suivie de la taille de Paris en 1313, 2 tomes en 1 vol. 4o Chronique de Ramon Muntaner, 2 vol.

300. **Caraccioli.** La vie du pape Clément XIV (Ganganelli). *Paris*, 1774, 1 vol in-12, veau (avec portrait et fig. de Prevost). 2 fr.

301. **Charlevoix** (de). Histoire et description générale de la nouvelle France avec le journal historique d'un voyage fait par ordre du roi dans l'Amérique septentrionale. *Paris*, *Didot*, 1744, 6 in-12, v. 50 fr.

Bel exemplaire.

302. **Choul** (du). Discours sur la castrametation et discipline militaire des Romains. Des bains et antiques exercitations grecques et romaines ; de la religion des anciens romains. *Lyon*, *Rouille*, 1554, in-fol. demi-rel. v. 15 fr.

Très-bel exemplaire sur gr. pap. verge reglé. Gravures en bois.

303. **Le Chronologiste-**Manuel, ouvrage d'une utilité générale et d'un usage journalier. *Paris*, 1765,

—in-12 cart. non rogné. 3 fr.

Exemplaire contenant la carte des grands fiefs, la table des universités de l'Europe avec l'année de leur fondation; la nomenclature des architectes et artistes célèbres, etc.

304. **Colbert.** Testament politique de messire Jean-Baptiste Colbert, ministre et secrétaire d'état. *La Haye*. 1693, in-12 vél. 4 fr.

305. **Corbinelli** (de). Histoire généalogique de la maison de Gondi. *Paris*, 1805, 2 v. in-4 v. 40 fr.

Tables genealogiques, blasons, portraits, dessins d'architecture d'ornement, titre gravé de Mariette, etc. (aux armes de la maison de Gondy).

306. **Courcelles** (de). Dictionnaire de la noblesse de France, *tome quatrième*. *Paris*, 1821, in-8 br. 10 fr.

Ce livre contient de la lettre N à la lettre T inclusivement.

307. **Cyprien** (le R. P.) La vie de la sainte mère Thérèse de Jésus, fondatrice de la réforme des carmes et carmélites déchaussés, *Paris*, 1643, in-4 (titre gravé) 8 fr.

308. **Dacier.** Les comédies de Térence avec la traduction et les remarques de madame Dacier (latin-français). *Amst.*, 1724, 3 vol. in-12, v. avec les fig. de B. Picard. 10 fr.

308 bis. **Debrett's** correct peerage of England, Scotland and Ireland. *London*, 1816, 2 v. in-12 cart. non rogné 10 fr.

Avec portraits et nombreux blasons.

309. **Delille** (l'abbé). Les jardins ou l'art d'embellir les paysages, poème. *Rheims*. 1782. — Parallèle raisonné entre les deux poèmes des Jardins, du père Rapin et de M. l'abbé Delille. *A La Haye*, 1782, 2 tomes en 1 vol. in-12 v. 3 fr.

310. **Derode** (V.). Histoire de Lille et de la Flandre wallonne. *Paris*, 1848, 3 vol. in-8 br., fig. 10 fr.

Exemplaire annoté et corrigé au crayon, sans doute par l'auteur.

311. **Desprez de Boissy.** Lettres sur les spectacles, avec une histoire des ouvrages pour et contre les théâtres. *Paris*, 1777, 2 vol. in-18, v. fil. 6 fr.

312. **Dictionnaire** abrégé de peinture et d'architecture. *Paris*, 1746, 2 vol. in-12 v. 4 fr.

313. **Dictionnaire ecclésiastique** par une société de religieux. *Paris*, 1777, 2 vol. in 12 br. 5 fr.

314. **Dictionnaire** des girouettes

où nos contemporains peints par eux-mêmes. *Paris*, 1815, in-8 v. fig.   8 fr.

315. **Dupleix** (scipion). Epitome de l'Histoire de France, tiré de l'histoire générale de Scipion Dupleix. Enrichi de figures. *Paris*, 1647, 2 vol. in-12, d. r. v.   8 fr.

316. **Enterrement** (l') du dictionnaire de l'Académie. *S. l.*, 1687, in-12 v.   5 fr.
Critique curieuse et spirituellement écrite.

317. **Esope.** Fables, texte grec et latin avec de nombreuses et curieuses gravures en bois. *Amsterdam*, 1672, in-12 cart.   5 fr.

318. **Essai** sur la jurisprudence universelle. *Paris*, 1779, in-12, demi-rel. v.   2 fr.

319. **Fablier français** (le) ou étude des meilleures fables depuis Lafontaine. *Paris*, 1771, in-12 v. (aux armes de Montmorency).   4 fr.

320. **Feuchères.** Catalogue de son cabinet précédé d'une notice de J. Janin. *Paris*, 1853, in-8 br.   3 fr.

321 *bis*. **Foetterle.** Coup-d'œil géologique sur les mines de la monarchie autrichienne, rédigé par ordre de l'Institut impérial et royal de géologie, par le chevalier de Hauer, traduit sur l'original allemand. *Vienne, impr. imp.*, 1855, in-4 cart. carte coloriée.

322. **Fontaine.** Mémoires pour servir à l'histoire de Port-Royal. *Cologne*, 1738, 2 vol. in-12 v.   8 fr.
La vignette représente *Port-Royal-des-Champs*.

323. **Fortoul** (Hyppolite). De l'art en Allemagne, *3 v. in-8. Paris*, 1841. 2 v. in-8 dem. rel. v.   8 fr.
Bel exemplaire.

324. **Galerie française** ou collection de portraits des hommes et des femmes qui ont illustré la France dans les XVIe, XVIIe et XVIIIe siècles avec des notices et *fac-simile*. *Paris, Didot*, 1821, 3 vol. in-4, demi-rel. v.   60 fr.
Nombreux portraits.

325. **Gautier de Sibert.** Histoire des ordres royaux de Notre-Dame du Mont-Carmel et St-Lazare-de-Jérusalem. *Paris, imp. roy.*, 1772, 2 vol. in-12.   5 fr.

326. **Groen** (Van der). Le Jardinier hollandais, où sont décrites toutes sortes de maisons de plaisance et de campagne... avec environ 200 modèles de parterres à fleurs et autres, labyrinthes, pavillons, etc. *Amsterdam,* 1669, in-4 vel. fig.   6 fr.
Ouvrage curieux, rédigé en français et en hollandais.

327. **Guide de la politique**, ouvrage indispensable pour suivre les discussions des chambres et connaître la forme du gouvernement actuel. *Paris*, 1824, in-12 v.   3 fr.

328. **Hénault.** Nouvel abrégé chronologique de l'histoire de France. *Paris*, 1756, 2 v. in-12 v. fil.   5 fr.

329. **Histoire** de l'esprit révolutionnaire des nobles en France sous les 68 rois de la monarchie. *Paris*, 1818, 2 v. in-18 d. rel. v. f.   10 fr.

330. **Histoire** de la pairie de France et du Parlement de *Paris*, où l'on traite aussi des électeurs de l'empire et du cardinalat, par M. D. B. On y a joint des traités touchant les pairies d'Angleterre, mâles et femelles; et l'origine des grands d'Espagne, par M. de G. *Londres*, 1745, 2 vol. in-12 v.   5 fr.

331. **Histoire philosophique** et politique des établissements et du commerce des européens dans les deux Indes par Raynal. *Genève,* 1780, 10 vol. in-8 et 1 vol. in-4 d'atlas d. r. Portrait de l'auteur par Cachin, fig. de Moreau le Jeune   30 fr.

332. **Histoire** critique de Nicolas Flamel et de Pernelle, sa femme. *Paris*, 1761, in-12 d. rel. v.   8 fr.
Portrait de N. Flamel et vue de sa maison.

333. **Irail** (l'abbé). Histoire de la réunion de la Bretagne à la France. *Paris*, 1764, 2 tomes en 1 vol. in-12 v.   4 fr.

334. **Jérusalem délivrée** (traduit de l'italien par Le Brun, duc de Plaisance), enrichie de la vie du Tasse (par Suard). *Paris, Bossange*, 2 v. in-8 v. fil. d. s. tr. 8 fr.
Portrait du Tasse et nombreuses figures.

335. **Joubert de l'Hiberderie.** Le dessinateur pour les fabriques d'étoffes d'or, d'argent et de soie. *Paris*, 1765, v. in-12 v. fig.   5 fr.

336. **Le Journal de Paris.** *Amiens*, 1788, 1789, 1790, 1791, ensemble 16 vol. plus les 2 premiers vol. de 1792, ensemble 18 vol. in-4 rel. v.   35 fr.

337. **La lumière du cloître** 27
sujets gravés par J. Callot, accompagnés chacun d'un quatrain démons-
tratif des emblêmes. 12 fr.

338. **Laorty-Hadji** (le R. P.). La
Syrie, la Palestine et la Judée, pèle-
rinage à Jérusalem et aux Lieux-
Saints. 23e édition. *Paris*, 1854, in-
12 v. 2 fr.

339. **La Serre** (de). Le bréviaire des
courtisans, enrichi de figures *Rouen*,
1678, in-12 v. gr. fil. tr. dor. 18 fr.

340. **Marot** (Clément). Ses œuvres,
augmentées de poésies qu'on lui a
faussement attribuées, avec les œuvres de Jean Marot son père et de
Michel Marot, son fils. *La Haye*,
1731, 6 vol. in-12 v. m. 18 fr.

340 bis. **Mazure.** Histoire du Béarn
et du pays basque. *Pau*, 1839, in-8
demi-rel. v. planches. 7 fr.

Bel exemplaire.

341. **Malherbe** (de). Ses œuvres.
Orléans, 1659, 1 vol. in-12, rel. v.
mar. 5 fr.

342. **Marien Vasi.** Itinéraire instructif de Rome ancienne et moderne ou description générale des monuments antiques et modernes et des
ouvrages les plus remarquables en
peinture, sculpture et architecture
de cette célèbre ville et de ses environs. 2 tomes en 1 vol. in-8, fil. cart.
fig. *Rome*, chez l'auteur, 1811. 4 fr.

343. **Mémoires** chronologiques et
dogmatiques pour servir à l'histoire
ecclésiastique depuis 1600 jusques
1716. *Nismes*, 1781, 2 v. in-8 6 fr.

344. **Montaigne** (Michel de). Ses
Essais, ensemble la vie de l'auteur
et portrait. *Amst.*, 1781, 3 vol. gr.
in-12 demi-rel. v. 10 fr.

345. **Mémoires** particuliers pour
servir à l'histoire de France. *Paris*,
1656, 4 v. in-12. 6 fr.

346. **Ménestrier** (le P.). La philosophie des images énigmatiques.
Lyon, 1694, in-12 v. fig. 5 fr.

347. **Mennenii.** Deliciæ equestrium
sine militarium ordinum et eorum-
dem origines statuta, symbola et insi-
gnia. iconibus additis genuinis. *Colon*, 1613, in-12 vél. blasons. 20 fr.

348. **Notice** des tableaux exposés
dans la galerie du Musée Royal.
Paris, 1816, 1 v. in-12 d. r. exemplaire interfolié de papier blanc. 3 fr.

349. **Nouveau Dictionnaire**
pour servir à l'intelligence des termes mis en vogue par la Révolution,
par M. B***. *Paris*, 1821. 1 v. in-8
cart. 4 fr.

350. **Pausanias français** (le).
ou description du salon de 1806,
état des arts, du dessin en France
à l'ouverture du XIXe siècle (2e édition). *Paris*, 1808, gr. in-8 d. r. v.
7 fr.

Figures et portraits.

351. **Perefixe** (Hardouin de). Histoire du roy Henry-le-Grand. *Amst.*,
Daniel Elzevier, 1664, in-12. 12 fr.

352. **Poitou.** Traité des fiefs sur la
coutume de Poitou, par J.-B. L.
Harcher, lieutenant-général au siége
de la duché-pairie de Thouars. *Poitiers*, 1762, 2 v. in-4 v. 12 fr.

353. **Recueil** (ancien) factice de 60
figures gravées à l'eau forte, représentant les costumes du Levant, in-4.
10 fr.

354. **Rime** di Monsignor P. Bembo.
Venetia, 1548, in-12 vél. (rare). 12 fr.

Cet ouvrage est suivi de divers autres poémes
italiens et particulièrement de la satire de Lodo-
vico *Ariosto*, avec portrait gravé en bois, ainsi
que des *Stanze pastorali* del comte Baldezar *Ca-
ghostro* et del signore Cesare *Gonzaga.—Vinegia*,
1553, avec la marque des *Alde*.

355. **Rime** de gli academici occulti
con le loro imprese e discorsi. In
Brescia, 1568, in-4 vélin. 12 fr.

Figures et cartouches ornées et armoriées.

356. **Rousselet** (le R. P. Pacifique)
Histoire et description de l'église
royale de Brou. *Paris*, 1767, in-12
demi-rel. v. 4 fr.

357. **Sainte-Palaye** (de la Curne
de). Mémoires sur l'ancienne chevalerie. *Paris*, 1781, 3 vol. in-12. 15 fr.

358. **Saint-Simon** (duc de). Mémoires ou l'observateur véridique
sur le règne de Louis XIV et sur
les premières époques des règnes
suivants. *Londres*, 1789, 7 v. in-8
v. 10 fr.

359. **Saintfoix** (de). Essais historiques sur Paris. 5e édit. *Paris*, Ve
Duchesne, 1776, 7 v. gr. in-12 rel.
v. 8 fr.

360. **Scohier** (Jean). L'estat et comportement des armes. *Bruxelles*,
1629, in-4, vel. fig. 15 fr.

361. **Simon** (Jules). La religion naturelle, 2e édition. *Paris, Hachette*,

1856, 1 vol. gr. in-8 br.   4 fr.

362. **Spectacles** (les) de Paris ou Calendrier historique et chronologique des théâtres avec des anecdotes et un catalogue de toutes les pièces jouées sur les différents théâtres ; les noms des auteurs vivants qui ont travaillé dans le genre dramatique et la liste de leurs ouvrages, année 1775. *Paris,* in-12 mar. rouge.   4 fr.

363. **Statistique** de l'industrie minérale en 1847-42-49-50-51 et 52. *Rapports de M Magne. Paris, imp. impériale,* 1854, 1 vol. in-4 avec cart.   6 fr.

364. **Sulpitii Severi** opera omnia quæ extant ex optimis editionibus accurate recognita. *Lugd, Patav.* ex officini Elseviriana, 1535.   4 fr.

365. **Thomassin** (Simon, graveur) Recueil des figures, groupes, thermes, fontaines, vases, et autres ornements qui se voient à présent dans le château et parc de Versailles. *Paris,* 1694, 1 vol. in-8 v.   10 fr.

220 planches en belles épreuves, avec une table alphabétique pour trouver les figures dont on a besoin.

365 *bis.* **Thiers** (J.-B.). De l'exposition du Saint-Sacrement de l'autel. *Paris,* 1769, 2 v. in-12 v   6 fr.

366. **Tillet** (J. du). Les mémoires et recherches, contenant plusieurs choses mémorables pour l'intelligence de l'estat des affaires en France. *A Rouen, pour Philippe de Tours,* 1578, in-fol. vél. fig.   6 fr.

367. **Toustain** (vicomte de) Morale de Moyse, pour servir de suite à la collection des moralistes. *Rome,* 1784 v. f. tr. d.   3 fr.

368. **Traité** de la sainteté du serment. *Paris,* 1845, in-18 br.   2 fr.

369. **Trophée d'armes** héraldiques (le) ou la science du blason avec les figures en taille-douce.

Paris, 1650, in-4 v.   25 fr.

Ouvrage très-curieux, où l'on trouve à la page 47 une description naïve du blason de Jésus-Christ de Nazareth.

370. **T'sas** (N. J.). Catalogue de la rare et nombreuse collection d'estampes et de dessins qui composaient le cabinet de feu M. Pierre Wouters, précédé d'une table alphabétique des maîtres. *Bruxelles,* l'an V, (1797) in-8, br.   6 fr.

371. **Vasse** (baronne de). L'art de corriger et de rendre les hommes constans. Revu, corrigé et considérablement augmenté. *Paris,* 1789, in-12 v. fil. dor. sur tr.   5 fr.

372. **Vaticinia** seu prædictiones illustrium virorum.... cum declarationibus et annotationibus, Hieronymi Joannini. *Venetia,* 1500, in-4 vel. titre gravé très-curieux et autres figures.   8 fr.

373. **Vita** (la) di Torquato Tasso scritta dall'abate P. Serassi. *Romæ,* 1785, in-4 br.   20 fr.
Bel exemplaire d'un ouvrage estimé.

374. **Villemain.** Lascaris ou les Grecs du XVe siècle, suivi d'un essai historique sur l'état des Grecs depuis la conquête musulmane jusqu'à nos jours. *Paris.* 1825, in-8 br. 4 fr.

375. **Young et Champollion.** Essai sur le système des hyérogliphes phonétiques, avec quelques découvertes additionnelles qui le rendent applicable à la lecture des noms des anciens rois d'Égypte et d'Éthiopie. Traduit de l'anglais de Henritalt et augmenté de notes par M. L. Devères. *Paris,* 1827, 1 vol. gr. in-8 pl. d. r.   3 fr.

376. **Ziletti.** Imprese illustri di diversi coi discorsi di Camillo Camilli e con le figure intagliate in Rame di Girolamo Porro. *Venetia,* 1586, in-4 v.   20 fr.

377 *bis.* **Zélis** au bain, poème. *Genève,* 1763, in-8 v. fig. d'Eisen. 12 fr.

HISTOIRE NUMISMATIQUE

DE LA RÉVOLUTION FRANÇAISE

PAR M. HÉNIN

Paris, 1826, 2 vol. dont 1 de Planches ; in-4°, br. (épuisé) *Prix :* 40 fr.

LIVRES

QUI SE TROUVENT CHEZ MM. SCHLESINGER, FRÈRES

Éditeurs du Dictionnaire de la Noblesse par La Chenaye-Desbois et Badier.

Libraires, rue de Seine, 12, à Paris,

---

378. **Advis** à messieurs des Estats sur la réformation et le retranchement des abuz et criminelz de l'Estat. *S. l.*, 1588, in-12 non rel. 6 fr.

379. **Advis,** remonstrances et requestes aux *Estats Généraux* tenus à Paris, 1614. Par six paysans; pet. in-8, cart. non rogn. 4 fr.

380. **Apologie** pour Jehan Chastel, parisien : exécuté à mort, et pour les pères et escoliers de la société de Jésus, bannis du royaume de France. Contre l'arrest de parlement, donné contre eux à Paris, le 29 décembre 1594. Divisée en 5 parties, par Franc. de Vérone. L'an 1595; nouv. édit. *S. L. N. D.*, in-4, rel. *titre emmarg. du haut.*) 10 fr.

Ouvrage attribué au célèbre Jehan Boucher, curé de St. Benoît.

381. **Arrest** de la cour du parlement portant règlement entre les Religieux et Abbez sur les lots et partage de tous les biens revenus de leurs Abbayes. Et enjoinct ausdits Religieux de porter honneur et reverance à leurs Abbez; *Paris, Mich. Blageart,* 1631, 8 pages in-12. (*Un petit morceau de la partie supérieure du titre a été enlevé*). 4 fr.

Rare.

382. **Arrest** de la cour du Parlement, portant règlement pour le cours et l'exposition de Monnoyes du 10 janvier 1662, *Paris, Cramoisy,* 1652, 8 pp. in-12. 3 fr.

383. **Besançon.** La béatitude des hommes tant sur la terre, que dans le ciel, sur leur nouvelle métamorphose. Dialogues singuliers entre Caron et la Parque. — Second livre concernant des dialogues entre le portier du céleste Palais et la Parque, etc, etc. *La Haye,* 1771, in-12 v. m. 4 fr.

384. **Bibliotheca Aprosiana,** liber rarissimus, cum notis Johan. Christoph. Wolfii. *Hamburgi,* 1734,
pet. in-8, dem. rel. v. vert. (*peu commun*). 4 fr.

385. **Bibliothèque** protypographique ou librairies des fils du roi Jean, Charles V, Jean de Berri, Philippe de Bourgogne et les siens. *Paris, de l'imprimerie de Crapelet,* 1830, v. m. dent. gaufr. fig. 20 fr.

Tiré à 200 exemplaires. Voici ce que dit M. Brunet au sujet de cet ouvrage : Ouvrage curieux qui nous conserve les titres et la description abregée de 2.311 manusc. anciens. Ces inventaires sont precedés d'un disc. prelimin., et d'un index alphabetique, ou abregé de bibliographie protypographique speciale.

386. **Briant de Laubrière.** Armorial général de Bretagne, contenant les noms et les armes des Maisons qui ont obtenu des arrêts de maintenue ou des lettres d'annoblissement établies dans ce pays, l'indication de celles qui ont fait des preuves de Cour, et une liste exacte des Chevaliers bretons inscrits dans les Galeries des Croisades au musée historique de Versailles. *Paris,* 1844, in-8 br. 7 fr. 50

387. **Broceliande,** ses chevaliers et quelques légendes; recherches publiées par l'éditeur de plusieurs opuscules bretons. *Rennes,* 1839, in-8 br. non rog. 5 fr.

388. **Catalogue des poinçons** et médailles du Musée monétaire de la commission des monnaies et médailles. *Paris,* 1833, in-8 br. 5 fr.

389. **Catalogue** général des cartulaires des Archives départementales publié par la commission des Archives départementales et communales. *Paris, imprimerie royale,* 1847, in-4, br. 10 fr.

Ce catalogue de cartulaires est formé par départements. Les departements ont été distribués dans un ordre geographique dirigé du nord au sud, et que l'on a fait concorder autant que possible avec les circonscriptions des provinces antérieures à 1790 (*Ouvrage important*).

390. **Catalogue raisonné** des monnaies nationales de la France, par Guillaume Conbrouse. *Paris,*

Fournier, 1839, 4 vol. gr. in-4, dos
et coins, veau antiq.   220 fr.

Ouvrage très-important, dont les exemplaires
complets sont rares.

391. Cérémonial, auquel est traicté de l'administration des SS. sacre-
ments de confession, communion, et
extrême-onction. Et de l'ordre des
funérailles. Conformément au Rituel
romain. A l'usage des religieuses de
Sainte-Ursule. *Paris, Gilles Blaizot,*
1636, gr. in-8, chagr. noir imprimé
en noir et en rouge, *grand nombre
de notes mss. margin. qq. taches).*
          8 fr.

392. Charte latine sur papyrus
d'Egypte de l'année 876, appartenant à la bibliothèque royale, par
Champollion Figeac, publié par ordre de M. Guizot. *Paris,* in-fol. br.
pl.   6 fr.

393. Chronologie novenaire,
contenant l'histoire de la guerre,
sous le règne du très-chrétien roy
de France et de Navarre Henry III.
Et les choses les plus mémorables
advenues l'an 1589 jusqu'à la paix
faicte à Vervins, 1598, entre sa Majesté et Philippe II d'Espagne ; par
Vict. Palma Cayet; Paris, Richet,
1608, 3 vol. petit in-8 vél. *(une ta-
che et piq. vers la fin du second vol.)*
          8 fr.

394. Code de la librairie et imprimerie de Paris, ou conférence du règlement arrêté au Conseil d'Etat du
Roy, le 28 février 1723. *Paris,* 1744,
petit in-8 br.   4 fr.

395. Contrat faict et passé entre
le Roy et le Clergé de France, as-
semblé par permission de sa Majesté
en la ville de Paris, le 22° jour de
mars, 1606. *S. l.,* in-12, cart. 7 fr.

396. Copie de la déclaration de guerre contre la couronne de France.
Faite en Espagne par Don Juan
Alonso Enriquez de Cabrera. *Bruxelles,* 1636, in-4 non rel.   5 fr.

397. Les constitutions du mo-
nastère du Port-Royal du S. Sacre-
ment. Sec. édit. *Bruxelles, Lambert
Marchant,* 1674, in-12 v. br.   3 fr.

Le corps de ces constitutions est de la Mère
Agnès Arnaud et le règlement pour les enfants est
de la Mère Euphémie Pascal, sœur de Blaise Pascal.

398. Coustumes générales du
pais et duché de Bretagne. Revues

et corrigées sur l'original des commissaires réformateurs de l'an mil
cinq cents trente neuf. *A Rennes,
Julien du Clos, pour Bertrand Jo-
hault,* 1568, pet. in-4 vél. *(notes
marginales manuscrites du temps.).*
(rare)   8 fr.

399. Déclaration de son Altesse,
touchant la guerre contre la couronne de France. *Bruxelles,* 1635, 6
feuilles in-4 br.   4 fr.

400. Déclaration du Roy, portant que les espèces d'or ne seront
exposées que pour le prix de leur
juste poids. *Paris,* 1639, 8 ff. in-12.
          4 fr.

401. Déclaration du Roy sur la
commission de la Chambre Royale
pour les dénonciateurs touchant les
malversations commises en ses finances. *Paris,* 1595, in-12, non rel.
          7 fr.

402. De la littérature et des
littérateurs, suivi d'un nouvel examen de la tragédie française (par
Mercier). *Yverdon,* 1778, in-8 br.
          4 fr.

403. Desclozeaux. Recueil des
privilèges octroyez à l'ordre de S. Jean
de Hierusalem, par les Papes, Empereurs, Rois, Princes, et Patentats
de la Chrestienté. *Grenoble,* 1653.
(peu commun)   8 fr.

404. Despence. Les Apophtegmes
ecclesiastiques, ou plus tost, abrégé
d'histoire contenant tous les faicts et
dicts mémorables advenus depuis la
mort de Notre-Seigneur Jésus-Christ
jusqu'à l'empereur Phocas, etc. *Paris, F. Morel,* 1578, pet. in-8 vél.
          8 fr.

405. Edit du roy pour le règlement
des imprimeurs et des libraires de
Paris, registré en parlement le 21
août 1686. *Paris, Le Mercier,* 1731.
— Arrest du conseil d'Etat privé du
Roy, servant de règlement entre
l'Université de Paris et la commu-
nauté des libraires et imprimeurs de
ladite ville, in-12, br. non rogn.
(Rare.)   5 fr.

406. Eloge historique de l'imprimerie, par Jules Porthmann, 2° édit.
Paris, 1810, in-8 br.   3 fr.

407. Etudes pratiques et littéraires sur la typographie, par G.-A.
Crapelet. *Paris, de l'imprimerie
de Crapelet,* 1827, 2 vol. gr. in-8

br. non rogn. 15 fr.

408. **Examen** de la liberté originaire de Venise, (attribué à Marcus Velserus), traduit de l'italien avec une harangue de Louis Helian. *Ratisbonne, Jean Aubri, (Amst. Elsevier)*, 1677, pet. in-12, v. br. 5 fr.

409. **Gaillard**. Chronique ecclesiastique ou brief estat de l'Eglise, etc. — *Paris*, 1610, pet. in-12 v. ant., fil.) qq. *notes margin. mss.)* 4 fr.

410. **Joh. Fred. Gronovii** de Sestertiis seu sub se civorum pecuniæ veteris græcæ et romanæ, libri IV. *Amst. Ludov. et Dan. Elzevirios*, 1656, pet. in-8 vél. 3 fr.

411. **Harangue** faite au Roy sur son avènement à la couronne, et sur la mort du roy son bisayeul, par Monseigneur l'archèv. de Narbonne. A Versailles, le 3 septembre 1715. *Paris, chez la Vᵉ de François Muguet*, 1715, in-4 br. 4 fr.

412. **Histoire** de la vie du duc d'Espernon, par M. Girard. *Rouen et Paris, Thomas Jolly*, 1663, 3 vol. in-12 v. br. 12 fr.

413. **Histoire** de l'invention de l'imprimerie pour servir de défense à la ville de Strasbourg contre les prétentions de Harlem, par J. F. Lichtenberger. *Strasbourg et Paris, Renouard*, 1825 in-8 br. (*manq. le portr.*). 4 fr.

Avec neuf specimens, imitant des planches originales gravees sur bois.

414. **Histoire** de Louise Antoine Fontaine, condamnée à être attachée au Carcan, ayant deux chapeaux, comme bigame, a être marquée à la fleur de lys et à être conduite à l'Hôpital pour le reste de ses jours, pour s'être mariée avec le comte de Morangiés, Maréchal des Camps et Armées du Roi, du vivant de François Fremin, son premier mari. *Paris*, 1788, non rel. 10 fr.

415. **Histoire** générale de Port-Roïal depuis la réforme de l'abbaïe jusqu'à son entière destruction (par *Dom Clémencet*); *Amsterd., J. Vanduren*, 1755, 10 vol. in-12 v. br. 20 fr.

416. **Histoire littéraire** du XIVᵉ siècle et de la première moitié du XVᵉ, trad. de l'angl. de Jos. Berington, par A.-M.-H. Boulard. *Paris*, 1822, in-8 non rel. 3 fr.

417. **Idées générales** sur les causes de l'anéantissement de l'imprimerie et sur la nécessité de rendre à cette profession, ainsi qu'à celle de la librairie, le rang honorable qu'elles ont toujours tenu l'une et l'autre parmi les arts libéraux, par Jacob, imprimeur. *Orléans*, 1806, br. in-8. 3 fr.

418. **Dom Labat**. Histoire de l'abbaye de S. Polycarpe depuis sa fondation jusqu'à sa destruction, 1779, pet. in-8 br. (*peu commun*). 5 fr.

419. **Lechaudé d'Anisy**. Extrait des chartes et autres actes normands ou anglo-normands. *Caen*, 1834, 2 vol. in-8 et atlas in-fol. obl. br. 20 fr.

— Grands rôles des échiquiers de Normandie. *Paris*, 1845, in-4, fig. (*rare*). 30 fr.

Contient 1° les grands rôles de l'Échiquier de Normandie, 2° rôles normands de la Tour de Londres sous le roi Jean, 3° rôles normands de la Tour de Londres sous Henri V, 4° Echiquier de Normandie sous les rois de France, 5° appendix ad scaccarium Normanniæ, et une table des noms, lieux et faits.

— Recherches sur le Domesday ou Liber-Censualis d'Angleterre, ainsi que sur le Liber de Winton et le Boldon-Book, contenant 1° une description de ces registres, pour servir d'introduction; 2° trois tables accompagnées de notes historiques et *généalogiques* sur les familles françaises et anglaises inscrites dans ces registres; 3° un glossaire; 4° une statistique sur l'Angleterre. *Caen*, 1842, in-4 br. (t. I, seul publié). 15 fr.

420. **Lettres du roy** envoyées à Montseigneur (*sic*) le Duc de Montbason, pair et grand-veneur de France, gouverneur et lieutenant-général pour Sa Majesté à Paris et Isle de France. Ensemble la relation de ce qui s'est passé en Piedmont, depuis l'arrivée de Monsieur le Cardinal de Richelieu, du 23 mars 1630, à Pignerol. Avec la réduction du fort de Pérouse. *A Paris, Nic. Barbotte*, 1630, plaq., pet. in-8, cart., rogn. 8 fr.

421. **Lettres et Mémoires** de Monsieur le Cardinal Mazarin écrites de saint Jean de Lutz au Roy, à la Reyne, à Monsieur, à Monsᵣ Le Tellier, à Monsᵣ de Lionne et autres grands seigneurs, contenant le se-

cret des conférences de la négociation de la paix des Pyrénées ; le Mariage du Roy avec l'Infante d'Espagne, le retour de Monsr le Prince de Condé en France, avec Monsieur le duc d'Auguien son fils, et autres particularitez touchant Mr le Duc de Lorraine, du Roy d'Angleterre, et plusieurs autres seigneurs, le tout fait et conclud avec Dom Pedro Coloma et dom Antonio Pimentel, secrettaires d'Estat, depuis le 10e juillet jusqu'au 12o novembre 1659, in-fol. v. ant.   80 fr.

Manuscrit du XVIIe siècle, sur le traité des Pyrénées et sur le mariage du Roy avec l'Infante d'Espagne. Ces lettres de Mazarin ont été recueillies du temps de ce fameux cardinal et ont probablement été écrites par un de ses secrétaires qui en avait fait un recueil: ce manuscrit est très-important pour l'histoire de France. Il contient plus de 650 pages.

422. Liste des titres de noblesse, chevalerie, etc., accordés par les souverains des Pays-Bas depuis l'année 1659 jusqu'à la fin de 1782, etc. *Bruxelles*, 1784, in-12 br. 8 fr.

423. Loisirs littéraires de J.-J. Regnault-Warin. *Paris*, *Frechet*, 1804, pet. in-8 br.   6 fr.

Exemplaire imprimé sur papier rose.

424. Manuel typographique utile aux gens de lettres et à ceux qui exercent les différentes parties de l'art de l'imprimerie, par Fournier le jeune. *Paris, Barbou*, 1764, 2 vol. in-12 demi-rel. v. fauve fig.   12 fr.

425. Manuel de l'imprimeur (le). Ouvrage utile à tous ceux qui veulent connaître les détails des ustensiles, des prix, de la manutention de cet art intéressant, etc., par Boulard. *Paris*, 1791, in-8 br. 3 fr.

426. Mémoire adressé au Roi par les imprimeurs de la ville de Paris, en 1814, 16 pp. in-4 br.   2 fr.

427. Mémoire et projet de règlement concernant l'administration de l'Imprimerie impériale, par Baudouin, imprimeur, 28 pp. in-fol. br.   3 fr.

428. Mémoires de l'Académie celtique ou Recherches sur les antiquités celtiques, gauloises et françaises, publiés par l'Académie celtique. *Paris, Dentu*, 1807, 5 vol. in-8 demi-rel. v. vert   25 fr.

429. Mémoires de messire Jean-

Baptiste de la Fontaine, Chevalier Seigneur de Savoie, inspecteur général des armées du Roi, par Sandras de Courtilz. *Cologne, Pierre Marteau*, 1669, pet. in-8 v. br. 4 fr.

430. Mémoires d'Estat contenant les choses les plus remarquables arrivées sous la régence de la reyne Marie de Médicis et du règne de Louis XIII (par *le maréchal d'Estrées*). *Paris, Den. Thierry*, 1666, in-12 v. br.   4 fr.

431. Mémoires pour servir à l'histoire d'Anne d'Autriche, épouse de Louis XIII, nouv. éd. augmentée de notes, par madame de Motteville. *Amst., Fr. Changuion*, 1750, 6 vol, in-12 br.   15 fr.

432. Mémoires pour servir à l'histoire du Nivernois et Donziois, avec des dissertations par Née de la Rochelle. *Paris*, 1747, in-12 v. b. 6 fr.

433. Muses en France (les) ou Histoire chronologique de l'origine, du progrès et de l'établissement des Belles-Lettres, des Sciences et des Beaux-Arts dans la France, par Lefebvre. *Paris, Quillau*, 1750, in-12 br.   4 fr.

434. Museum Scœpflini, recenset Jer.-Jac. Oberlin ; *Argentorati, Jon. Lorenzius*, 1773, 3 tomes en 1 vol. in-4 cart.   8 fr.

Avec un grand nombre de gravures par Weiss, représentant des tombeaux, inscriptions, vases, poids, etc.

435. Gabrielis Naudæi Paris. Bibliographia politica: *Venetiis, apud Franc. Baba*, 1633, in-12 v. br. (*aux armes d'Estampes de Valençay*).   3 fr.

436. Notice historique sur le village de Pommard, manuscrit in-4.   25 fr.

L'auteur de ce manuscrit est l'abbé Pierre Colon, vicaire dudit lieu. Il a été copié sur l'original à Pommard même. La dernière partie contient un inventaire général des titres des archives depuis 1331 jusqu'en 1782.

402. Notice sur deux anciens Cartulaires manuscrits de la bibliothèque du roi, par G.-B. Depping. *Paris*, 1831, br. in-8.   3 fr.

437. Notice sur le cabinet monétaire de S. A. le Prince de Ligne, d'Amblise et d'Épinoy, par C. P. Serrure. *Gand*, 1847, in-8 demi-rel. v. (Médailles).   4 fr.

438. Numismata cimelii Cæsarii

regii Austriæ Vindobonensis quorum rariora iconismis cetera catalogis exhibita jussu Mariæ Theresiæ imperatricis et reginæ augustæ. *Vindobonæ, Thomæ Trattner,* 1755, 2 vol. gr. in-fol. dos et coins, v., pap. fort. 25 fr

Avec une grande quantité de planches representant des medailles (*Bel exemplaire*).

439. **Orbis antiqui** monumentis suis illustrati primæ lineæ iterum duxit J. J. Oberlinus. *Argentorati,* 1790, pet. in-8 demi-rel. 7 fr.

Exemplaire interfolié de papier blanc avec notes manuscrites.

440. **Ordonnances** de l'archevêque de Paris pour la tonsure et pour la préparation aux Saints-Ordres. *Paris, L. Josse,* 1696, in-4 br. 3 fr.

441. **Ordonnances** de l'archevesque de Paris, en forme de Réglement général pour les religieuses. *Paris,* 1697, in-4 br. 3 fr.

442. **Orléanais.** Essai historique sur Orléans ou Description topographique et critique de cette capitale et de ses environs, augmenté d'un tableau chronologique et raisonné de ses Evêques, Rois, Ducs, Comtes, Vicomtes, Gouverneurs et Lieutenants généraux au gouvernement, Chanceliers, Comtes, etc. *Orléans,* 1778, in-8 br. (*avec plan*). 10 fr.

443. — Histoire de Blois et de son territoire depuis les temps les plus reculés jusqu'à nos jours, par Touchard-Lafosse. *Blois,* 1846, grand in-8 fig. 5 fr.

444. **Paris.** Histoire de la ville de Paris, par Félibien. *Paris,* 1725, 5 vol. in-fol. v. (*planches*). 40 fr.

445. — Histoire de Clichy-la-Garenne, par Lecanu. *Paris,* 1848, in-8 br. fig. 6 fr.

446. — Histoire du Palais de Justice de Paris et du Parlement. 860-1789, par Rittiez. *Paris,* 1860, in-8 br. 5 fr.

447. **Parrhasiana** ou pensées diverses sur des matières de critique, d'histoire, de morale et de politique avec la défense de divers ouvrages de Mr M. L. C. (*Jean Le Clerc*); par Théod. Parrhase (*Jean Le Clerc*); *Amst.,* 1701, 2 vol. pet. in-8 bas. 4 fr.

448. **Petity** (l'abbé de). Bibliothèque des artistes et des amateurs ou Tablettes analytiques sur les sciences et les beaux-arts, avec un Mémoire sur les langues orientales. *Paris,* 1766, 3 vol. in-4 v. 12 fr.

Figures de *Gravelot.* Bel exemplaire.

449. **Picardie.** Archives historiques et ecclésiastiques de la Picardie et de l'Artois. *Amiens,* 1842, 2 vol. in-8 br. fig. 20 fr.

450. — Résumé de l'histoire de Picardie par Lami. *Paris,* 1825, in-8 br. 2 fr.

451. — Notice historique sur la ville de Chauny, par Capaumont. *Noyon,* 1840, in-12 br. 2 fr.

452. — Histoire de l'image miraculeuse de Notre-Dame de Liesse, par Villette. 2e édit. rev. et augm. *Laon,* 1755, in-8 vél. fig. 7 fr.

453. — Histoire de la ville de Laon et de ses institutions, par Melleville.

454. — Histoire de la ville de Laon, par Devisme. *Laon,* 1822, 2 vol. in-8 bas. fig. 10 fr.

455. **Placcart du roy** nostre sire, sur le faict des Aydes, en Brabant. *A Bruxelles, chez Mich. de Hamont,* 1561, plaq., pet. in-4, non rel., caract. goth. 12 fr

456. **Poitou.** Précis historique du Poitou, suivi d'un appendice contenant un aperçu historique des départements de la Vienne, des Deux-Sèvres et de la Vendée, par Giraudeau. *Paris,* in-8 br. cartes. 4 fr.

457. **Provence.** Monographie de l'amphithéâtre d'Arles, par Jacquemin. *Arles,* 1845, 2 vol. gr. in-8 br. 10 fr.

458. — Histoire de Provence, par Gaufridi. *Aix,* 1694, 2 tomes en 1 vol. in-fol. rel. (*portraits*). 35 fr.

459. — Précis de l'histoire de Provence, par Terrin. *Paris,* 1836, in-12 br. 3 fr.

460. — Guide du voyageur dans Arles, renfermant l'indication de la plupart des produits naturels de son territoire, la description de ses monuments antiques, du moyen-âge et de la Renaissance, par Jacquemin. *Arles,* 1835, in-8 br. 7 fr.

461. — Abrégé chronologique de l'histoire d'Arles, contenant les évènements arrivés pendant que cette

ville a été tour à tour royaume et république, etc. *Arles*, 1737.

462. La pompe funèbre de Louis XIII, roy de France et de Navarre, faite en l'Église de S. Denis en France le lundy 22 juin 1643, 8 pp. in-4 br. 10 fr.

Pièce rare.

462 *bis*. B. Prioli ab excessu Ludovici XIII. De rebus gallicis, historiarum XII. *Ultrajecti, Peter. Elzevier,* 1669, pet. in-12, bas. tit. grav (*On a effacé un nom sur le second titre*). 3 fr.

462 *ter*. Publicatio capituli generalis Augustissimi Ordinis Cluniaciensis, 20 pages in-4. 2 fr.

463. Questions et Reponces sur les coustumes de Berry, par Thaumassin de la Thaumassière. *Bourges*, 1662, in-4 vél. (*On a découpé un nom sur le titre*). 8 fr.

464. Questions sur la responsabilité des imprimeurs, 16 pp. in-4 br. 3 fr.

465. Recherches historiques, généalogiques et bibliographiques sur les Elzeviers par A. de Renne. *Bruxelles*, 1847, in-8 br. 7 fr.

Avec le portrait de Mathieu Elzevier, les fac-simile des signatures des Elzeviers, et leurs genealogies.

466. Recueil de fragments de sculpture antique en terre cuite (par *Seroux d'Agincourt*). *Paris, Treuttel et Wurtz*, 1814, gr. in-4 carton. non rogn. portr. 12 fr.

Avec 37 pl. grav. sur cuivre.

467. Réglement pour la librairie et l'imprimerie de Paris arresté au Conseil d'État du Roy. Sa Majesté y étant le 28 février 1723. *Paris, Le Mercier*, 1731, in-12 br. non coup. (rare). 5 fr.

468. Relation de la journée de Crémone et de la défaite des troupes impériales, avec la suite des affaires d'Italie ; (en vers et en prose). *Nantes, Jacques Maréchal*, 1702, pet. in-8 vél. 8 fr.

469. Remonstrances présentées au roy, par nos seigneurs du parle-

ment, le 21 may, 1615. *S. l.*; 1615. in-12 non rel. 4 fr.

470. Le Reveil matin et mot du guet des bons catholiques. Auquel il y a la composition d'une aposume pour remédier à la maladie présente de la France. Le tout comprins sous un discours qui fait mention des cruautez et tyrannies dont usent à présent les hérétiques, libertins, politiques et Athées à l'endroit des bons catholiques du royaume de France. Le tout recueilly et mis en lumière par Jean de la Mothe, écuyer du roy. *Imprimé à Douay chez Jérome Bourcier*, 1591, pet. in-8, v. br. 20 fr.

Ce pamphlet virulent d'un ligueur frénétique est bien decrit dans la bibliographie douaisienne, pl. 99. n° 340, ou l'on en fait connaître l'esprit fanatique. (*Rare.*)

471. Revue retrospective ou archives secrètes du dernier gouvernement 1830 à 1840 (33 *numéros*), grand in-8 br. (*Bel exempl.*) Rare complet. 50 fr.

472. Du sacre des rois de France et des rapports de cette auguste cérémonie avec la constitution de l'Etat aux différérents âges de la monarchie, par Clausel de Coussergues, 2me édit. *Paris*, 1825, in-8 br. non coup. 4 fr.

473. Sommaire responce à l'examen d'un hérétique sur un discours de la loy Salique, faussement prétendu contre la maison de France, et la branche de Bourbon. *S. l.* 1587, in-12 non rel. 10 fr.

Rare. Cet écrit concerne la loi salique.

474. Tableau de la marche et des progrès de la littérature française au XVIe siècle, par Saint Marc Girardin. *Paris, Firmin Didot*, 1828, in-4 carton. non rogn. 3 fr.

475. Traité de l'imprimerie. *Paris, chez Bertrand-Quinet*, an VII, in-4 planches.

476. Traité de matériaux manuscrits de divers genres d'histoire par Amans-Alexis Monteil. *Paris, Duverger*, 1835, 2 vol. in-8 br. non rogn. planches. 5 fr.

BIBLIOPHILE FRANÇAIS.

CHRONIQUE.

Dans un jour de bonne humeur sans doute, un écrivain fameux s'est écrié : *Tout lecteur est un ami inconnu.* C'est là une grave erreur qu'il importe de détruire. En cette occurence l'expression *tout* est de trop et nous devons nous exclamer comme le personnage d'une comédie connue :

Distinguons ! Distinguons !

Distinguons en effet, il y a plusieurs sortes de lecteurs : les lecteurs qui lisent, les lecteurs... qui ne lisent pas (ces derniers sont les plus hardis aristarques) les lecteurs prévenus, les lecteurs indifférents, les lecteurs à système, etc., etc. Or, quel est l'écrivain qui se permettrait d'affirmer sérieusement qu'il n'a trouvé que des amis dans toutes ces catégories de lecteurs ?

Le *Bibliophile Français* est à peine âgé de quatre numéros que déjà la critique s'est évertuée à lui prouver par férule et par verge que la sympathie n'est pas chose universelle.

Plusieurs revues spéciales nous ont en effet décoché des traits empoisonnés dont nous eussions pu trépasser si le hazard ne nous eut pourvu d'un spécifique contre ce mal commun, spécifique admirable que nous recommandons à tous et à chacun : l'insouciance.

Mais comme les échos de cette critique n'ont pas retenti au delà d'un cercle très-restreint et que d'ailleurs ils constatent un fait : notre succès, nous n'en parlerons pas plus longuement.

Sans effort nous enjamberons donc de mesquines entraves pour aborder notre revue mensuelle de livres anciens et modernes.

Les fusillades sanguinaires qui ont lieu par delà les fortifications de la capitale et dont les victimes sont d'innocents lapins égarés dans les garennes environnantes n'ont pas empêché les parisiens de lire un livre étrange comme ses annonces et ses réclames, dont le titre rouge attire tous les regards aux vitrines des libraires : nous voulons parler des mémoires des *Sanson*, anciens exécuteurs des hautes œuvres.

Une petite cloche fêlée et sans battant est la marque de ce livre incroyable et il serait à souhaiter que l'œuvre fut ce que veut dire la marque : *sans son.* Comment trouvez-vous ce calembourg parlant et *plaisant* au seuil d'un ouvrage, où les vertueux noms de Louis XVI et de Marie Antoinette figureront à côté de ces sombres héros du crime dont l'existence épouvantable vint se terminer au sommet de l'échafaud ?

Ces *Mémoires des Sanson*, nous font l'effet d'un spectre horrible dont il faut s'éloigner rapidement après l'avoir signalé.

En ce moment auteurs, éditeurs, imprimeurs préparent activement de nombreux livres pour la *rentrée*..... de l'hiver, ce frileux personnage dont le séjour tout à la fois trop long et trop court est si favorable aux poètes, aux prosateurs et.... et aux libraires.

Parmi les publications qui ont paru en province depuis peu il en est une que nous recommandons aux bibliophiles. C'est la belle *Collection des Poètes de Champagne antérieurement au XVIe siècle*, publiée à Reims et qui doit former 24 volumes in-8 tirés à 300 exemplaires sur beau papier vergé.

19 volumes de cette magnifique collection, qui a valu tant d'éloges mérités à son auteur M. Prosper Tarbé, sont en vente à Reims chez M. Brissart-Binet, éditeur, et à la librairie de Mme Bachelin-Deflorenne. Le dernier volume paru et que nous avons sous les yeux a pour titre : Les *Œuvres de Blondel de Néele*. Ménestrel de Richard, Cœur-de-Lion, ce Roi chevalier aux souvenirs légendaires, Blondel de Néele était français et par droit de naissance et par droit de talent.

« Etait-il gentilhomme, dit M. Prosper Tarbé ? On le dit, mais rien ne le prouve. A défaut de blason il avait la noblesse de l'esprit et du cœur : elle vaut bien celle de la naissance. »

C'était un vrai poète en effet que ce Blondel de Néele, poète galant, doux et tendre, dont les chansons suaves faisaient les délices des amoureux de son temps. Que de citations nous voudrions pouvoir faire si notre cadre nous le permettait ! Nous n'avons plus de ces poètes tout à la fois, naïfs, sublimes et modestes : ils s'en sont allés où vont les neiges d'antan ! et sur leurs tombes a passé le vent glacial du matérialisme moderne. Qui leur succédera? *Non loso*, car la poésie est l'expression de la société, et l'attitude de la société contemporaine n'est rien moins que favorable aux essais des poètes nouveaux. Heureux donc les esprits cultivés qui, faisant exception à la règle générale recherchent dans le passé des jouissances intellectuelles qu'ils ne sauraient rencontrer dans les œuvres présentes. Heureux ceux qui, plus soucieux d'élever leurs pensées vers les hauteurs de la science et de l'art que de les maintenir dans le terre à terre du *positivisme* actuel, traversent doucement la vie entre les joies de la famille et les nobles travaux de l'intelligence humaine! Ces réflexions que nous suggère la belle préface de M. Prosper Tarbé ne seront certainement pas du goût des *critiques* dont nous parlions au commencement de cette chronique, mais on ne saurait plaire à tout le monde.

Je termine, car aussi bien, cet humble article est déjà long et cependant j'aurais tant de choses encore à vous dire ! J'ai là, sur mon bureau, un petit livre, au titre simple, au sujet sérieux, au style clair, précis, élevé, aux descriptions intéressantes et utiles.

Je veux parler du *Cabinet d'un Bibliophile Rémois*, par M. Ad. Bourée. Ce cabinet remarquable et célèbre, c'est celui d'un patient bibliophile, M. Brissart-Binet. Nous ne connaissons personnellement ni M. Bourée, ni M. Brissart, mais nous croyons pouvoir affirmer, après lecture de cet *opuscule*, que se sont deux savants aimables et modestes qui font l'un et l'autre honneur à la devise allégorique du Bibliophile-libraire de Reims : *Omnia in labore.*

Le bibliophile JULIEN.

VENTE DE LA PARTIE RÉSERVÉE
ET LA PLUS PRÉCIEUSE DE LA *COLLECTION LIBRI*, A LONDRES.
(Compte-rendu).

C'est le vendredi, 25 juillet, qu'a commencé à Londres la fameuse vente annoncée sous le nom de M. LIBRI et nous devons à une bonne fortune d'en avoir reçu le catalogue avec indication de tous les prix d'adjudication. Ce catalogue, que nous sachions, n'a été distribué qu'à de rares amateurs et malgré nos recherches nous n'avons pu le trouver dans le commerce.

Voici les principaux prix de cette vente avec description des ouvrages adjugés.

Amérique n° 23. Itinerarium Portugallensium (Mediolani), 1508, in-fol. vél. Vendu 5 livres 5 schellings.

Magnifique exemplaire d'un livre rare. La dédicace est datée « Kalendiis juniis 1508. On voit sur le titre la carte de l'Afrique entourée par la mer. D'après la date de l'ouvrage il s'ensuit que cette carte est antérieure à la fameuse mappemonde publiée par Marcus Beneventanus dans le Ptolémée de Rome dont la dédicace est datée « Edibus augusti 1508 » et qui avait toujours été supposée être la première carte géographique, avec la figure de l'Afrique entourée de la mer, qui eût été imprimée.

N° 27. Manuscrit mexicain du XVIe siècle sur papier d'Agave, petit in-fol. carré mar. bl. Vendu 18 liv. 10 sch.

Texte généralement mexicain, lettres ornées à la plume, d'un style tout-à-fait aztèque. Ouvrage important pour la langue mexicaine et pour l'Histoire Américaine. Dans certains passages l'auteur mexicain parle des *inquisiteurs* comme de gens qui sacrifiaient des victimes, à l'exemple des anciens prêtres mexicains qui sacrifiaient aux idoles. Le catalogue ajoute : Pour un sauvage, cela n'est pas mal trouvé.

70. Biblia latina, manuscrit des Xe et XIe siècles, à 2 colonnes, in-folio sur vélin demi-rel. en 2 volumes. 65 liv. soit 1625 francs.

Ce manuscrit est écrit en *minuscules romaines*, sans aucun mélange de gothique. Les rubriques sont tantôt en lettres onciales, et tantôt en lettres rustiques. Il vient de Rome et le savant Père Vercellone en a donné un *fac-simile* dans ses *Variæ Lectiones*, publiées à Rome en 1860.

73. Bible (la) abrégée en vers français, manuscrit du commencement du XIIe siècle sur vélin, petit in-fol. de 96 ff. à longues lignes, parch. Vendu 100 livres à sir Th. Philipps.

L'un des plus anciens monuments de la poésie française. L'écriture est très-belle et très-lisible.

136. Chansons et Mottets en français et en latin. Manuscrit sur papier avec la musique notée et la date de 1552. 3 v. in-4 obl. v. à compartiments de diff. couleurs tr. d. Adjugé à 21 liv. 10 sch. en raison de sa belle reliure.

137. Chrétienne de Pisan, the fayt of arms and chyvalrye. *W. Caxton*, 1489, in-fol. br. tr. d. (*Bedfort*). Adjugé 255 livres à M. Lilly probablement pour M. le duc d'Aumale.

Magnifique exemplaire, grande marge, avec témoins, parfaitement complet, et contenant à la fin le feuillet blanc original qui est presque absolument introuvable.

141. Cicéro de officiis, paradoxa et versus XII sapientium. *Mogenitiæ.* 1465, in-folio goth. mar. bl. tr. d. Adjugé 145 livres à M. Quaritch. (Tous les feuillets sont de la première édition).

173. Cuspiniani (Joannis). De Imperatoribus romanis. *Bas.*, 1540, in-fol. mar. br. à comp. tr. d. Adjugé 50 livres, magnifique reliure italienne du XVIe siècle.

177. Dante. La divina Comedia, manuscrit du XIV et XVe siècle, sur vélin in-fol. avec miniatures (ancienne reliure). Adjugé 104 liv. à M. Stewart.
« Magnifique volume admirablement écrit. Chaque *cantica* est précédé d'un *Racchoglimento* en vers, attribué à Jacopo Allighieri, fils du Dante.

201. Disegni antichi.

Dix dessins de Léonard de Vinci — 110 liv.

202. Disegni antichi.

« Petri Pauli Rubens architecturæ et delineationes manu propria » in-fol. v. à comp. (ancienne reliure) — 105 livres.

226. Evangelarium. Manuscrit in-fol. sur vélin, du VIe siècle, en lettres onciales, avec une reliure en vermeil du Xe au XIe siècle, ornée d'émaux cloisonnés et de bas-reliefs et enrichie de morceaux de cristal de roche en cabochon — 165 livres.

Trois autres Evangelarium manuscrits des Xe, XIe et XIIe siècles ont été adjugés à 160, 125 et 140 livres.

285. Horatii (G. Fl.). Carminum libri iv accedunt Epodon liber nec non carmen seculare. Manuscrit sur vélin du XIe siècle, petit in-folio carré. (ancienne reliure avec ornements en cuivre). Magnifique manuscrit de 72 feuillets à longues lignes en minuscules carolines. Les poésies d'Horace sont accompagnées d'un commentaire perpétuel très-étendu, écrit également au XIe siècle et qui passe pour absolument inédit.

Adjugé 250 livres à sir Jackson. M. Libri avait payé ce manuscrit 2,000 francs à un libraire de Paris.

305. Juvenalis (Jean). Satyræ cum scholis, manuscrit du IXe siècle sur vélin, in-folio, recouvert en soie. Vendu 250 livres a sir Th. Philipps.

317. Lectionarium. Manuscrit du XIe au XIIe siècle, in-folio à longues lignes; écrit en rouge et en noir avec une couverture sur les deux plats (dyptique) en ivoire sculpté, orné de travaux en métal doré et argenté, de figures en haut-relief et d'émaux cloisonnés et en taille d'épargne. Vendu 360 livres.

429. Ovide. — XXI Epîtres des Dames illustres et traduicttes (sic) par le révérend père en Dieu Monseig L'evesque de Angoulesme, manuscrit de la fin du XVe siècle sur vélin, petit in-folio avec miniatures. On suppose que *ce chef-d'œuvre de l'art français* a été exécuté pour Louis XII et Anne de Bretagne dont on voit les portraits (il y en a 20 grands, dont 17 de femmes). Vendu 530 livres.

Ce splendide manuscrit n'avait été payé que 5,500 francs par M. Libri.

650. Musique. — Le Parangon des Chansons, neuf livres formant 9 tomes en 1 v. in-fol. oblong. v. tr. d. et gauffrée, imprimée à Lyon en 1541. Recueil de 256 chansons. Vendu 80 livres à M. Chedeau, amateur français.

M. Libri avait payé 1,500 francs cet ouvrage curieux.

Nous bornons là nos citations. Le total de cette vente, l'une des plus remarquables qui aient jamais été faites, a dépassé le chiffre de *trois cent mille* francs.

Mme BACHELIN-DEFLORENNE.

LE DICTIONNAIRE DE LA NOBLESSE

ET LA MAISON DESSALLES,

Recherche historique

« Si le lecteur veut bien se reporter à notre article du numéro de juin, sur le *Dictionnaire de la Noblesse de La Chenaye-Desbois et Badier* (réimprimé par MM. Schlesinger, éditeurs à Paris) il verra à quel point de vue nous avons primitivement envisagé l'importance, je dirai même la nécessité, de cette réimpression d'un ouvrage que chaque famille noble devrait posséder et dont l'ancienne édition a atteint des prix impossibles.

– Aujourd'hui nous croyons utile de revenir sur cette immense et prochaine publication afin de nous rendre compte à un autre point de vue de l'urgence de la réimpression annoncée. — Il ne faut pas être beaucoup au courant des questions généalogiques — devenues à l'ordre du jour — pour savoir que la plupart des *nobiliaires de France*, tant anciens que modernes, sont plus ou moins entachés d'erreurs graves que le simple bon sens indique parfois et que de courtes recherches peuvent réparer le plus souvent.

« Mais comment faire cette réparation d'une façon profitable et sérieuse? Telle était la question qu'il fallait se poser à chaque faute découverte. Les uns la résolvaient par des articles savants que des revues inséraient et qui n'avaient qu'un cercle restreint de publicité ; les autres, moins partisans de cette publicité, se bornaient dans des discussions particulières à faire connaître et à propager leurs découvertes. Une faute signalée était transmise au sortir de conversations intimes de proche en proche et le temps produisant coup, amenait inévitablement cette conclusion générale : tel ou tel nobiliaire est imparfait, incomplet et même impossible ; puis telle ou telle famille a sa généalogie tronquée, fausse et même inadmissible en tous points.

» Ce sont bien là les effets de l'exagération, et nous le savons, toute exagération, ayant pour base un fait vrai, peut et doit tomber, en matière héraldique surtout, devant quelques lignes d'annotations écrites et destinées à rester acquises à l'histoire. »

Est-ce dans ce but que MM. Schlesinger ont accordé à leurs 300 premiers souscripteurs, 30 lignes sans frais d'*annotations* ou filiations généalogiques, insérées dans un *volume* faisant suite à leur réimpression textuelle du *Dictionnaire de la Noblesse*? Nous en avons la conviction, et c'est là évidemment une des causes du succès rapide de leur souscription.

Examinons donc de quelle manière il faut entendre ces annotations souvent indispensables. Dire qu'elles seront fournies sans authenticité aux éditeurs, c'est là une pensée qui ne saurait venir à personne et qui n'a conséquemment pas besoin d'être réfutée, mais dire de quelle façon on doit les comprendre, c'est ce que nous allons étudier ici malgré l'exiguité du *Bibliophile*. C'est d'ailleurs une question de bibliophilie dont nous osons espérer qu'on ne nous saura pas mauvais gré.

Une famille a à se plaindre des nobiliaires anciens: un fait faux a été avancé et consacré en quelque sorte par l'impression et par tel ou tel auteur, fut-ce par d'Hozier lui-même. Constater l'erreur est chose possible, la prouver devient dès lors facile.

Prenons un exemple : celui de la famille *Des Salles*, si connue dans l'histoire de la noblesse et dont l'origine a été controuvée par les Armoriaux les plus connus.

On lit à la page 858 du T. III de la *Bibliothèque historique de France*, par Lelong, Paris 1771 : « *Généalogie des Des Salles en Champagne.* » Dans la recherche de cette province : *Histoire de la Maison des Salles* de LORRAINE, originaire du BEARN, avec les preuves généalogiques par Dom Augustin Calmet; Nancy, Casson, 1716, in-folio. Cette généalogie commence à l'an 1178, lorsque cette famille fut transportée en Lorraine.

Voici le titre exact dudit livre :

Histoire de la Maison des Salles, originaire du Béarn, depuis son établissement en Lorraine jusqu'à présent, avec les preuves de la généalogie de cette Maison. A Nancy, de l'imprimerie de Jean-Baptiste Casson, imprimeur-libraire de S. A. R. sur la Place, au Nom de Jésus, MDCCXVI. Ici une erreur en fait apercevoir une autre et celle-ci est bibliographique. Ouvrons en effet BARBIER, *Anonymes*, article 7534, nous lisons dans cet article que le livre dont il est question est attribué à Dom Calmet. Prenons maintenant la Biographie Michaud, article Hugo (Charles-Louis), T. XXI, p. 27, et nous verrons qu'il est dit dans cet article que ce livre n'est point de Dom Calmet, mais bien de Hugo.

Après cette recherche faite dans la Biographie Michaud, ouvrons encore la table des auteurs de Barbier, T. IV, édition 1828, p. 350, et nous verrons que Barbier confesse son erreur et rend à Hugo le livre qu'il avait prêté à Dom Calmet.

Malgré ces preuves ouvrons T. II, p. 497 de la *Notice de Lorraine*, imprimée en 1756 et dont l'auteur est Dom Calmet. Ce bénédictin, article Rorté, dit formellement que ledit livre est de M. Hugo, abbé d'Estival, évêque de Ptolémaïde. Le même Dom Calmet, *Bibliothèque de Lorraine*, p. 514, répète son dire, aperçu dans un livre nouvellement publié par M. Guigard: *Bibliothèque héraldique.*

N'est-il pas temps de faire cesser l'erreur qui circule sur le livre qui, malgré d'autres erreurs, est un livre de fond et qui est annoncé sur les catalogues de librairie sous le nom de Dom Calmet?

Mais revenons à l'histoire de la Maison Des Salles, *originaire du Béarn,* etc. Cette origine est fausse, quoique reconnue par D'Hozier, Caumartin, La Chenaye-Desbois, Lainé, etc., etc., etc.

(La suite au prochain numéro)   LE BIBLIOPHILE JULIEN.

CATALOGUE

DES LIVRES ANCIENS

DE LA LIBRAIRIE DE Mme BACHELIN-DEFLORENNE

Rue des Prêtres Saint-Germain-l'Auxerrois, 14

En vente aux prix marqués.

---

477. Abrégé chronologique des grands fiefs de la Couronne de France avec la Chronologie des princes et seigneurs qui les ont pos-sédés jusqu'à leur réunion à la Couronne. Ouvrage qui peut servir de supplément à l'*Abrégé chronologique* de l'histoire de France, par

M. le président Henault. *Paris*,
1759, in-8 v. fil. 6 fr.
L'auteur est *Brunet.*

478. **Abrégé chronologique**
des Ordres de Chevalerie. in-8 cartonné; non rogné. (Le titre manque).
7 fr.

479. **Albert** (l') moderne ou nouveaux secrets éprouvés et licites.
Paris, 1778, in-12 v. 3 fr.

480. **Album** des Mémoires du roi
Joseph. *Paris*, *s. d.*, *Corréard*, in-
fol. dem. rel. v. dessins de Young.
20 planches gravées sur acier, avec
la description. 10 fr.

481. **Album religieux.** Le Christ
et ses apôtres, gravé par *Marc-An-
toine* d'après les cartons de Raphaël.
Paris, Goupil, *s. d*, in-fol. cart.
12 fr.

482. **Ami de l'Etat** (l') ou Réflexions politiques pour l'intérêt général et particulier de la France par
M. le comte de Forge. *Trévoux*,
1760, in-12 v. 3 fr.

483. **Andryane.** Mémoires d'un
prisonnier d'Etat au Spielberg. *Paris*, Ladvocat, 1837; 2 v. in-8 br.
5 fr.

484. **Arclais de Montamy** (d').
Traité des couleurs pour la peinture
en émail et sur la porcelaine, précédé de l'art de peindre sur l'émail.
Paris, 1765, in-12 br. 3 fr.

485. **Art de vérifier les dates**
(l') des faits historiques, des chartes, des chroniques, etc. Nouvelle
édition revue, corrigée et augmentée par un religieux bénédictin. *Paris*, 1770, in-fol. v. fil. (bel exemplaire). 35 fr.

486. **Aufauve** (Amédée). Les anciens édifices de Troyes. — La chapelle de Saint-Gilles de Croncels.
(église en bois). *Troyes*, 1853, in-4
cart. fig. papier vergé. 8 fr.
Tiré a 40 exemplaires numerotés.

487. **Baron.** L'art héraldique... enrichy de figures nécessaires pour
l'intelligence des termes. *Paris*,
1689, in-12 v. 7 fr.

488. **Baruffaldi.** La via della
Croce. Rime sacre, con le considera-
zione di Giovannandrea Barotti. *Bo-
logna*, 1732, in-fol. vél. fig. 10 fr.

489. **Baudier** (Michel). Histoire de
l'administration du cardinal Ximénès,

ministre d'Etat, grand d'Espagne.
Paris, 1635, in-4 v. aux armes (ex.
fat.). 3 fr.

490. **Beeverell** (J.). Les Délices de
la Grande-Bretagne et de l'Irlande,
enrichy de très-belles figures et
cartes. Nouvelle édition. *Leide*, 1727,
8 tomes en 4 vol. in-12 vél. fig.
(*bel exempl.*). 15 fr.

491. **Bettange** (de). Traité des
Monnoyes... Ouvrage très-utile pour
les gens de monnoyes, orphèvres-
changeurs, banquiers, etc. *Avignon*,
1760, 2 v. in-12 v. 6 fr.

492. **Bible** en allemand de 412 feuillets, avec une grande quantité de
gravures en bois très-curieuses. Le
titre gravé comporte 14 blasons. *S.
l.*. 1545, in-fol, d. r. v. 35 fr.

493. **Bignon.** Cérémonial de l'élection des papes, dressé par le com-
mandement du pape Grégoire XV.
Paris, 1665, in-12 v. fig. 4 fr.

494. **Blanc** (Charles). Les Peintres
des fêtes galantes. *Paris*, 1854, in-
12 br. 1 fr.
Six vignettes.

495. **Boileau-Despréaux** (N.).
Ses œuvres avec des éclaircissements
historiques donnés par lui-même.
Nouv. édit. enrichie de figures gravées par Bernard-Picart le Romain.
Amst. 1729, 2 v. in-fol. v. éc. dor.
s. tr. 25 fr.
Les marges de cet ouvrage recherche sont en-
dommagees, mais le texte est intact ainsi que les
figures.

496. **Bosse** (Ab.). Manière de graver
à l'eau forte en cuivre ensemble
d'en imprimer les planches et d'en
construire la presse (titre gravé).
Paris, A. Bosse, 1645, in-8 demi-
rel. v. 5 fr.
Premiere edition.

497. **Bouchet** (du). Histoire généalogique de la maison royale de Cour-
tenay. *Paris*, 1661, in-fol. v. (Blasons). 60 fr.

498. **Bouillard.** Histoire de l'abbaye royale de Saint-Germain-des-
Prez, etc, enrichie de plans et de
figures. *Paris*, 1724, in-fol. d. r. v.
20 fr.

499. **Bralion** (le Père N. de). Les
curiosités de l'une et l'autre Rome...
divisé en deux livres et enrichi de
figures. *Paris*, 1655, in-8 vél. 5 fr.

500. **Bry** (Théodore de). Architec-

tura et Perspectiva (texte en allemand), *Oppenheim*, 1613, in-fol. cart.   20 fr.

501. **Buffon** (de). Histoire naturelle des insectes, oiseaux, etc. 1002 planches très-bien enluminées. *Paris, imp. roy.*, 5 v. in-fol. d. r. v. non rognés (manque 6 planches).   150 fr.
Très-bel exemplaire.

502. **Caillière** (de). Histoire du maréchal de Matignon. *Paris*, 1661, in-fol. v. figures.   15 fr.

503. **Campenon**. L'Enfant prodigue. Poème en 4 chants; 2º édit. avec 4 gravures. *Paris*, 1812, in-8, v. fil.   3 fr.

504. **Carpentier** (Jean). Histoire de Cambray et du Cambresis. *Leide*, 1664, 2 v. in-4 vél. fig. et blas. 85 fr.
Très-bel exemplaire d'un ouvrage justement recherché pour l'histoire généalogique des familles nobles du Nord.

505. **Cassan** (J.). Recherches des droicts du Roy et de la Couronne de France. *Paris*, 1634, in-4 v.   12 fr.

506. **Catalogue** général des portraits formant la collection de S. A. R. Mgr le Duc d'Orléans au 1er mai 1829. *Paris*, 1829, 4 v. in-8 br.   10 fr.

507. **Chateaubriand**. Voyages en Amérique, en France et en Italie. *Paris*, 1828, 2 v. in-8 cart. (*Bradel*).   6 fr.
Exempl. non rogné.

508. **Chaussier**. Recueil anatomique à l'usage des jeunes gens qui se destinent à l'étude de la chirurgie, de la médecine, de la peinture et de la sculpture. *Paris*, 1824, in-4 d. r. v.   5 fr.
Portrait de l'auteur, figures d'après Albinus.

509. **Chérin**. La noblesse considérée sous ses divers rapports dans les assemblées générales ou particulières de la nation. *Paris*, 1788, in-8 v.   12 fr.

510. **Chroniques** d'Enguerran de Monstrelet. *Paris*, 1603, 2 vol. in-fol. d. r. v. (titre rac.)   20 fr.

511. **Choisy** (l'abbé de). Histoire de France, sous les règnes de saint Louis, de Philippe-de-Valois, du roi Jean, de Charles V, et de Charles VI. *Paris*, 1750, 4 vol. in-12, v. f.   5 fr.

512. **Conseils** pour former une bibliothèque peu nombreuse mais choisie. Nouvelle édition suivie de l'introduction générale à l'étude des sciences et belles-lettres, par M. de la Martinière. *Berlin*, 1756, in-12 v.   4 fr.

513. **Corneille** (J.-B.) Les premiers éléments de peinture pratique, enrichis de figures. *Paris*, 1684, in-12 v. — *Figures d'académie pour apprendre à dessiner*, gravées par Sébast-Leclerc.   5 fr.

514. **Cousin** (Jean). L'art de desseigner. Revue par François Jollain. *Paris*, s. d. in-4 ob. d. r. v. fig. rare.   5 fr.

515. **Crimes** (les) des Empereurs d'Allemagne avec cinq gravures (par Lavicomterie). *Paris*, au bureau des Révolutions de Paris, 1792, in-8.   5 fr.

516. **Danchet** (de). Les Tyndarides, tragédie. *Paris, Ribou*, 1708, pet. in-8, maroq. fil. tr. d.   10 fr.
Bel exemplaire. Édition originale.

517. **Description** des principales pierres gravées du cabinet de S. A. S. Mgr le duc d'Orléans. *Paris*, 1780, 2 vol. in-fol. d. r. v. fig.   35 fr.
Très-bel exemplaire. Portrait du Prince par de Saint-Aubin.

518. **Dibdin** (Frognall). Voyage bibliographique, archéologique et pittoresque en France. Traduit de l'anglais avec des notes par Th. Licquet et Crapelet, avec figures et fac simile. *Paris, Crapelet*, 1825, 4 v. gr. in-8 br. pap. vél.   40 fr.

519. **Dictionnaire héraldique** suivi des ordres de Chevalerie, par M. G. d. L. T. (Gastelier de la Tour). *Paris*, 1774, in-8, cart. non rogné, pap. vergé.   8 fr.

520. **Discours** de ce qui s'est passé au royaume de Hongrie sur le traité de la Paix avec le roi d'Espagne et les sérénissimes, Princes, Archiducs et les Etats généraux des provinces unies, du dict pays à *Paris*, par Pierre Ménier, portier de la porte de Saint-Victor, 1609, in-12, d. r. v.   4 fr.
Curieuse plaquette de 13 pages de texte.

521. **Discours** des histoires de Lorraine et de Flandres, au roy très-chrestien Henry II. *Paris*, chez Charles *Estienne*, 1552, in-4 d. r. v.   7 fr.

522. **Dorat.** Fables nouvelles. *La-haye*, 1773, in-8 d. r. v. (*Belles figures de Marillier*). 20 fr.

523. — Les victimes de l'amour ou lettres de quelques amants célèbres. Suivi d'une épître à l'ombre d'un ami, avec figures de Marillier. *Paris*, 1790, in-8 v. fil. 4 fr.

624. — Lettres en vers et œuvres mêlées. *Paris*, 1767, in-8 v. figures d'Eisen, 2 tomes en 1 vol. 8 fr.

525. **Du Chesne.** Histoire des chancelliers et gardes des sceaux de France distingués par les règnes de nos monarques. *Paris*, 1680, in-fol. v. (*Blasons*). 30 fr.

526. **Duplessi-Bertaux.** Histoire de l'Enfant prodigue en 12 tableaux, tirée du Nouveau Testament. *Paris, Didot*, 1816, in-4 cart. br. fig. 8 fr.

527. **Estats** (les), empires et principautés du monde, par le Sr D. T. V. Y., gentilhomme ordinaire de la Chambre du Roy. Nouvelle édition. *Paris*, 1620, in-fol. v. 8 fr.

Titre gravé au bas duquel on remarque une vue de Paris de l'époque.

528. **Excellente prédication** du grand Gerson, chancelier de l'église de Paris. *Rouen*, 1622, in-12. vél. 5 fr.

529. **Fables de Lessing,** mises en vers, par Gretry, neveu. *Paris*, 1811, in-8 d. r. v. 3 fr.

Titre gravé. Cet ouvrage est terminé par une liste de souscripteurs, où figurent les plus grands noms de France avec quelques notes biographiques, utiles à consulter.

530. **Fabricy.** Recherches sur l'époque de l'équitation et de l'usage des chars équestres chez les anciens. *Marseille et Rome*, 1774, 2 v. in-8 v. fig. 5 fr.

531. **Femmes** (les) comme il convient de les voir ou Appercu de ce que les femmes ont été, de ce qu'Elles sont et de ce qu'Elles pourraient être. *Londres*, 1785, 2 tomes en 1 v. in-12 cart. 5 fr.

Une des propositions de l'auteur est de faire participer les Dames aux honneurs des ordres de chevalerie.

532. **Fénélon** (de). Les Aventures de Télémaque. *Paris, Didot*, 1790, 2 v. in-8 v. fil, tr. dor. pap. vél. 25 fr.

Les figures de Marillier sont très-belles d'e-

preuves. Cette édition se recommande encore par deux magnifiques portraits de l'auteur.

533. **Féron** (Jean le). Les Armoiries des connétables, grands-maîtres, chanceliers, admiraux, maréchaux, de France et prevost de Paris (œuvre revue par Claude Morel). *Paris*, 1628, in-fol. v. 60 fr.

Bel exemplaire d'un ouvrage dont tous les blasons ont été très-exactement coloriés à la main.

534. **Florent** (le comte). Cabinet des singularitez d'architecture, peinture, sculpture et gravure, 2e édition. *Brusselles*, 1702, 3 v. in-12 v. fig. 15 fr.

535. **Fontenelle** (de). Œuvres diverses, nouvelle édition augmentée et enrichie de figures gravées par Bernard-Picard le Romain. *La Haye* 1728, 3 vol. in-fol. v. (*aux armes de la maison d'Espinay*). 25 fr.

536. **Furgault.** Dictionnaire d'antiquités grecques et romaines. *Paris*, 1809, in-8 v. 3 fr.

537. **Gauss** (Car. Frederico). Theoria motus corporum cœlestium in sectionibus conicis solum ambientium. *Hamburgi*, 1809, gr. in-4 cart. (Bradel) non rogné. 18 fr.

538. **Généalogie** (la) des illustres comtes de Nassau, nouvellement imprimée avec la description de toutes les victoires, lesquelles Dieu a octroyées, etc. *Leyden*, 1715, in-fol. vél. 20 fr.

Titre gravé, portraits, plans de batailles, etc.

539. **Hapdé.** Relation historique heure par heure des évènements funèbres de la nuit du 13 février 1820 (assassinat du duc de Berry). 4e édition. *Paris*, 1820. in-8 cart. — *Le Roi est mort, vive le Roi !* par M. le Vt de Chateaubriand. *Paris*, 1824, brochure de 37 pages de texte 3 fr.

540. **Hermant.** Histoire des religions ou ordres militaires de l'Eglise et des ordres de chevalerie. *Rouen*, 1698, in-12 v. *blasons*. 7 fr.

541. **Histoire** de la vie de messr François de Salignac de la Mothe Fénélon, archevesque-duc de Cambray, *Bruxelles*. 1624, in-12 v. 3 fr.

442. **Histoire chronologique,** généalogique et politique de la Maison de Bade. *Paris*, 1807, 2 v. in-8 d. r. v. 7 fr.

543. **Histoire** générale et impartiale des erreurs, des fautes et des crimes commis pendant la Révolution française. *Paris, an V de la République (1797 vieux style)* 2 v. in-8 d. r. v.   10 fr.

544. **Histoire** de très-noble et chevalereux prince Gérard, comte de Nevers et de Rethel et de la très-vertueuse et très-sage princesse Euriant de Savoye sa mye. *Paris,* imprimé pour *Hémon Le Fèvre*, 1520. in-12 v.   4 fr.

545. **Histoire des Favorites,** par Mlle D***, divisée en 2 parties. *Amst.*, 1697, in-12 vél. titre gravé.   20 fr.

Nous joindrons à ce volume le manuscrit de cette histoire curieuse, copie ou original (?) in-fol. brochure fatiguée.

546. **Histoire** du vieux et du nouveau Testament, représentée par des figures en taille-douce avec de courtes explications, latin-françois, espagnol et flamand, nouvelle édition. *Anvers*, 1722, in-fol.   8 fr.

547. **Hordret** (Louis, sieur de Fiéchin). Histoire des droits anciens et des prérogatives et franchises de la ville de Saint-Quentin, contenant l'histoire abrégée de cette ville, etc. *Paris,* 1781, in-8 cart.   6 fr.

548. **Histoire** des ministres d'Estat qui ont servi sous les Roys de France de la troisième lignée. *Paris,* 1642, in-fol. v. fil. gr. papier. 20 fr.

Titre gravé.

549. **Italie illustrée** (l') en cxxxx figures en taille-douce in-fol. dessinées et gravées par les plus fameux graveurs des Païs-Bas, avec les explications en italien, en français et en latin. *Leyd.*, 1757, in-fol. v.   45 fr.

550. **Jean le Clerc.** Le spectacle de la vie humaine ou Leçons de sagesse, exprimées avec art en 103 tableaux en taille-douce dont les sujets sont tirés d'Horace et d'Othon Vænius. *La Haye,* 1754, in-4 v.   18 fr.

551. **Journal** d'un officier français au service de Dom Miguel pendant les campagnes de Portugal en 1833 et 1834. *Paris, Dentu,* 1834, in-8 d. r. v.   3 fr.

552. **Lafontaine** (de). Fables cau-

sides en bers gascouns. *Bayonne,* 1776, in-8 d. r.   6 fr.

Charmants titres gravés de Moreau-le-Jeune.

553. **Lafontaine.** Les amours de Psyché et de Cupidon, édition ornée de figures imprimées en couleurs, d'après les tableaux de M. Schall. *Paris, imp. de Didot jeune,* in-4 broché.   15 fr.

Bel exemplaire en grand papier.

554. **Lafontaine.** Fables. Edition taille-douce. *Paris*, 1834, 2 v. in-fol. d. r. v.   30 fr.

Texte gravé, figures nombreuses en très-belles épreuves.

555. **Laguille** (le R. P. Louis). Histoire de la province d'Alsace depuis Jules César jusqu'au mariage de Louis XV, avec des figures en taille-douce, etc., dédiée au Roy. *Strasbourg*, 1727, 2 tomes en 1 vol. in-fol. v.   15 fr.

Titre gravé, cartes, bel exemplaire.

556. **Latouche** (de). Œuvre choisi de Canova avec 45 planches gravées par Réveil. *Paris*, 1829, in-8 d. r. v.   8 fr.

Exemplaire de choix.

557. **Laugier.** Essai sur l'architecture. *Paris*, 1753, in-12 v.   2 fr.

558. **Le Clerc.** Traité de géométrie théorique et pratique à l'usage des artistes. *Paris*, 1744, in-8 v. fil. fig.   8 fr.

Nombreuses figures de Cochin.

559. **Leger** (Jean). Histoire générale des églises évangéliques des vallées de Piémont ou Vaudoises. *Leyde*, 1669. in-fol. vél. fig.   40 fr.

En regard du titre beau portrait de l'auteur.

560. **Legrand et Landon** — Description de Paris et de ses édifices, etc. Ouvrage enrichi de plus de 100 planches gravées et ombrées en taille douce. *Paris, Landon*, 1806 et 1809, 2 vol. in-8 d. r. v.   6 fr.

561. **Lenoir et Percier.** Description des vitraux anciens et modernes ornée de gravures, notamment de celles de la fable de Cupidon et Psyché, d'après les dessins de Raphaël. *Paris*, 1803, in-8 cart. (Bradel)   7 fr.

De la collection des *Monuments français.*

562. **Lequien de la Neuville.** Histoire générale du Portugal. *Pa-*

ris, *imp. roy.* 1700, 2 vol. in-4 br.
fig. 15 fr.
Très-bel exemplaire d'un ouvrage estimé.

563. **Lettres** sur l'origine de la noblesse françoise et sur la manière dont elle s'est conservée jusqu'à nos jours. *Lyon*, 1763, in-12 v. 6 fr.

Ouvrage d'autant plus intéressant qu'il fut écrit aux derniers jours de la puissance nobiliaire.

564. **Levaillant** (François). Histoire naturelle des perroquets. *Paris, Levrault*, 1801, in-fol. v. rouge non rog. figures enluminées. 90 fr.

565. **Listes des titres de noblesse**, chevalerie et autres marques d'honneur accordés par les souverains des Pays-Bas, depuis l'année 1659 jusqu'à la fin de 1782. *Bruxelles*, 1784, in-8, br. 7 fr.

566. **Livre de portraiture**, tiré du Carrache, Villamène et autres excellens maistres d'Italie. *Paris, Mariette*, s. d. in-4, d. r. v. 12 fr.

567. **Lostelnau** (de) Le mareschal de bataille, contenant le maniement des armes, les évolutions ; plusieurs bataillons tant contre l'infanterie que contre la cavalerie. Divers ordres de bataille, etc. *Paris*, 1647, in-fol. vél. 25 fr.

Titre rouge et noir, figures curieuses. Ouvrage remarquable a tous les points de vue.

568. **Maichin** (Armand). Histoire de Saintonge, Poitou, Aunix et Angoumois, avec des observations particulières sur l'état de la religion et sur l'origine des plus nobles et plus illustres familles de l'Europe. *Saint Jean d'Angely*, 1671, in-fol. 40 fr.

569. **Mémorial** pittoresque de la France ou recueil de toutes les belles actions, traits de courage, etc., depuis le règne de Henry IV jusqu'à nos jours, par M. L. B. avec des planches gravées, en couleurs par M. de Machy. *Paris, imp. de Monsieur*, 1786, in-fol. dem. rel. 20 fr.

570. **Menestrier.** La nouvelle méthode raisonnée du blason pour l'apprendre d'une manière aisée. *Lyon*, 1754, in-12 v. fig. 8 fr.

571. **Mérian** (Mathieu). La danse des morts. *Basle*, s. d. in-4 cart. 12 fr.

Texte allemand et français, titre gravé, nombreuses figures.

272. **Michiels** (Alfred). Etudes sur

l'Allemagne, renfermant une histoire de la peinture flamande. *Paris*, 1850 2 vol. in-8 br. 7 fr.
Exempl. sur papier vergé.

573. **Monlinot** (de). Histoire de la ville de Lille, depuis sa fondation jusqu'en l'année 1434. *Paris*, 1764, in-12, v. 4 fr.

574. **Montaigne.** Les essais de Michel seigneur de Montaigne. Edit. nouv. exactement corrigée selon le vray exemplaire, etc., avecque la vie de l'autheur. *Paris*, 1635, in-fol. v. 15 fr.
Portrait de Montaigne.

575. **Morellet, Barat et Bussière.** Le Nivernois Album historique et pittoresque. *Nevers*, 1838, 2 tomes en 1 v. gr. in-4, d. r. maroq. rouge, doré en tète, figures lithogr. 30 fr.
Magnifique exemplaire.

576. **Le Muet.** Traicté des 5 ordres d'architecture desquels se sont servy les anciens, traduit du Palladio. *Paris*, 1645, petit in-4, d. r. figures. 5 fr.

577. **Noël** (F.) Dictionnaire historique des personnages célèbres de l'antiquité. 2e édition. *Paris*, 1824, in-8 v. fil. 3 fr.

578. **Noms** (les), surnoms, qualités armes et blasons des chevaliers de l'ordre du Saint-Esprit. *Paris*, 1662, in-fol. vél. 25 fr.

579. **Outreman** (Henri et Pierre d'). Histoire de la ville et comté de Valenciennes, divisée en IV parties. *Douai*, 1636, in-fol. d. r. v. 30 fr.
Carte de l'ancien comté de Valenciennes, vue de la ville, blasons.

580. **Pauli Jovii** novo comensis episcopis micerini elogia virorum bellica virtute illustrium. Septem libris, *s. l.*, 1675, in-fol. v. f. 20 fr.
Titre et nombreux portraits gravés en bois.

581. **Philibert, de l'Orme.** Nouvelles inventions pour bien bastir et à petits frais. *Paris*, 1561 in-fol. d. r. v, 20 fr.

582. **Pouillé.** Des biens, maisons, hôpitaux, etc. de l'ordre régulier du Saint-Esprit de Montpellier. *Paris*, s. d. in-8 6 fr.
Ouvrage utile pour les recherches généalogiques sur plusieurs familles.

583. **Povillon-Piérard.** Des-

cription historique de l'église métro-politaine de Notre-Dame de Reims. *Reims*, 1823. in-8 d. r. v. fig. 4 fr.

584. **Princesse de Clèves** (la). *Paris*, 1725, 2 tomes en 1 vol. 4 fr.

585. **Pujoulx.** Paris à la fin du XVIIIe siècle ou Esquisse historique et morale des monuments et des ruines de cette capitale. 2e édition. *Paris*, 1801, in-8 br. 5 fr.

586. **Quatremère de Quincy.** Monuments et ouvrages d'art antique restitués d'après les descriptions des écrivains grecs et latins, etc *Paris*, *Renouard*, 1829, 2 v. gr. in-4 cart. 30 fr.
Exemplaire non rogné.

587. **Quilliet.** Dictionnaire des peintres espagnols. *Paris*, 1816, in-8 br. papier vergé. 6 fr.

588. **Regnault-Warin.** Lille ancienne et moderne. *Lille*, 1803, in-8 br. fig. 3 fr.

589. **La Roque** (de). Traité de la Noblesse, et de ses différentes espèces. *Paris*, 1678, in-4 20 fr.

590. **La Roque** (de). Voyage dans la Palestine fait par ordre du roy Louis XIV. *Amst.* 1728, in-12 d. r. v. 5 fr.
Titre gravé, figures.

591. **Rosario de la gliosa vgine Maria.** *Venetia*, Vittor della serrena. 1534, petit in-8 go...

thique rel. vélin. ... 50 fr.
Rare et curieux. Imprimé sous le pontificat de Léon X avec permission d'Antonio Contarini, patriarche de Venise et avec licence de l'inquisiteur François Pisano. Cet ouvrage enrichi de 165 planches gravées en bois, traitant des sujets de sainteté et comportant divers ornements remarquables, est malheureusement incomplet de 11 feuillets.

592. **Royaumont** (le sieur de). L'histoire des Vieux et Nouveau Testament, représentée en figures et dédiée à Mgr le Dauphin. *Paris*, 1688, in-4 v. fig. 40 fr.

593. **Serrure** (C. P.). Notice sur le Cabinet monétaire de S. A. le prince de Ligne. *Gand*, 1847, in-8 br. 5 fr.

594. **Spon.** Recherches curieuses d'antiquités. *Lyon*, 1643, in-4 v. 8 fr.
Figures en taille-douce. Planche représentant la dispute d'Achille et d'Agamemnon. Rare.

595. **Sully.** Mémoires ou Œconomies royales d'Estat, domestiques, politiques et militaires de Henry-le-Grand. *Paris*, 1683, 2 v. in-fol. v. 15 fr.

596. **Teissier.** Le Théophraste français en vers ou les Vérités sur les mœurs du siècle. *Paris*, 1707, in-12 v. 2 fr.

697. **Winkelmann.** Histoire de l'art chez les anciens, traduite de l'allemand, *Paris*, 1801, 3 v. in-4, d. r. v. fig. 60 fr.
Bel exemplaire d'un ouvrage recherché.

ERRATA. — Une faute s'est glissée dans le Catalogue de notre dernier numéro et comme elle a son importance au point de vue bibliographique nous nous faisons un devoir de la réparer. — Pag. 43, col. 2, art. 461, au lieu de : *Abrégé chronologique*, etc.... *Arles, 1737*, lisez *Arles, 1808*, in-4 avec planches.

LIVRES
QUI SE TROUVENT CHEZ MM. SCHLESINGER, FRÈRES

Éditeurs du Dictionnaire de la Noblesse par La Chenaye-Desbois et Badier.

Libraires, rue de Seine, 12, à Paris.

601. **Collection complète** des mémoires relatifs à l'histoire de France depuis le règne de Philippe Auguste jusqu'au commencement du XVIIe siècle, etc. par Petitot. *Paris*, 1824, 431 vol. in-8 br. non coup. 450 fr.
Collection d'un grand intérêt pour l'histoire de France.

602. **Collection des chroni-**

ques nationales françaises écrites en langue vulgaire du XIIIe au XVIe siècle, avec des notes et éclaircissements, par Buchon. *Paris, Verdière,* 1826, 47 vol. in-8 br. 200 fr.

Importante collection.

603. **Mémoires de plusieurs choses** considérables, avenües en France, avec quelque récit touchant les affaires des pays voisins. depuis le commencement de l'année 1607. On finit l'histoire de Jacques Auguste de Thou (par *d'Espesses*), *à Paris, chez Th. Blaise,* 1634, pet. in-8 veau br. 6 fr.

604. **Histoire** du roi Henry le Grand. Composée par *messire* Hardouin de Peréfixe. *A Amsterdam, chez Louys et Daniel Elzevier,* 1661. pet. in-12, v. roug. gauf., tr. d'or, frontisp. 15 fr.

C'est l'edition la plus recherchée.

605. **Histoire** des Communes de France et législation municipale depuis la fin du XIe siècle jusqu'à nos jours, par Dufey. *Paris,* 1828, in-8 br. 4 fr.

606. **Traité** fait entre le cardina. duc de Richelieu pour le Roy et le duc Charles de Lorraine, avec les articles secretz passez entre eux. *S. l. n. d..* in-4 non rel. 4 fr.

607. **Sur la destruction des Jésuites** en France, par un auteur désintéressé (*d'Alembert*). *S. l.* 1765. — Seconde lettre à M***. conseiller au Parlement de**** sur l'édit du Roi d'Espagne pour l'expulsion des Jésuites (par le même). *Genève,* 1767. — Lettres écrites de la campagne (par *Tronchin*). *Proche Genève,* 1765. En tout 3 pièces en 1 vol. in-12 v. marbr. fil. 4 fr.

608. **La Fatalité** de Saint-Cloud par le *P. Guyard*) *S. l.* 1674, in-12 v. marbr. 4 fr.

609. **Recueil historique** contenant diverses pièces curieuses de ce temps. *Sur l'imprimé à Cologne, Christ, Van Dyck,* 1666, pet. in-12 v. br. 5 fr.

Cette édition s'ajoute aux livres imprimés par les Elseviers.

610. **Liste générale** des individus condamnés par jugement ou mis hors la loi par décrets, et dont les biens ont été déclarés confisqués au profit de la république. *Paris,* l'an IIe, 2 parties en 1 vol. in-8, carton. 8 fr.

Peu commun.

611. **Histoire** de Clichy-la-Garenne. par l'abbé Lecanu. *Paris,* 1848, in-8 br., portr. 4 fr.

612. **Histoire de Thionville** suivie de divers mémoires sur l'origine des fortifications, les établissements religieux, de chartes et actes publics, par Teissier. *Metz,* 1828, in-8, demi-rel. (*médailles et sceaux*) 4 fr.

613. **La diablerie de Chaumont** ou Recherches historiques sur le grand pardon général de cette ville et sur les bizarres cérémonies et représentations à personnages auxquelles cette solennité a donné lieu depuis le XVe siècle, par E. Jolibois. *Chaumont,* de 1838, in-8 br. (*Plan*). 3 fr.

614. **Abrégé** chronologique de l'histoire ecclésiastique, civile et littéraire de Bourgogne, par M. Mille. *Dijon et Paris,* 1771, 3 vol. in-8 v. marbr. (*peu commun*). 15 fr.

615. **Précis historique** et statistique sur la ville de Valenciennes suivi d'un coup-d'œil sur les usages anciens et modernes de la même ville (par *Hécart*). *Valenciennes,* 1825, 40 pages in-8 br. (*avec un envoi de l'auteur*). 4 fr.

616. **Coup-d'œil** sur quelques usages particuliers à la ville de Valenciennes. *S. l. n. d.* in-8 br. (par *Hécart*). 3 fr.

617. **Installation** de M. Royer. sous-préfet de l'arrondissement de Vallenciennes (le 18 octobre 1824). *S. l.* 8 pp. in-8 br. 1 fr.

618. **Recherches** historiques, bibliographiques, critiques et littéraires sur le théâtre de Valenciennes; par G. A. H*** (par *Hécart*). *Paris, Hécart,* 1816, in-8 br. 4 fr.

519. **Sur le goût** des habitants de Valenciennes pour les lettres et les arts (par *Hécart*). *Valenciennes,* 1826, 32 pp. in-8 br. 3 fr.

Avec le portrait de Simon Leboucq, prévot et historien du commencement du XVIe siecle.

620. **Article** de la redition de Salses au Roy catholique le 6e jour de jan-

vier 1640, *Jouxte la copie imprimée à Paris*, pet. in-4.   4 fr.

621. **Manifeste** du seigneur marquis de Legane sur l'entrée des armées du roy catholique dans le Piémont. *Bruxelles*, 1638, in-4 non rel.   12 fr.

622. **Ordonnance** du Roy notre Sire touchant les soldatz fugitifs et les subiects des pais pardeça s'étant mis en service de l'ennemy, sans permission de sa Majesté. *Bruxelles*. 1638, in-4 br.   4 fr.

623. **L'apologiste réfuté** ou Réponse aux calomnies de certain pretendant justifier les guerres, de France, contre les mouvements et la justice de sa Majesté Impériale. *Cologne, Mari. Lambert*, 1674, pet. in-12 non rel. (*à la sphère*).   5 fr.

624. **Un abridgement** de toutes les cases, reportes par Mounsieur *Jasques Dyer*. Ore nouvellement imprimée. *London*, 1609, pet. in-8 v. br.   20 fr.

Intercalé de papier blanc avec notes manuscr. par Lord C. J. Treby. Volume fort curieux et d'une grande rareté. La langue est a moitie française et moitie anglaise, c'est un singulier jargon.

625. **Histoire de la conqueste** de la Chine par les Tartares, contenant plusieurs choses remarquables touchant la religion, les mœurs et les coutumes de ces deux nations, et principalement de la dernière Ecrite en espagnol par M. de Palafox et trad. en franç. par le sr Collé. *Paris, Ant. Bertier*, 1650, pet. in-8 v. br.   7 fr.

626. **Fragments historiques** et géographiques sur la Scythie, la Sarmatie et les Slaves, recueillis et commentés par le comte Jean Potoki. *Brunsvic*, 1796, 3 parties en 2 vol. in-4 veau vert (rare).   60 fr.

Cet ouvrage important a été tiré a un très-petit nombre pour faire des presents.

627. **Voyage aux Indes orientales** et à la Chine, fait par ordre du Roi, depuis 1774 jusqu'en 1781, par Sonnerat. *Paris*, 1782, 3 vol. in-8 v. br., fig cartes.   6 fr.

628. **Ta-Tsing-Leu-Léc** ou les lois fondamentales du code pénal de la Chine, avec le choix des statuts supplémentaires, originairement imprimé et publié à Pékin, dans les différentes éditions successives, sous la sanction et par l'autorité de tous les empereurs Ta-Tsing, traduit du chinois par Ge. Th. Staunton, et mis en franç. avec des notes par M. Fél. Renouard de Sainte-Croix. *Paris*, 1812, 2 vol. in-8 br.   6 fr.

629. **Christophe Colomb** ou l'Amérique découverte, poème, par Bourgeois de la Rochelle, *Paris*, 1773, 2 tomes en 1 vol. in-8 dem. rel. fig.   4 fr.

630. **Aromatum** et simplicium aliquot medicamentorum apud Indos nascentium historia. Primum quidem lusitanica lingua per dialogos conscripta ab D. Garcia ab Horto; nunc vero latino sermone in Epitomen contracta, et iconibus ad vicum expressis locupletioribusq. annotatiunculis illustrata a Carolo Clusio Atrebate. *Antverpiæ, ex offic. Christoph. Plantini*, 1574, pet. in-8 cart.   10 fr.

Ce livre, curieux et peu commun, comme la plupart des ouvrages de Clusius, est orné d'un grand nombre de figures sur bois représentant les plantes aromatiques, les simples du Nouveau-Monde, etc.

631. **Le destin de l'Amérique** ou dialogues pittoresques, dans lesquels on développe la cause des événements actuels, la politique et les intérêts des puissances de l'Europe relativement à cette guerre. *Londres, s. d.*, pet. in-8 cart.   6 fr.

632. **Observations impartiales** d'un vrai Hollandais, pour servir de réponse au discours d'un soidisant Bon Hollandais à ses compatriotes (par M. *Cerisier*). *Arnhem, s. d.*, pet. in-8 br.   3 fr.

633. **Tableau** de la situation actuelle des Etats-Unis d'Amérique, par Pictet. *Paris*, 1795, 2 vol. in-8 br.   6 fr.

634. **Relation** abrégée d'un voyage fait dans l'intérieur de l'Amérique méridionale, depuis la Côte de la Mer du Sud, jusqu'aux côtes du Brésil et de la Guyane, etc., par de La Condamine. *Maestricht*, 1778, in-8 br. fig.   4 fr.

635. **Notice** sur le Chili, par un voyageur français. *Paris*, 1844, br in-8, pap. vél. fort.   2 fr

636. **Précis historique** de la dernière expédition de Saint-Domingue, depuis le départ de l'Armée

des Côtes de France jusqu'à l'évacuation de la colonie. Par Laujon, *Paris, s. d.*, in-8 br. 4 fr.

637 **Haïti** ou renseignements authentiques sur l'abolition de l'esclavage et ses résultats à Saint-Domingue et à la Guadeloupe. *Paris*, 1835, in-8 br. 3 fr.

638. **Recherches historiques** sur les dignités et leurs marques distinctives tant anciennes que modernes, puisées principalement dans des manuscrits authentiques inédits (par *Serieys*); *Paris*, 1808, in-8 br. 7 fr.

639. **Les blasons** de la noblesse, ou les preuves de noblesse de toutes les nations de l'Europe, par Menestrier. *Paris*, 1682, in-12 v., (*blasons*). 25 fr.

— Bel exempl. avec témoins, d'un livre recherché et rare.

640. **Etat du régiment** des gardes françoises du roi, à la revue de Sa Majesté le 3 mai 1788. *Paris, Lamesle*, 1788, in-12 maroq. rouge, fil. tr. dor., dos fleurdelysé. 10 fr.

Ce fut la dernière revue passée par Louis XVI.

641. **Edit** concernant la poursuite nécessaire contre ceux qui ont jusqu'à présent usurpé les titres de noblesse; (*Caen*), 1634, 8 pages in-12. 8 fr.

642. **Traicté** des droits honorifiques des Seigneurs ès Eglises, 7me édition, augm. *Paris*, 1631, in-8 vél. 6 fr.

643. **Traité de l'origine** des ducs et duché de Brabant, et de ses charges palatines héréditaires, avec une responce aux vindices de Ferrand pour les Fleurs de Lis de France, par J.-B. de Vaddere. *Bruxelles*, 1672, pet. in-4 dem. rel. b. ant. 15 fr.

644. **Lettre** sur le Duel, par Doin. *Paris*, 1821, br. in-8. 2 fr.

645. **De singulari** certamine quod vulgo duellum nuncupatur. *Cadomi*, 1829, in-4 br. 4 fr.

646. **Règlement** de messieurs les mareschaux de France; touchant les réparations des offenses entre les Gentils-hommes, pour l'exécution de l'Edict contre les Duels. *Paris*, 1653, in-4 br. 5 fr.

— 647. **Déclaration du roy**, portant nouveau règlement pour la punition du Crime de Duel, donnée à Saint-Germain-en-Laye le 14 décembre 1679; *Paris, Seb.-Mab.-Cramoisy*, 1679, in-4 br. 6 fr.

648. **Certamen Sagittariorum**, celebratum Heydelbergœ, anno Do. 1555, descriptum autem per Jac. Micyllum. *Heydelb. apud Joan. Aperbacchum*, in-12 cart. 7 fr.

Pièce de circonstance d'une grande rareté.

649. **Le feu royal** et magnifique qui s'est tiré svr la Riuière de Seine vis-à-vis du Louvre, en présence de leurs majestez, par ordre de Messieurs de Ville, pour la resiouysance de l'entrée du Roy et de la Reyne, le 29 aoust 1660. Avec la description des deuises en Vers, des Peintures, Architectures et Artifices qui ont paru dans le Vaisseau destiné pour cette magnificence publique. *A Paris, chez J.-Bapt. Loison*, 1660, plaq. in-4 de 4 ff. dem. rel. maroq. bleu. 10 fr.

650. **Narrazione** delle solenni reali feste fatte celebrare in Napoli da sua Mæsta il Re delle Due-Sicilie Carlo Infante di Spagna, Duca di Parma, Piacenza, etc. etc. Per la nascita del suo primogenito Philippe real Principe delle Due-Sicilie. *In Napoli*, 1749, in-fol. max. v. br. fil. tr. dor. (*aux armes de France*). 80 fr.

Magnifique ouvrage, orné de 15 grandes belles planches, y compris un superbe frontispice, gravées par Giuseppe Vasi, représentant l'intérieur de la salle royale de bal, de la salle du Palais royal préparé pour le bal masqué, de la salle du théâtre royale, la scène du même théâtre, le théâtre royale organisé pour le bal (très-grande planche), le bal masqué du théâtre de saint Carlo, la cocagne établie sur la place du Palais-Royal, la grande illumination du Château neuf, etc., etc. Ces planches, représentant en grande partie de jolis intérieurs (style Louis XV), sont des chefs-d'œuvre d'ornementation. On y trouve une grande quantité de costumes variés de personnages parés et masqués. Les épreuves sont très-belles.

651. **Histoire du couronnement** de l'Empereur Napoléon, (rédigée par Dusaulchoy, et précédé d'un discours prélim. par Lavallé). *Paris*, an XIII, in-8. 10 fr.

652. **Noctes Granzovianæ** de antiquis triumphorum spectaculis, lucubratæ a Marino de Guichardo. *Amst., apud Ægidium Valckenier*, 1661, pet. in-12 v. titre grav. (*aux armes*). 5 fr.

653. **Notice biographique** sur

Roland Delattré, connu sous le nom d'Orland de Lassus, par H. Delmotte, gr. in-8 v. vert fil. portr. en pied, planches. 6 fr.

654. **Procès** du journal de la Normandie, jugé à la cour d'assisses du département du Calvados, le 5 décembre 1831, in-8 br. 3 fr.

655. **Antonii Garabii** Petroponti-Luzernæi miscellanea. *Cadomi, Marinum Yvon,* 1663, in-4 cart. 3 fr.

656. **Examen** des théories de l'art oratoire chez les anciens et chez les modernes ; essai littéraire, par Dupont ; publié par ses amis. *Caen,* 1827, br. in-8. 2 fr.

657. **Contract faict** par le Roy, avec Maistre Guichard Faure, Secrétaire de sa chambre, pour le rachapt des rentes constituées, sur les greniers à sel, des generalitez de Paris. *Rouen, Caen, etc. S. l.,* 1578, in-12 br. 4 fr.

658. **Mémoire** sur les terrains du département du Calvados, par Hérault, br. in-8. 2 fr.

659. **Mémoire** sur les principales roches qui composent le terrain intermédiaire, dans le département du Calvados ; par Hérault. *Paris,* 1825, br. in-8. 2 fr.

660. **La Charte aux Normands**, par Floquet. *Rouen,* 1842, br. in-8. 2 fr.

661. **Essais** de traduction de poésie sacrée, dans lesquels on s'est attaché à conserver le mouvement de parallelisme des originaux ; par Vaultier. *Caen,* 1829, br. in-8. (*Envoi de l'auteur.*) 2 fr.

662. **Déclaration du Roy**, donné sur les mouvements arrivez en sa province de Normandie. *Sur l'imprimé à Rouen, chez David du Val,* 1649, 24 pp. in-12. 15 fr.

663. **Recit véritable** de ce qui s'est fait et passé en toute la Normandie à la réception et magnificence royale de leurs Majestez. *Paris, J. de Courbe,* 1657, in-4 non rel. 8 fr.

664. **Almanach** de Normandie pour l'année 1777. *Rouen, Besongne,* in-24 br. 4 fr.

665. **Brief discours** sur la bonne et ioyeuse reception faicte à la majesté du roy par ses tres fidelles et obéissans sujects de la ville de Rouen. Ensemble de tout ce qui s'est faict et passé depuis son arrivée, le 13ᵉ jour de juin 1588. Jusques a l'Edict de paix et départemêt de sa Majesté le 21ᵉ iour de Juillet. Recueilly par Jean de Seuille, professeur des bonnes lettres et sciences mathématiques audit Rouen. *Rouen, Pierre Courant,* 1588, 8 feuillets in-12 br. (très-rogné). 12 fr.

666. **Moyens** de nullité que proposent les doyens et les chanoines de l'église métropolitaine de Rouen, contre les prétendus statuts a eux envoyez par Mgr le Révérendissime Cardinal de Joyeuse, archevesque dudit lieu. Où il est traicté de l'autorité des Chapitres. *S. l.* 1610, in-12 br. (rare). 15 fr.

667. **Remonstrance** faicte à Monsieur d'Espernon, entrant en l'église cathédrale de Rouen, le 3 de may 1588, par le Pénitencier dudit lieu. *Paris, J. Richer,* 1588, 11 pages in-12 br. 5 fr.

668. **Notice** sur la statue pedestre en marbre blanc, trouvée à Lillebonne, le 31 mai 1828, par Gaillard. *Rouen.* 1829, in-8 br., fig. (*envoi de l'auteur*). 3 fr.

669. **Inscriptions** découvertes au Vieil-Evreux. *Evreux,* 1840, br. in-4 pl. 3 fr.

660. **Caen**, précis de son histoire, ses monuments, son commerce et ses environs par Trébutien. *Caen,* 1848, in-12 br. 3 fr.

671. **Notice** historique sur le musée de tableau de la ville de Caen, par M. G. Mancel. *Caen,* 1841, in-8 br. non rog. 1 fr.

672. **Mémoire** sur le port de Caen, par Lange. *Caen,* 1818, in-8 br. 2 fr.

673. **Vers libres** pour la feste qui s'est faite à Caen, le jour que cette ville donna une statue au Roy. *S. l. n. d.* 4 pp. in-4 br. (*rare*). 10 fr.

Imprimé en caractères italiques.

674. **Notice** sur le Bon-Sauveur, par Lamoureux. *Caen,* 1824, in-8 br. 2 f.

BIBLIOPHILE FRANÇAIS.

LE MOT SUR LES BIBLIOTHÈQUES

CHRONIQUE.

« Le théâtre, comme la librairie, en revient à l'ancien *répertoire*. Les pièces d'autrefois sont offertes de nouveau à l'admiration des spectateurs. La *Comédie française*, dirigée actuellement par un écrivain de haut mérite, M. Edouard Thierry, semble donner l'exemple pour cette résurrection vraiment littéraire et nous avons, comme tout le monde, applaudi de grand cœur à la reprise de l'*Amour et Psyché*. La réapparition sur la scène de cette pièce célèbre ne fait évidemment pas le compte de bien des dramaturges modernes, cependant, jusqu'à ce que ces messieurs se soient mis à la hauteur des Corneille, des Racine, des Molière, etc., nous serions presque heureux de voir le *Théâtre Français* continuer ce système de *reprises*. Qui sait? ce serait peut-être le moyen d'inspirer des chefs-d'œuvre aux auteurs dramatiques, qui pour la plupart ne font que se répéter et dont le talent se retrempe plus souvent aux sources bibliographiques qu'aux sources du génie individuel.

« Dans les précédents numéros du *Bibliophile* il a été plusieurs fois parlé de M. Perrin, le célèbre typographe lyonnais. Il vient de nous être signalé un nouvel ouvrage qui sort de ses presses ; le titre est modeste : *Echos, fantaisies et souvenirs*, par M. Hector Fleury, mais ce recueil de poésies, dont nous possédons un exemplaire imprimé sur papier vergé, est mieux qu'une curiosité typographique, c'est un
bijou littéraire et sa place est
presque obligatoire dans toutes
les bibliothèques d'amateurs
sérieux. Nos arrière-neveux col-
lectionneront un jour les chefs-
d'œuvre de la typographie moderne et la marque de *Perrin*
sera certainement recherchée
entre toutes. Cette marque est
simple : un cartouche supporté
par une aigle aux ailes éployées
et sur le cartouche cette devise :
In principio erat verbum. De
tous temps ces sortes d'armoiries ont été en usage. Celle des
premiers imprimeurs et libraires
sont en général fort curieuses et
en particulier celles des *Simon
Vostre*, des *Pigouchet*, des *Regnault*, des *Jehan de Brye*, des
Jehan Petit, etc. Nous donnons
ici un *fac-simile* exact de cette
dernière marque.

LE BIBLIOPHILE JULIEN.

BIBLIOPHILE FRANÇAIS.
UN MOT SUR LES BIBLIOTHÈQUES.

Mon illustre et à jamais regretté collaborateur Charles Nodier, de l'Académie française, l'homme de goût par excellence et le vrai bibliophile d'une époque dont il fut l'écrivain le plus délicat, n'avait pas seulement l'amour des livres ; il en élevait le respect à la hauteur d'une religion.

Ce mot n'est point risqué. Si l'Église est la maison de Dieu, la Bibliothèque est le temple de l'esprit humain, le tabernacle du Verbe écrit. C'est le reliquaire des personnes qui, de siècle en siècle, ont agrandi le monde ; c'est l'armorial d'une Noblesse qui signe ses quartiers par ses œuvres, et qui n'a besoin ni d'aïeux, ni de postérité, pour régner, à la fois, sur le Passé et sur l'Avenir.

Aussi l'amour, disons plus, la passion des bibliothèques, est-elle demeurée le signe des intelligences d'élite.

Quelque soit le rang de l'homme dans toute société, il ne la sert ou ne lui plaît que par le savoir où les qualités qu'il tient des livres. Les livres sont ses premiers maîtres, ses guides à tous les âges, et ses derniers amis.

Le Sacerdoce, la Magistrature, la Diplomatie, l'Histoire, la Science, les Arts, l'Industrie, le Négoce, la Guerre même, ont leurs bibliothèques spéciales et indispensables, dont ne sauraient tenir lieu les encyclopédies les plus réputées, l'homme du monde annoblit ses loisirs en feuilletant les chefs-d'œuvres de tous les temps ; le capitaliste apprend à illustrer sa fortune en professant le luxe athénien des éditions monumentales, et les souverains eux-mêmes sont tributaires de cette majesté du livre, qui garde, mieux que bronze ou granit, l'empreinte de leur règne et la mesure de leur mémoire.

A un autre point de vue, les bibliothèques, et sous ce titre je ne veux aujourd'hui parler que des collections d'amateurs, constituent un capital dormant, qui contrairement aux lois du capital ordinaire, s'accroît, par son propre repos, bien au delà des proportions offertes par les plus heureuses spéculations. Le temps, qui détruit tout, se détourne des livres, et leur vétusté même les rend plus précieux, tant est naturelle, autant que sacrée, la vénération qu'inspire à l'esprit moderne cette poussière des ancêtres de toute civilisation.

Le *Bibliophile français*, dans son précédent numéro (page 50) donne, en passant, dix-sept preuves de ce fait remarquable, en rapportant les prix atteints par quelques livres choisis de la collection Libri, récemment vendus à Londres. Ajoutons un exemple : Le tome troisième de la *Kabbale dévoilée* (*Kabbala denudata*), par Christian de Rosenroth, imprimé à Francfort en 1684, ne se rencontre presque plus en librairie, et les rares exemplaires qu'on en découvre au delà du Rhin valent chacun cinq et six cents francs. Il suffit en un mot, de suivre quelque temps, à Paris, le cours des ventes publiques, pour apprécier combien est fructueux l'art de créer ou de compléter des bibliothèques, pour les personnes qui cherchent dans cette occupation le meilleur des placements de fonds.

Je n'hésite point à signaler ce côté de la question, car il y a deux classes d'amateurs de livres ; les *bibliophiles* proprement dits, qui recherchent les livres pour leur satisfaction privée, et ceux que je nommerais plus volontiers *bibliopoles*, parcequ'ils collectionnent en vue d'un bénéfice pressenti et toujours assuré.

Le bibliophile de la première classe a des yeux de lynx. Il découvre de loin, par une sorte de sens particulier, toute œuvre plus ou moins rare, imprimée, ou manuscrite. Il la couve longtemps de son secret désir, l'achète enfin à tout prix, presque toujours au dessous de ce qu'elle vaut, tant il est madré diplomate en matière de bibliolâtrie, et puis l'emporte avidement, pour se donner, comme l'avare, les joies incisives d'une solitaire contemplation. Eh bien, ce Lucullus de l'esprit, qui croyait ne songer qu'à lui-même, travaille pour l'avenir. Il s'est fait le conservateur providentiel d'une richesse nationale, trésor dont il jouit pleinement, un peu plus chaque matin, et qui, après lui, triplera par sa vente la fortune de ses enfants ou de ses proches. C'est pour lui, sachez-le bien, que l'amateur par spéculation déguste la valeur relative des éditions, la surenchère que motivent une curieuse reliure ou le signe possessoire d'un personnage célèbre, et mille autres détails dont le public n'a souci, mais qui font palpiter d'aise, d'enthousiasme et de prodigalité les cœurs faits pour comprendre cette délicieuse communion de l'âme humaine avec les parfums qu'exhalent toutes les anciennes choses.

Ah! gardons bien ce culte du Passé, à travers cette vie présente dont chaque lendemain se lève sur des ruines! Aimons les anciens livres, ces témoins immortels des époques de grande foi, de haut honneur, de science profonde, de passions fières. Aimons-les pour nous consoler des nouveaux! Soignons-les, dans nos bibliothèques, comme des hôtes qui nous rendent vingt fois ce que nous avons dépensé pour eux!

Je sais que je ne prêche pas dans le désert. Je citais tout à-l'heure Charles Nodier comme un modèle de ces religieux gardiens du testament séculaire de l'Humanité, qui s'appelaient jadis bénédictins, aujourd'hui bibliophiles. N'oublions point de rendre hommage à M. de Labédoyère, type d'habileté dans ses choix, et de paternité, si j'ose ainsi dire, dans les soins qu'il prodigue à ses beaux et bien-aimés livres. J'allais encore ajouter plus d'un nom, mais soyons discret: les vrais bibliophiles adorent le mystère ; ils vivent dans un monde à part. Leur bibliothèque ressemble au Jardin des Hespérides, et ses fruits d'or sont mieux gardés. Terminons donc par un mot qui n'est ni un conseil, ni une épigramme, mais une simple et utile observation. Cachez vos trésors, ô bibliophiles mes confrères, dussiez-vous être appelés *bibliomanes* par les envieux de vos joies. Défiez-vous surtout du prêt, fût-il même réciproque ; car un livre prêté revient toujours défloré, et, trop souvent, quand il prend l'air, il s'absente.... indéfiniment.

Pardonnez cette rude franchise à ma vieille expérience ; mais, en vérité, je vous le dis, j'aimerais mieux vous donner ma part de Paradis que de vous prêter par exemple, mon *Clavii Bambergensis in sphæram Joannis de Sacro-Bosco Commentarius*, in-4º (*Romæ*, MDLXXXI, *ex Officinâ Dominici Basæ*). Je l'ai eu *pardessus le marché*, admirez ma chance, en achetant un vieux poêle chez un fripier de la Chaussée du Maine. Je ne le donnerais pas pour cent francs ; sur ce, messieurs et honorés confrères, croyez-moi votre bien dévoué, jusqu'au dit *Commentarius* exclusivement.

P. CHRISTIAN,
*Ancien Bibliothécaire au Ministère
de l'Instruction publique.*

LE DICTIONNAIRE DE LA NOBLESSE ET LA MAISON DESSALES (1)

Recherche historique (suite).

Si les Des Salles, installés, en 1476, en Lorraine dans la personne de *Pierre Des Salles* dit la *Baille*, sortaient du Béarn, avec les preuves de l'Histoire de la maison Des Salles, ce ne sont plus des Des Salles, mais des *Moureuil*, seigneurs d'un château *Salles*, situé dans le Béarn.

Comment *Antoine* Des Salles, père de Pierre Dessalles, dit la Baille, fait par d'Hozier et consorts, gouverneur de Navarreins en 1465, aurait-il pu avoir à cette époque le gouvernement de cette ville dont la fondation est de 1519? D'où sortaient les Des Salles de Lorraine qui se signaient comme ceux de Bretagne, Des Salles, ou plutôt Dessalles?

Voilà deux questions importantes que nous allons essayer de développer le plus rapidement possible.

Nous avons dit que l'*Histoire de la maison Des Salles*, etc., était un livre de fonds. La liste des généalogies des familles qui se trouve au tome III, de la Bibliothèque historique de France, par le Long s'appuie constamment de cette collection, soit par rapport aux généalogies *qu'on n'y trouve que là*, soit par rapport à celles *qui y sont continuées.* Ce livre a été le cauchemar de d'Hozier (le jeune). Voyez aux manuscrits de la Bibliothèque Impériale son mémoire de 31 pages in-folio sur les *corrections à faire sur les généalogies des Salles.* Dans ce mémoire, d'Hozier se montre pointilleux, irrité et l'on se demande s'il n'eut pas composé pour avoir la gloriole de cet ouvrage; ce qui est certain c'est qu'il laisse percer sa mauvaise humeur de n'y trouver le nom que d'un seul de ses ayeux.— M. Guigard qui, dans sa bibliothèque héraldique a aperçu sans les approfondir les contradictions du livre de Hugo, nous apprend que la bibliothèque Impériale, possède un exemplaire de cette *Histoire*, *enrichi de notes manuscrites de Charles Réné d'Hozier.* Nous serions curieux de savoir si l'annotateur (à la page 1 des preuves) a remarqué que son prédécesseur a fait Pierre Des Salles qui passe en Lorraine en 1476, fils d'Antoine seigneur des Salles, gouverneur de Pau et de Navarreins, et d'*Anne de Rouillac.*

Le *Dictionnaire géographique universel* (*Paris,* 1830. T. VII.) établit que Navarreins n'a été fondée qu'en 1529, par Henri d'Albret, grand père de Henri IV. — Expilly en son Dictionnaire des Gaules dit que Navarreins fut fondé et fortifié sous Henri II lequel commença à régner en 1516 (voir la Chronologie des rois de Navarre dans l'*Art de vérifier les dates*). — Or, comme dès 1465, Pierre des Salles, fils d'Antoine seigneur des Salles, assistait à la bataille de Monthléry nous ne croyons pas nous tromper en disant que le grand d'Hozier avait donné dès 1465, un gouverneur à une ville qui ne fut fondée que 44 ans plus tard. De plus, ce qui donne matière aux méditations à faire au sujet des amplifications historiques et généalogiques c'est de voir d'Hozier (p. 1 des preuves) faire Pierre Dessales fils d'*Anne de Rouillac* laquelle, sous la plume de Hugo (p.1) devient Anne de Goth de Rouillac (d'or à trois faces de gueules) de l'illustre maison de Goth qui a fourni le pape Clément V.

(La *suite au prochain n°).*   *Le Bibliophile JULIEN.*

(1) Dans notre dernier article, page 54, lig. 9, au lieu de 1178, lisez 1476.

675. **Académie** universelle des jeux. Nouvelle édition, *Amst.*, 1760, in-8 v. — 3 fr. 50

676. **Ajasson de Grandsagne**. Histoire de France. *Paris*, bibliothèque populaire, 1833, 21 v. in-12 br. — 4 fr.

677. **Albin** (Eleazar). A natural history of english insects illustrated with a Hundred Copper Plates, curiously engraven from the lif, etc. Notes by W. Derham. *London*, 1724, in-4 v. — 30 fr.

100 planches coloriées. Papillons, etc.

678. **Alberti** (Léon B.). Della pittura et della statua. *Milano*, 1804, in-8 cart. (Brad.). — 5 fr.

Portrait de l'auteur.

679. **Allais** (de St-). Nobiliaire universel de France. Tome III, *Paris*, 18.., in-8 br. — 15 fr.

La deuxième partie de ce volume contient le repertoire de la lettre A.

680. **Allais** (de St-). Nobiliaire universel de France. Tome 13e in-8 br. — 18 fr.

681. **Almanach** de la noblesse de France. Année 1848, *Paris, Aubert*, in-18 br. fig. — 4 fr.

682. **Angleterre** ancienne ou Tableaux des mœurs, armes, habillements, etc. Traduit de l'anglais de Joseph Strutt par M. B*** et pouvant servir de suite aux Recueils de Montfaucon et de Caylus. *Paris*, 1789, 2 tomes en 1 vol. in-4 cart. — 15 fr.

67 planches curieuses.

683. **Arnaud** (A. F.). Voyage archéologique et pittoresque dans le département de l'Aube et dans l'ancien diocèse de Troyes. *Troyes*, 1837, gr. in-4 d. r. maroq. du Levant; non rogné, doré en tête, nombr. figures — 50 fr.

Très-bel exemplaire d'un ouvrage justement estimé et recherché.

684. **Apuleii**. Madaurensis Platonici opera Ex bibliopolio Frobeniano, 1606, in-12 vél. — 3 fr.

Les notes sont de Womer.

685. **Arnaud** (d'). Julie ou l'heureux repentir, anecdote historique. *Paris*, 1767, in-8 br. fig. d'Eisen. — 3 fr.

686. **Art d'aimer** (l'), poème héroïque en quatre chants. S. l. 1745. in-12 v. — 3 fr.

Bel exemplaire.

687. **Aviceptologie** française ou Traité général de toutes les ruses dont on peut se servir pour prendre les oiseaux qui se trouvent en France avec une collection considérable de figures et de piéges nouveaux propres à différentes chasses. *Paris*, 1783, pet. in-8 v. — 6 fr.

Titre gravé, ouvrage curieux.

688. **Averroës**. Traduction latine du livre d'Averroës, médecin arabe. — 400 fr.

Manuscrit in-folio du XIVe siècle, calligraphié sur vélin et provenant de l'antique abbaye de Citeaux dont il porte les armes sur les plats de la couverture V. B. Ce ms. se compose de 84 feuillets et contient quelques petites miniatures et plusieurs lettres ornées, d'une finesse d'exécution admirable. Les rehaussements d'or des miniatures sont d'une conservation intacte. Le texte de ce manuscrit est riche de renseignements précieux sur les sciences naturelles, sur la médecine, etc. Il est reste inacheve, cependant, le dernier chapitre commencé est precede de ces deux lignes : *L'iphial liber Mehemet Averost qui colligel nominatur.* Chaque page contient 2 colonnes de 60 lignes de texte.

689. **Bacler d'Albe** (le général). Souvenirs pittoresques. *Paris*, Engelmann, s. d. 2 v. in-fol. d. r. v. rouge, contenant 200 lithog. — 30 fr.

690. **Barles de Manville**. Guide du voyageur pour les antiquités et curiosités naturelles de Pouzol et de ses environs. Ouvrage de M. d'Ancora, traduit de l'italien. *Naples*, 1792, in-8 d. r. v. fig: titre gravé et portrait. — 8 fr.

Les premières pages sont quelque peu mouillees.

691. Baudelot de Dairval. De l'utilité des voyages et de l'avantage que la recherche des antiquités procure aux savants. *Paris*, 1686, 2 t. en 1 v. pet. in-8 d. r. v. fig. 8 fr.
Ouvrage très-intéressant dont les figures sont remarquables.

692. Bellegarde (l'abbé de). Les Métamorphoses d'Ovide, avec des explications à la fin de chaque fable. *Amst.*, 1716, 2 v. in-12 v. 10 fr.
Nombreuses et remarquables figures.

693. Bloët. Allégorie d'amour. Recueil factice de 102 gravures fort originales. 1607, in-fol. obl. d. r. v. 30 fr.
Avec un texte explicatif.

694. Bouquéau (J. B.). Essai sur l'application du chapitre VII du prophète Daniel à la Révolution française. *Bruxelles*, 1802, in-8 d. r. v. 5 fr.

695. Bouchet (Jean). Les anciennes et modernes généalogies des Roys de France, et mesmement du roy Pharamond, avec leurs épitaphes et effigies. Cy finissent, etc. *Imprimé (en gothique) à Poictiers par Jacques Bouchet, l'an 1531*, in-4 cartonné. 40 fr.
Très-grandes marges. Rare, texte français. Portraits de rois gravés sur bois. La moitié inférieure du titre est déchirée et enlevée.

696. Brochures de 1789. Recueil in-8 d. r. v. contenant :
— St Jean Bouche d'or.
— Vœu d'un français.
— Lois de la Monarchie française.
— Avis aux Français sur le salut de la patrie, etc. 15 fr.
Recueil très-remarquable.

697. Calmet (dom Aug.). Histoire ecclésiastique et civile de Lorraine... avec les pièces justificatives à la fin, le tout enrichi de cartes géographiques, de plans de villes, d'églises, de sceaux, etc., etc. *Nancy*, 1728, 3 forts v. in-fol. v. belle reliure. 80 fr.
Très-bel exemplaire d'un ouvrage peu commun.

698. Caussin de Perceval. Grammaire arabe vulgaire, suivie de dialogues, lettres, actes, etc. *Paris*, 1824, in-4 cart. non rogn. pap. vergé. 9 fr.

699. Cérémonies religieuses (figures des) de Bernard Picard. Recueil en 3 vol. in-fol. cart. rouge (Bradel). 30 fr.

700. Du Droit de cité, des droits d'élection qui en dérivent ou recherches et propositions sur l'organisation locale, les droits civiques et les élections, par G... *Paris*, 1820, in-8 cart. (Bradel). 3 fr.

701. Chapuy et Jolimont. Vues pittoresques des cathédrales de France. *Paris*, 1823, in-f. d. r. v. fig. 45 fr.
Bel exemplaire.

702. Chateaubriand. Atala, Réné, le Dernier des Abencerages, poésies, *Paris*, 1834, in-8 ch. fil. tr. d. 7 fr.

703. Clérisseau. Antiquités de la France. Le texte historique et descriptif par J. G. Legrand. Monuments de Nîmes, *Paris, Didot*, 1804, 2 v. in-fol. d. r. v. dont un de planches 35 fr.

704. Considérations sur les finances d'Espagne, 2e édition. *Dresde et Paris chez les frères Estienne* 1755, in-12, v. 4 fr.

705. Costumes civils actuels de tous les peuples connus dessinés d'après nature, gravés et coloriés, etc., texte par Sylvain Maréchal. *Paris*, 1784, 4 v. in-4 v. fig. 55 fr.

706. Crasso (Lorenzo) élogii d'huomini litterati. *Venetia*, 1666, in-4 v. 20 fr.
Nombreux portraits.

707. Cronier. Etat du pouvoir municipal et de ses variations depuis la restauration jusqu'au 28 février 1848, et examen de quelques questions élevées sur l'organisation de ce pouvoir. *Paris*, 1829, in-8 br. (mouil). 3 fr.

708. David. Antiquités d'herculanum, avec les explications par Sylvain Maréchal. *Paris*, 1780, 10 v. in-4 v. j. fil. figures, 75 fr.
Bel exemplaire d'un ouvrage très remarquable

709. Delaroche. Atlas et description du canal Royal de Languedoc ou architecture hydraulique du canal des deux mers. *Paris*, 1787, in-4 d. r. v. cartes et figures. 5 fr.

710. Delachénaye (B...) Abécédaire de Flore ou langage des fleurs. Méthode nouvelle de figures avec les fleurs, les lettres, les syllabes et les mots. *Paris, Didot*, 1811, in-8 cart. non rogné, fig. 9 fr.
Figures coloriées, papier vél. Rare.

711. **De la Tynna.** Dictionnaire topographique, historique et étymologique des rues de Paris accompagné d'un plan de Paris. 2e édition. *Paris*, 1817, in-8 d. r. v. 5 fr.
   Ouvrage intéressant à consulter pour l'histoire de ce qu'on peut appeler déjà le vieux Paris.

712. **Descamps et d'Argenville.** Vies des peintres flamands et hollandais, italiens et français avec portraits. *Marseille* 1843, 5 v. in-8 br. 25 fr.
   Édition estimée.

713. **Dissertation** historique sur les communes de France par M. G. (Guichard). *Paris*, 1819, in-8 br. 4 fr.

714. **Dorat.** L'Isle merveilleuse, Alphonse, les Cerises, la Méprise, Selim et Selima, le Rêve, etc. *Paris*, 1725, in-8 d. r. v. fig. 8 fr.
   Charmantes fig. d'Eisen.

715. **Drexelio** (Hier). Zodiacus Christianus locupletatus seu signa XII divinæ prædestinationis. Col. Agrippinæ 1632, pet. in-12 v. fig. 6 fr.
   Titre gravé, nombreuses figures symboliques fort curieuses. Belles épreuves.

716. **Rhetorica** Cælestis seu attente precandi sciencia. *Antverpiæ*, 1636, pet. in-12 v. Très joli titre représentant l'échelle de Jabob, etc. 4 fr.

717. **Dubé.** Le médecin des pauvres. *Paris*, 1683 in-12 v. 5 fr.

718. **Du pouvoir municipal,** de sa nature, de ses attributions et de ses rapports avec l'autorité judiciaire. *Paris*, 1820, in-8 br. 2 fr.

719. **Excursions daguerriennes,** vues et monuments les plus remarquables du globe. *Paris*, Goupil, 1842, in-fol. obl. 40 fr.
   60 vues magnifiques d'épreuves avec texte explicatif.

720. **Félibien.** Les principes de l'architecture, de la sculpture et de la peinture et des autres arts qui en dépendent, avec un dictionnaire des termes propres à chacun de ces arts. 2e édition. *Paris*, 1690, in-4 v. fig. 5 fr.

721 **Femmes célèbres** (les) par Ternissen d'Haudrecourt. 1788, in-4 v. fig. 5 fr.
   Portraits de Madame de Sévigné, de Madame Lafayette etc.

722. **Flaxman** (John). L'œuvre des huit jours et la Théologie d'Hésiode. *Paris*, Bance, 1821, in-folio d. r. v. 10 fr.
   Figures au trait gravées par M. de Soyer.

723. **Floding** (P). Solennités qui se sont passées à Stockholm dans les années 1771 et 1772 ? enterrement du roi Adolphe-Frédéric, sacre de Gustave III et de la reine Sophie-Magdelaine. *Stockholm*, 1772, in-fol. cart. fig. 15 fr.

724. **Franche maçonnerie** française et étrangère. Chronologie de son Histoire avec un supplément ouvrage orné de figures. *Paris*, 1815 2 v. in-8 d. r. v. 10 fr.

725. **Gallon.** Machines et inventions approuvées par l'académie des sciences, depuis son établissement jusqu'à présent avec leur description, dessinées et publiées du consentement de l'académie. *Paris*, 1776, 2 v. in-fol. v. 20 fr.

726. **Gault de Germain.** Guide des amateurs de tableaux pour les écoles allemande, flamande, et hollandaise. Nouvelle édition. *Paris*, 1841, 2 v. in-8 br. pap. vergé. 10 fr.

727. **Genlis** (de). Mémoires inédits sur le 18e siècle et la révolution française. *Paris*, Ladvocat, 1825, 10 v. in-8 d. r. papier vergé non rogné. 20 fr.

728. **Graham** (Maria). Mémoires sur la vie de Nicolas Poussin. Traduit de l'anglais. *Paris*, 1821, in-8 cart. 6 fr.
   Ex-libris de Descamps.

729. **Hardouin de Péréfixe.** Histoire du roi Henry-le-Grand, sur l'imprimé à Amsterdam, chez L. et D. *Elzevier*, 1664, in-12 v. 4 fr.

730. **Hennin.** Manuel de numismatique ancienne. *Paris*, 1830, 2 v. in-8 br. 15 fr.

731. **Herbelot** (d'). Bibliothèque orientale ou Dictionnaire universel contenant généralement tout ce qui regarde la connaissance des peuples de l'Orient. *Paris*, 1697, in-fol. v. 15 fr.

732. **Herculis labores.** Ex archetypis N. Poussin (gravé par J. Pesne). *Paris*, 1678, in-fol. obl. cart. magnifiques épreuves. 20 fr.

733. **Hertel** (Joh. Georg.). His-

toriæ allegoriæ, projectæ designatæ a Gothofred. Etchler (texte allemand et latin). *Augsburg, s. d.* 2 v. in-4 d. r. v. figures   30 fr.

200 sujets allegoriques en pleines pages, remarquables par leur variété et par les jolis cartouches dont ils sont entourés.

734. **Heures nouvelles**, tirées de la Sainte-Écriture, écrites et gravées par L. Senault. *Paris, s. d.* in-8, mar., vert tr. d. fil.   25 fr.

Bel exemplaire d'un ouvrage gravé et orné de nombreux dessins.

735. **Hyeronymi Mercurialis**. De arte gymnastica libri sex. *Paris*, 1577, in-4 vél.   10 fr.

Gravures en bois.

736. **Histoire** des inaugurations des rois, empereurs et autres souverains de l'univers, depuis leur origine jusqu'à présent, suivi d'un précis de l'état des arts et des sciences sous chaque règne (par Don Bévy). *Paris*, 1776, in-8, d. r. v. figures.   10 fr.

737. **Histoire** sacrée en tableaux avec leur explication et quelques remarques chronologiques. *Paris*, 1670, 3 v. in-12 d. r. ch.   9 fr.

Bel exemplaire d'un ouvrage recherché pour les charmantes figures à mi-page de Le Clerc.

738. **Histoire** du différend d'entre le pape Boniface VIII et Philippe-le-Bel, roy de France, etc. Ensemble le procès criminel fait à Bernard, évesque de Pamiez, l'an 1295, par Speneri. *Paris*, 1655, in-fol. d. r. bas.   25 fr.

Aux armes.

739. **Holbein's**. Danse of death by Francis douce. *London*, 1858, in-8 cart. à l'angl. fig. suivi de Icones veteris Testamenti.   10 fr.

740. **Hooghe** (R. de). Histoire métallique de Guillaume III, roy de la Grande Bretagne, par Nicolas Chevalier. *Amst.*, 1692, in-fol. v. figures.   12 fr.

741. **Hope** (Th.). Histoire de l'architecture, traduite de l'anglais par A. Baron. 2e édition. *Bruxelles*, 1852, 2 v. in-8 br. dont 1 de planches.   16 fr.

742. **Huber**. Notices générales des graveurs, divisés par nations, et des peintres, rangés par écoles, précédées de l'histoire de la gravure et de la peinture depuis l'origine de ces

arts, jusqu'à nos jours et suivies d'un catalogue raisonné d'une collection choisie d'estampes. *Dresde*. 1787, in-8 cuir de Russie.   15 fr.

743. **Huret** (Grégoire). Optique de portraiture et peinture en deux parties. *Paris*, 1670, in-fol. v. figures.   18 fr.

Titre gravé.

744. **Imhofii** (Jacobi Wilh). Notitia sacri Romani Germanici imperii procerum, tam ecclesiasticorum quam secularium. Historico heraldico genealogica, etc. *Tubingæ*. 1732, in-fol. vél. fig.   20 fr.

Très-beau portrait de l'auteur, titre gravé par Sandrard.

745. **Journal des Artistes**. Collection complète de cette savante revue depuis 1827, date de sa fondation, jusqu'en avril 1848, en tout 39 volumes dont 35 format in-8 et 4 format in-4 cartonnés. Les nombreuses figures, eaux-fortes, gravures au trait, lithographies, etc., de ce journal sont en belles épreuves.

746. **Kalkbrenner**. Histoire de la musique, avec IX planches. *Paris*, 1802, 2 t. en 1 v. in-8 d. r. v. fig.   8 fr.

747. **Laboureur** (le). Les Mémoires de messire Michel de Castelnau, seigneur de Mauvissière, illustrez, etc. Nouvelle édition, avec près de 400 armoiries en taille-douce. *Bruxelles*, 1731, 3 vol. in-fol. fig.   40 fr.

748. **Lafontaine**. Œuvres complètes, précédées d'une nouvelle notice sur sa vie. *Paris, Lefèvre*, 1814. 6 v. in-8 fil. figures de Moreau.   18 fr.

Portrait de l'auteur.

749. **La Roque** (de). Traité de la noblesse et de toutes ses différentes espèces, nouvelle édition, augmentée du traitez de blason des armoiries de France, de l'origine des noms, surnoms et du ban et arrière-ban. *Rouen*, 1735, in-4 v.   35 fr.

750. **Lavater** (Gaspard). L'art de connaître les hommes par la physionomie. Nouvelle édition corrigée et augmentée par M. Moreau (de la Sarthe), ornée de plus de 600 gravures, dont 82 coloriées. *Paris*, 1820, 10 v. in-8 cart. non rognés. Papier vélin.   55 fr.

751. **Le Blond**. Quartiers généalo-

...logiques des illustres et nobles familles d'Espagne, d'Allemagne, d'Italie, de France, de Bourgogne, de Lorraine et des XVII provinces. Nouvelle édition. *Bruxelles*, 1773, 2 t. en 1 v. in-8 d. r. v. 12 fr.

752. **Le Brun.** Histoire critique des pratiques superstitieuses qui ont séduit les peuples et embarassé les savants. *Rouen*, 1702, in-12, 10 fr.
Figures de Le Clerc.

753. **Le Blanc.** Traité historique des monnoyes de France avec leurs figures depuis le commencement de la monarchie jusqu'à présent. *Paris*, 1690, in-4 v. fig. 70 fr.

754. **Lechaudé d'Anisy.** Recherches sur le Domesday ou Liber Censualis d'Angleterre ainsi que sur le Liber de Winton et le Boldon-Book. *Caen*, 1842, in-4 br. grand papier. 15 fr.
Tome Ier seul paru.

755. **Le Long** (Jacques). Bibliothèque historique de la France contenant le catalogue de tous les ouvrages, tant imprimez que manuscrits, qui traitent de l'histoire de ce royaume ou qui y ont rapport. *Paris*, 1719, in-fol. v. 15 fr.
Bel exemplaire.

756. **Le Muet.** Manière de bastir pour toutes sortes de personnes. *Paris*, 1623, in-fol. d. r. vélin, titre gravé, fig. 20 fr.

757. **Lenoir.** Histoire des arts en France prouvée par les monuments, suivie d'une description chronologique des statues en marbre et en bronze, bas-reliefs et tombeaux des hommes et des femmes célèbres, réunis au Musée impérial des monuments français. *Paris*, 1810, in-4, br. grand papier vergé avec un atlas in-folio de planches gravées et dessinées par les meilleurs artistes. L'atlas est de 1821. 25 fr.

758. **Lesueur** (Eustache). La vie de saint Bruno, fondateur de l'ordre des Chartreux, peinte au cloître de la Chartreuse par Eustache Lesueur, peintre ordinaire du roi, gravée par François Chauveau, de l'Académie royale de peinture. *Paris chez Réné Coussinet*, s. d. in-fol. v. b. 20 fr.
22 planches belles d'épreuves.

759. **Lettres d'Héloïse et d'Abailard.** Édition ornée de 8 fi-gures gravées par les meilleurs artistes de Paris d'après les dessins et sous la direction de Moreau-le-Jeune. *Paris, imp. de Didot*, 1796, 3 v. in-4 d. r. v. papier vélin. 25 fr.
Texte latin et français.

760. **Liége.** Recueil héraldique des bourguemestres de la noble cité de Liége, in-fol. d. r. blasons. 30 fr.
Le titre manque.

761. **Lobineau** (Gui-Alexis). Histoire de Bretagne, enrichie de plusieurs portraits et tombeaux en taille douce. *Paris*, 1707, 2 v. in-fol. v. fig. 75 fr.

762. **Malliot.** Recherches sur les costumes, les mœurs, les usages religieux, civils et militaires des anciens peuples d'après les auteurs célèbres et les monuments antiques. *Paris, Didot*, 1804, 3 v. in-4 d. r. v. fig. nombr. 40 fr.

763. **Le Roux de Lincy.** — Histoire de l'hôtel de ville de Paris suivie d'un essai sur l'ancien gouvernement municipal de cette ville. Ouvrage orné de huit planches dessinées et gravées sur acier. *Paris, imp. de Crapelet*, 1846, in-4 d. r. ch. 10 fr.

764. **Marques d'honneur** (les) de la maison Tassis. *Anvers, Morelus*, 1645 in-fol. cart. 25 fr.
Titre grave, blasons et portraits de Nic. Van der Horst.

765. **Musard** (Carolo). Adolescens academicus sub institutione salomonis. *Douai*, 1633, in 12 vél. 8 fr.
Titre grave, nombreuses figures emblematiques de ce curieux ouvrage sont extremement curieuses.

766. **Musique.** — Gabinetto armonico pieno d'Instromenti sonori indicatie spiegati dal padre Filippo Bonanni, offerto all sanctore David. *Roma*, 1722, in-4 d. r. v. fig. 30 fr.
Ce remarquable ouvrage contient 118 planches explicatives.

767. **Millin** (Aubin Louis). Antiquités nationales ou recueil de monuments. *Paris*, 1790, 5 v. in-4 d. r. v. fig. 60 fr.

768. **Nodier** (Ch.). Mémoires sur l'ancienne chevalerie, par la Curne de Ste Palaye, avec une introduction et des notes historiques. *Paris*, 1826, 2 v. in-8 v. fil. figures coloriées. 18 fr.

769. **Novus Thesaurus** gemma-

-rum veterum éx insignioribus dactylio-thecis selectarum cum explicatio-nibus *Romæ*, 1781, 2 tom. en 1 v. in-fol. v. fig. ... 50 fr.
Ornements remarquables gravés par Cassini.

770. **Paillot de Montabert.** Traité complet de la peinture. *Paris*, 1829-51, 9 v. in-8 d. r. v. fauve. Plus 1 v. in-4 d'atlas. ... 40 fr.

771. **Paillot** (Pierre). Le Parlement de Bourgogne, son origine, son établissement et son progrès, avec les noms, surnoms, qualités, armes et blasons des présidents, chevaliers, conseilliers, etc. *Dijon*, 1649, blasons ... 70 fr.
- Bel exemplaire. Peu commun.

772. **Patriote artésien** (le) dédié à Monseigneur le comte d'Artois par M. de *** ancien officier de cavalerie. *Paris*, 1761, in-8 d. r. v. ... 5 fr.
Ouvrage utile à consulter pour l'histoire de l'Artois.

773. **Ponce,** Description des bains de Titus ou collection de peintures trouvées dans les ruines des Thermes de cet Empereur. *Paris*, 1786, gr. in-fol. ... 30 fr.
60 planches en belles épreuves.

774. **Quatremère de Quincy.** Essai sur l'idéal dans ses applications pratiques aux œuvres de l'imitation propre des arts du dessin. *Paris, Le Clerc*, 1837, in-8, d. r. v. ... 5 fr.

775. **Raoul-Rochette.** Monuments inédits d'antiquité figurée, grecque, étrusque et romaine. *Paris, imp. roy.*, 1833. 2 v. dont un de planches, cart. rouge n. rog. Première partie. Cycle héroïque. 15 fr.

776. **Régnault de Warin.** L'Ange des prisons (Louis XVII) élégie avec le portrait du jeune Roi, dessiné sur le buste du cabinet de Madame, duchesse d'Angoulême, et des romances gravées. *Paris*, 1817, pet. in-8 v. ... 5 fr.
la musique des romances est de Ch. d'Ennery.

777. **Ridinger.** Représentation et description de toutes les leçons des chevaux de manége et de la campagne, et dans qu'elles occasions on s'en puisse servir. *Augsb.*, 1760, pet.

in-fol. cart. figure ... 30 fr.
Texte allemand et français

778. **Rosny** (Joseph). Histoire de la ville d'Autun. *Autun*, 1802, in-4 cart. non rogné, carte et figures. ... 8 fr.

779. **Ruffi** (Antoine de). Histoire des Comtés de Provence, enrichie de plusieurs de leurs portraits, sceaux, monnoyes. *Aix*, 1654, in-fol. v. fig. ... 20 fr.

789. **Sauvage** (Denis). Les Annales et chroniques de France, où sont contenus les faits et gestes des rois très-chrestiens, jadis composés par Nicole Gille. *Paris*, 1560, in-fol. fig. reliure du temps. ... 20 fr.
Jolies lettres ornées.

181. **Saincte-Marthe** (Scévole et Louis de). Histoire généalogique de la Maison de France, revue et augmentée en cette troisième édition, avec les illustres familles sorties des reynes et princesses du sang. *Paris*, 1617, 2 v. in-fol. v. ... 35 fr.

782. **Silvestre de Sacy.** Les mille et une nuits, contes arabes, édition illustrée par les meilleurs artistes français, revue et corrigée sur l'édition princeps de 1704, augmentée d'une dissertation. *Paris, Bourdin*, 3 v. in-4 d. r. v. fig. ... 10 fr.

783. **Simonde de Sismondi.** De la littérature du midi de l'Europe. *Paris, Treuttel et Wurtz*, 1813, 4 v. in-8 cart. rouge. ... 20 fr.

784. **Stolberg** (le comte de). Histoire de N. S. Jésus-Christ. *Paris*, 1838, 2 v. in-8 br. ... 10 fr.

785. **Tableau des mœurs françaises** au temps de la Chevalerie, tiré du roman de sire Raoul et de la belle Ermeline, par L. C. P. D. V. *Paris*, 1825, 4 v. in-8 d. r. ch... in-folio ... 20 fr
N° 111 et bel exemplaire sur papier vergé d'un ouvrage estimé, tiré à petit nombre.

786. **Télémacomanie** (la) ou la censure et critique du roman inutile les Aventures de Télémaque. *Eleutérople*, 1700, in-8 v. ... 5 fr.

787. **Thomas** (Edme). Histoire de l'antique cité d'Autun, illustrée et annotée. *Autun*, 1846, in-4 d. r. v. doré en tête. ... 12 fr.

Voyage pittoresque, ou description des Royaumes de Naples et de Sicile, par l'abbé de St-Non. *Paris*, 1781, 6 v. in-f. mar. r. tr. d. (*Magn. exemp.*) 280 fr.

LIVRES
QUI SE TROUVENT CHEZ MM. SCHLESINGER, FRÈRES
Éditeurs du Dictionnaire de la Noblesse par La Chenaye-Desbois et Badier.
Libraires, rue de Seine, 12, à Paris.

788. **Abrégé** chronologique des grands fiefs de la couronne de France (par Brunet). *Paris,* 1759 in-8 v. br. 7 fr.

789. **Abrégé** de l'Histoire ecclésiastique, civile et politique de la ville de Rouen, avec son origine et ses accroissements; contenant une description exacte des plus anciens monuments qui subsistent encore dans cette capitale (par le Cocq de Villeray), *Rouen,* 1759, in-12 v. br. 8 fr.

790. **Ancillon** (F.). Tableau des révolutions du système politique de l'Europe, depuis le XIIIe siècle, Nouv. édit. *Paris,* 1823, 4 vol. in-8 br. 16 fr.

791. **Annales** des choses plus mémorables arrivées tant qu'ailleurs, sous les règnes de Henry VIII, Édouard VI, et Marie, traduites d'un auteur anonyme, par de Loigny. *Paris,* 1647. in-4 dem. rel. 6 fr.

792. **Anselme.** Histoire généalogique et chronologique de la maison royale de France, des grands officiers de la couronne et de la maison du roy, avec les qualités, l'origine et le progrès de leurs familles. Ensemble les statuts et le catalogue des chevaliers, commandants et officiers de l'ordre du Saint-Esprit, le tout dressé sur les titres originaux, registres des chartres du roi, du parlement, de la chambre des comptes et du châtelet de Paris, cartulaires d'églises, manucrits et mémoires de la bibliothèque du roy, et autres. Edition revue, corrigée et augmentée par l'auteur, et, après décès, continuée jusque à présent par un de ses amis. *Paris,* 1712, 2 vol. in-fol. 50 fr.

793. **Arnault, Jay, Jouy,** etc. Biographie nouvelle des contemporains, ou dictionnaire historique et raisonné de tous les hommes qui, depuis la révolution française, ont acquis de la célébrité, ornée de 240 portr. *Paris,* 1820, 20 vol. in-8 cart. 30 fr.

794. **Auteurs** déguisez sous des noms étrangers, empruntez, supposez, feints à plaisirs, chiffrez, renversez, retournez ou changez d'une langue en une autre. *Paris,* 1690, in-12 v. br. 7 fr.

795. **Bachaumont** (L. P. de). Mémoires secrets pour servir à l'histoire de la république des lettres en France, depuis 1762 jusqu'à nos jours. *Londres,* 1780, 36 tom. en 18 vol. in-12 dem. rel. 55 fr.

796. **Barante** (de). Histoire des Ducs de Bourgogne de la maison de Valois, 1364-1477, 5e édition. *Paris.* 1837, 12 vol. in-8 cart., gravé sur pap. de Chine. 55 fr.

797. **Basan** (F.). Dictionnaire des graveurs anciens et modernes, depuis l'origine de la gravure. *Paris* 1789, 2 vol. in-8 dem. rel. non rog. et 45 belles figures. 40 fr.

798. **Bayle** (P.). Dictionnaire historique et critique. Nouv. édit. *Paris,* 1820, 16 volumes in-8 br. 100 fr.

799. **Ses œuvres diverses.** *La Haye,* 1727, 4 vol. in-fol. v. br. 25 fr.

800. **Berthoud** (Ferdinand), horloger-mécanicien du roi. Essai sur l'horlogerie. *Paris,* 1763, 2 vol. in-4 v. 30 fr.

801 **Buchez et Roux.** Histoire parlementaire de la révolution française. *Paris,* 1834, 40 vol. in-8 br. 75 fr.

802. **Bibliothèque poétique** ou nouveau choix des plus belles pièces de vers en tout genre, depuis Marot jusqu'aux poètes de nos jours, avec leurs vies et des remarques (par Le Fort de la Morinière). *Paris,* 1745. 4 vol. in-12 v. br. frontisp. *Bel exempl.* 12 fr.

L'introduction de près de 60 pages de ce bon recueil, contient l'origine et l'histoire de la poésie française, et celle des poètes français avant Clement Marot.

803. **Bixio** (Alex.). Maison rustique du 19e siècle contenant les meilleures méthodes de culture usitées en France et à l'étranger, tous les procédés pratiques propres à guider le cultivateur, le fermier, le régisseur, etc., terminée par des tables méthodiques et alphabétiques, avec 2500 grav. *Paris*, 1844, 5 vol. gr. in-8 dem. rel. v. 34 fr.

804. **Bizot**. Histoire métallique de la république de Hollande. *Paris*, 1687, in-fol., bas. (frontisp. grav.). 12 fr.
Ouvrage orné de médailles, culs-de-lampe, vignettes.

805. **Bonstetten** (de). Recherches sur la nature et les lois de l'imagination. *Genève*, 1807, 2 vol. in-8 br. 8 fr.

806. **Borch** (comte de). Lettres sur la Sicile et sur l'île de Malte, pour servir de supplément au Voyage en Sicile et à Malte de Brydonne. *Turin*, 1782, 2 v. in-8 v. gr. dent. fig. 8 fr.

807. **Bossuet** (Jacq.). Discours sur l'histoire universelle. *Paris*, 1684, in-4 v. *Première édition.* 12 fr.

808. **Œuvres** complètes de Bossuet, revues sur les manuscrits originaux et les éditions les plus correct. *Versailles, Lebel*, 1815-19, 47 vol. in-8 d. r. 200 fr.
Édition la plus complète et la meilleure que l'on ait des écrits de ce grand prélat; elle a été préparée par l'abbé Hemey d'Auberive et continuée par l'abbé Caron (voyez *Brunet*).

809. **Briant, de Laubrière.** Armorial général de Bretagne, relevé des diverses réformations de la noblesse de cette province, depuis 1400 jusqu'à 1668. *Paris*, 1844, in-8 br. 7 fr. 50.

810. **Brué** (A.). Atlas universel de géographie physique, politique ancienne et moderne, contenant les cartes générales et particulières de toutes les parties du monde. *Paris*, 1822, gr. in-fol. dem. rel. v. 25 fr.
Atlas très-estimé et fort bien exécuté.

811. **Bullet.** Mémoires sur la langue celtique, contenant l'histoire de cette langue, et une indication des sources où l'on peut la trouver aujourd'hui; un Dictionnaire celtique

renfermant tous les termes de cette langue. *Besançon*, 1754, 3 v. in-fol. (cart) non rog. 110 fr.

812. **Bulletin** de la grande armée, en turc, 2 vol. in-4 mar. roug. tr. dor. larg. dent. doubl. en soie. 30 fr.

813. **Burlamaqui.** Principes du droit de la nature et des gens, nouv. édit., revue par M. Dupin aîné. 1820-21, 5 vol. in-8 dem. rel. (épuisé). 45 fr.

814. **Bury** (De). Histoire de la vie de Henry IV. *Paris, Didot aîné*, 1765, 3 vol. in-4, v. m. quantité de portraits. 12 fr.

815. **Caillot** (Ant.). Mémoires pour servir à l'histoire des mœurs et usages des Français, depuis les plus hautes conditions jusqu'aux classes inférieures de la société. etc. *Paris*, 1827, 2 vol. in-8 br. 9 fr.

818. **Chevrier** (de). Mémoires pour servir à l'histoire des hommes illustres de Lorraine. *Paris*, 1753, 2 vol. in-12 v. 8 fr.

819. **Collin de Plancy** (J.-A.-S.) Dictionnaire critique des reliques et des images miraculeuses, précédé d'un essai historique sur le culte des images et des reliques; suivi du traité des reliques de J. Calvin. *Paris*, 1822, 3 vol. in-8 br. 15 fr.

820. **Considérations** sur quelques abus de l'esprit en matière de littérature. *Amst.*, 1756, in-8 br. 4 fr.

821. **Courtin.** Encyclopédie moderne, ou, dictionnaire abrégé des sciences, des lettres et des arts. *Paris*, 1824; 26 vol. in-8 br., planches. 35 fr.

821 bis. **Coutumes générales d'Artois**, avec des notes, par Maillart. *Paris*, 1704, un fort vol. in-4. 6 fr.

822. **Curti** (Léopold). Mémoires historiques et politiques sur la république de Venise, rédigés en 1792, rev. et corr. et enrichis de notes par lui-même. *Paris*, 1812, 1 fort vol. in-8 dem. rel. 4 fr.

823. **Dassance.** Nouvelle bibliothèque des prédicateurs, ou dictionnaire apostolique à l'usage de ceux qui se destinent à la chaire, précédé d'un discours préliminaire. *Paris*, 1837, 15 vol. in-8 br. 32 fr.

824 **Degerando.** Histoire comparée des systèmes de philosophie,

...considérés relativement aux principes des connaissances humaines, 2e éd. Paris, 1823, 4 vol. in-8 br. ... 15 fr.

826. **Depping** (G. B.) Histoire des expéditions maritimes des Normands, et de leur expédition au Xe siècle, ouv. couronné en 1822 par l'Acad. royale des Inscriptions et belles-lettres. Paris, 1826, 2 vol. in-8 br. ... 12 fr.

827. **Description** de l'avant-port de l'ouverture de Cherbourg, qui a eu lieu le 27 août 1813. Caen, 1813, br. in-8. ... 2 fr.

828. **Description** d'un monument du moyen-âge existant en Normandie, par Spencer Smythe. Caen, 1820, br. in-8. ... 3 fr.

829. **Dictionnaire** interprète-manuel des noms latins de la géographie ancienne et moderne (par Esprit-Joseph Chaudon). Paris, 1777, in-8 v. fauv. ... 6 fr.

830. **Discours prononcé** par Molière le jour de sa réception posthume à l'Académie française avec la réponse. Paris, 1779, broch. in-8. ... 3 fr.

831. **Dissertations** sur les biens des nobles, avec des observations sur le vingtième. 1758, in-12 v. 5 fr.

832. **Dissertation** sur l'origine des Francs, et sur l'établissement et les premiers progrès de la Monarchie française. Paris, 1748, in-12 v. m. ... 5 fr.

833. **D'Orbigny.** Dictionnaire universel d'histoire naturelle. Paris, 1847, 13 volumes de texte et 3 volumes de planches coloriées, dos et coins maroquin bleu. ... 220 fr.

834. **Dunot** (M. F. J.). Histoire des Séquanois et de la province Séquanoise, des Bourguignons et du premier royaume de Bourgogne, de l'Église de Besançon jusques dans le sixième siècle, et des abbayes nobles du comté de Bourgogne, Saint-Claude, Baume, Gigny, Château-Chalon, Baume-les-Dames, Lons-le-Saunier, Mijette et Montigny. Dijon, 1735, in-4 v. (Vue de Besançon, etc. taché). 12 fr.

835, **Du Plessis** (Toussaints). Nouvelles annales de Paris, jusqu'au règne de Hugues-Capet, etc. Paris, 1753, in-4. ... 12 fr.

8360. **Dumoulinet.** Le Cabinet de la bibliothèque de Sainte-Geniève, contenant les antiquités de la religion chrétienne, des Égyptiens, Romains ; des tombeaux, des poids, et des médailles, etc., etc. Paris, 1692, in-fol. v. fig. ... 15 fr.

837. **Eccard.** Leges francorum salicae et ripuariorum. 1720, in-fol. v. br. (Peu commun). ... 15 fr.

838. **Les Entretiens du Palais-Royal.** 2 part. in-12. Utrecht, et se trouve à Paris, 1786, in-12 4 fr.

839. **Esprit** de Madame de Necker, extrait des cinq volumes des Mélanges tirés de ses manuscrits, publiés en 1798 et en 1801. Paris, 1808, in-8 br. ... 4 fr.

840. **Essai** philologique sur les commencements de la Typographie, à Metz, et sur les imprimeurs de cette ville. Metz et Paris, 1828, in-8 br. ... 6 fr.

841. **Essai** sur l'histoire générale de Picardie, les mœurs, les usages, le commerce. Abbeville, 1770, 2 vol. in-12 d. r. v. ... 8 fr.

842. **Essai** sur les grands hommes d'une partie de la Champagne, par un homme du pays. Amsterdam, 1768, in-8 br. ... 8 fr.

843. **Essai** sur la théorie des volcans d'Auvergne. Riom, Landriot, 1802, in-8 br. ... 4 fr.

844. **Essai** historique sur les provinces basques. Bordeaux, 1836, in-8 br. ... 6 fr.

845. **Essai** sur les causes principales qui ont contribué à détruire les deux premières races des rois de France, par l'auteur de la Théorie du luxe. Paris, Duchesne, 1770, in-8 d. r. ... 4 fr.

846. **Essai** historique sur les Lanternes. S. l. n. d., in-8 d. r. 4 fr.

847. **Essais** sur l'origine de la gravure en bois et en taille-douce et sur les connaissances des estampes. Paris, 1808, 2 v. in-8 dem. rel. fig. ... 25 fr.

848. **Essais** historiques sur Orléans. Orléans, Couret de Villeneuve, 1778, in-8 br. avec un plan gravé de la ville d'Orléans. ... 12 fr.

849. **Essais** historiques sur la vie de Marie-Antoinette d'Autriche, reine de France. Londres, 1789, in-12 bas. (les deux parties sans le por-

trait). Le Ca ... 20 fr.

850. Etat de la Gaule au cinquième siècle à l'époque de la conquête des Francs. *Paris*, 1805, 2 vol. in-12 v. gr. fil. ... ; 8 fr.

851. Galerie de Florence. Tableaux, statues, bas-reliefs et camées de la Galerie de Florence et du Palais de Pitti, dessinés par Wicar et gravés sous la direction de Lacombe et Masquelier, avec les explications par Mongez l'aîné, etc. *Paris*, 1789, 3 vol. gr. in-fol. demi-rel. non rog. ... 500 fr.

— Un des exemplaires du *premier tirage* sur papier vélin superfin d'Annonay.

852. Galeries historiques du palais de Versailles. *Paris*, 1840, 10 vol. in-8 br. ... 35 fr.

Ouvrage important, imprimé aux frais de Louis-Philippe, contenant la description de 1200 tableaux, des notices historiques, sur plus de 676 écussons armoriés de la salle des Croisades, etc. etc.

853. Géographie des légendes (la) par Jouanneaux. *Paris*, 1743, in-12 vél. (*rare*, *bel exemplaire*. 9 fr.

854. Gibbon, Histoire de la décadence et de la chute de l'empire romain, trad. par Guizot. *Paris*, 1812, 13 vol. in-8 dem., rel. 50 fr.

855. Grimm (Fr.-M.), Correspondance littéraire, philosophique et critique de Grimm et de Diderot, depuis 1753 jusqu'en 1790. Nouv. édit. revue et mise dans un meilleur ordre, avec des notes et des éclaircissements où se trouvent rétablies, pour la première fois, les phrases supprimées par la censure impériale (par M. J.-Taschereau). *Paris*, *Furne*, 1829, 16 vol. in-8 demi-rel. v. vert. 80 fr.

856. Grimm et Diderot. Correspondance littéraire, philosophique et critique. *Paris*, 1813, 17 vol. in-8 veau (*bel exempl.*). 45 fr.

857. Goujet. Bibliothèque française ou Histoire de la littérature française dans laquelle on montre l'utilité que l'on peut retirer des livres publiés en français depuis l'origine de l'imprimerie pour la connaissance des belles-lettres, de l'histoire, etc. *Paris*, 1741, 18 vol. in-12 v. 45 fr.

Ouvrage précieux pour les personnes qui s'occupent de l'histoire littéraire.

858. Guignes (D.). Dictionnaire chinois, français et latin. *Paris*, 1813, in-fol. — Supplément, publié par Klaproth. *Paris*, 1819, in-fol. demi-rel. v. ... 55 fr.

859. Guignes (De). Histoire générale des Huns, des Turcs, des Mogols et des autres Tartares occidentaux avant et depuis Jésus-Christ, ouvrage tiré des livres chinois et des manuscrits orientaux de la bibliothèque du roi. *Paris*, 1756, 5 vol. in-4, demi-rel. ... 85 fr.

860. Hamilton (Ant.). Œuvres. *Paris*, Renouard, 1812, 3 vol. in-8 br. fig. portr. ... 12 fr.

861. Heeren. Essai sur l'influence des Croisades, trad. de l'allemand par Ch. Villers. *Paris*, 1808, in-8 demi-rel. v. ... 3 fr. 50

862. Helyot. Histoire des ordres monastiques, religieux et militaires, et des congrégations séculaires. *Paris*, 1714, 8 vol. in-4 v. 190 fr.

863. Hervarar Saga pa Gammal Gotska med Olai Verelii vttolkning och notis (historia Hervarœ, lingua veteri gothica cum interpret. lat. et annotationibus prolixis Olai Verelii). *Upsaliœ, Exc. H. Curio*, 1672, in-fol. demi-rel. v. br. fig. (*Thompson*). ... 35 fr.

Cet exemplaire contient en plus l'article *Auctarium notarum in Hervarar Saga*, etc., pièce de 55 pages, et puis les 2 feuillets intitulés : *Annotationibus Kalori episc. arosiensis e xcerptæ, ex ms. membraneo nunc primum in lucem prolatæ* (circa 1677), 2 autres fl. sous le même titre, mais avec des différences assez notables, pour qu'il, soit nécessaire de conserver les deux éditions (*V. Brunet.* On a vendu un ex. sans ces additions 84 fr. La Vallière.

864. Histoire ancienne des Saliens, nation ligurienne ou celtique ; et des Saliens, prêtres de Mars; et des Mémoires sur l'origine de l'Académie celtique, par de Fortia d'Urban. *Paris*, 1805, in-12 v. m. 6 fr.

865. Histoire du Ciel, où l'on recherche l'origine de l'idolâtrie et les méprises de la philosophie. Nouv. éd. *Paris*, 1748, 2 vol. in-12 v. fig. ... 7 fr.

866. Histoire générale des Provinces-Unies. *Paris*; 1757, 8 vol. in-4 br. ... 25 fr.

867. Houard (Dav.). Anciennes lois des Français conservées dans les coutumes anglaises, avec des observations hist. et crit. où l'on fait voir

que les coutumes et les usages suivis anciennement en Normandie
sont les mêmes que ceux qui étaient
en vigueur dans toute la France,
sous les deux premières races de
nos rois. *Rouen*, 1766, in-4 v. 10 fr.

868. **Jardin des plantes** (le).
Description complète, historique et
pittoresque du Muséum d'histoire
naturelle, de la ménagerie, des galeries de minéralogie, de botanique
et d'anatomie, de la vallée suisse,
etc., par Bernard Lemaoux, etc. *Paris, Curmer*, 1842. 2 vol. gr. in-8
d. r. chagr. 35 fr.

Ouvrage d'une belle exécution, orné d'un
nombre considérable de gravures noires et coloriées et de très-beaux portraits. La meilleure
édition.

869. **Joubert** (F.-E.). Manuel de
l'Amateur d'estampes, contenant depuis l'origine de la gravure : 1o les
remarques qui déterminent le mérite
et la priorité des épreuves ; 2o les
caractères auxquels on distingue les
originaux d'avec les copies ; 3o les
prix que les pièces capitales peuvent
conserver dans le commerce en raison de leur rareté et de l'opinion des
amateurs. *Paris*, 1821, 3 vol. in-8
demi-rel. v. f. non rogn. 45 fr.

870. **Lanfranc.** Notice biographique, littéraire et philosophique,
par M. A. Charma. *Paris*, 1850, in-
8 br. 2 fr.

871. **Leroux** (Phil.-Jos.). Dictionnaire comique, satyrique, critique,
burlesque, libre et proverbial. Nouv.
édition. *Lyon*, 1735, in-8 v. n. 7 fr.

872. **L'Estoile** (Pierre de). Journal
du règne de Henri IV. *La Haye*,
1741, 4 vol. in-12, dem. rel. pl. (*bel
exempl.*). 20 fr.

873. **Lettre** à M. Auguste Le Prevost sur le Cœur de saint Louis, par
A. Derville. *Rouen*, 1846, in-8 br.
2 fr.

874. **Lettres patentes.** Déclara-
tions du Roy sur le fait de la marine et admirauté de France, publiées en Parlement le 3 avril 1576.
Rouen, 1612, 10 ff. in-12. 4 fr.

875. **Lochner** (Job. Hieron). Sam-
lung merkwürdiger Medaillen durch
eine historische Erlaeuterung hin-
laenglich erklaeret. *Nürnberg*, 1741,
8 vol. in-4 demi-rel. v., quantité de
médailles (*très-bel exempl.*). 40 fr.

876. **Malingre.** Traité de la Loy
Salique, armes, blasons et devises
des François, retirez des anciennes
chartes, chroniques et annalles de
France. *Paris, Claude Collet*, 1614,
pet. in-8 vél. (blasons).

Cet ouvrage se trouve difficilement. *Sommaire :*
Fondation de la ville et cité de Paris, des armes
et les blasons d'icelle et de la terre appelée Parisiis, de la mutation du nom de *Lutesse* en Paris, de la loi salique, des fleurs-de-lys, de l'institution du royaume d'Ivetot. etc., etc.

877. **Louvet.** La France dans sa
splendeur. *Lyon*, 1674, 2 vol. in-12
v. b. 10 fr.

878. **Marie de France**, poète
anglo-normand du XIIIe siècle. Ses
poésies ou recueil de lais, fables et
autres productions de cette femme
célèbre, par B. de Rocquefort. *Paris*, 1832, 2 vol. in-8 broché. 10 fr.

879. **Mariée.** Traité des archives
dans lequel on enseigne le moyen
de faire revivre les anciennes écri-
tures *Paris*, 1779, in-8 br. 6 fr.

880. **Mazzini** (A.-L.). De l'Italie
dans ses rapports avec la liberté et
la civilisation moderne. *Paris*, 1847,
2 vol. in-8 br. 12 fr.

881. **Mennechet.** Le Plutarque
français. Vie des hommes et femmes
illustres de la France, avec leurs
portraits en pied. *Paris*, 1835, 8
vol. in-8 demi-rel. 40 fr.

882. **Mézeray.** Histoire de France.
18 vol. in-8 br. 30 fr.

883. **Notice** historique sur Leboucher,
auteur de l'histoire de la guerre ma-
ritime de 1777. *Paris*, 1823, br. in-
8. 2 fr.

884. **Notice** sur M. le Chanteur, commissaire principal de la marine, par
M. Ed. Thierry. *Cherbourg*, 1848,
br. in-8 pap. vél. 2 fr.

885. **Notice historique** sur
l'abbé Gambier, ancien régent de
rhétorique, chanoine de la cathédrale de Coutances, par l'abbé Daniel. *Caen*, 1829, br. in-8. 4 fr.

886. **Notice** biographique sur Mgr
Louis-Robert Paysant, ancien vi-
caire-général du diocèse de Bayeux,
par l'abbé Laffelay. *Caen*, 1842, in-
8 br. 2 fr.

887. **Notice** sur M. Moisson-Devaux,
vice-président de la société d'agriculture et de commerce de Caen, in-
8 br. 2 fr.

888. **Observations** sur la pronon-

-ciation et le langage rustiques des environs de Paris, par Emile Agnel. 1 vol. in-12, reliés, 3 fr.

Dans ce curieux ouvrage, tiré seulement à 300 exemplaires, l'auteur a eu pour but de constater l'état actuel du langage conservé par les paysans des environs de Paris. S'appuyant sur des documents historiques et sur le témoignage des meilleurs auteurs du Moyen-Age, M. Agnel est arrivé à prouver que ce langage est le même dont jadis se servaient nos pères dans cette même partie de la France.

889. **Recueil** de lettres normandes en réponse à M. Jos. Chénier, auteur de plusieurs morceaux de littérature française du Moyen-âge, insérés dans le Mercure des 14 octobre 1809, 6 et 20 janvier 1810, *manuscrit*, format in-8. 15 fr.

Ces lettres sont de l'abbé de La Rue.

890. **Notice** sur la découverte des restes d'une habitation romaine dans la Mielle de Cherbourg. — Supplément à la Notice, imprimée en 1830, par Aug. Asselin. *Cherbourg*, 1829 à 1832, in-8 portraits. 4 fr.

891. **Origine** (de l') et des progrès d'une science nouvelle, par l'abbé Baudeau. *Londres et Paris*, 1768, in-8 v. ant. 3 fr.

892. **Origines** des premières sociétés, des peuples, des sciences, des arts et des idiomes anciens et modernes, par Poinsinet de Sivry. *Amst. et Paris*, 1771, in-8 v. m. 3 fr.

893. **Oroux.** Histoire ecclésiastique de la cour de France, où l'on trouve tout ce qui concerne l'histoire de la chapelle et des principaux officiers ecclésiastiques de nos rois. *Paris*, impr. roy. 1776, 2 vol. in-4 v. mar. 15 fr.

894. **Pastoret.** Moyse considéré comme législateur et comme moraliste. *Paris*, 1788, in-8 v. m. 6 fr.

895. **Pierart** (Z.). Recherches historiques sur Maubeuge, son canton et les communes limitrophes. *Mons*, 1851, grand in-4, cartes coloriées et fig. 8 fr.

896. **Pictet** (Ad.). Du culte des Cabires chez les anciens Irlandais. *Genève*, 1824, in-8, v. marbr. (*rare*). 7 fr.

897. **Portefeuille** de madame de I.... donné au public par M. de V.... (marquise de Simiane). *Berlin*, 1751,

-- *Paris*, 1715, in-12 v. 3 fr. 25

898. **Pougens** (Charles). Essai sur les antiquités du Nord et les anciennes langues septentrionales. Seconde éd. *Paris*, 1799, in-8 v. 5 fr.

899. **Rabelais** (François). Ses œuvres. Nouv. édit. *Amsterdam*, 1711, 6 tomes en 5 v. in-12, v. fig. 20 fr.

900. **Ragueau** (J.). Glossaire du droit françois, contenant l'explication des mots difficiles qui se trouvent dans les ordonnances de nos rois, dans les coutumes du royaume, revu, cor. et augm. par M. de Laurière. *Paris*, 1704, 2 vol. in-4 25 fr.

901. **Recherches** sur la manière d'inhumer des anciens, à l'occasion des tombeaux de Civaux en Poitou. *Poitiers*. 1738, in-12 bas. 5 fr.

902. **Recherches** sur l'art statuaire, considéré chez les anciens et les modernes, par Emeric-David. *Paris*, 1805, in-8 v. rac. dent. 12 fr.

Ouvrage couronné par l'Institut national.

903. **Recherches** (nouvelles) sur les vaisseaux longs des anciens, sur les voiles latines, lues à l'Académie des belles-lettres, par Le Roi, de l'Acad. roy. des Inscriptions. *Paris*, 1786, in-8; mar. r. fil. tr. dor. fig. rare (*aux armes*). 6 fr.

904. **Recherches** sur la Noblesse (Généralité de Caen), 1 vol. in-fol. cart.

Manuscrit de 200 feuillets d'une écriture très-lisible de la fin du XVIIe siècle, donnant des détails intéressants sur les abbayes, monastères, couvents de religieuses, sur les châteaux et les terres, etc.

905. **Remontrance** des avocats plaidans ou consultans de Lyon à Henry-François Lambert d'Herbigny, marquis de Thibouville, maître des requêtes, intendant de justice en la ville de Lyon. br. in-4 10 fr.

906. **Roger.** Archives historiques et ecclésiastiques de la Picardie et de l'Artois. *Amiens*, 1843, 2 vol. in-8 fig. 18 fr.

907. **Rousseau** (J.-J.). Emile ou de l'éducation. *La Haye*, J. Néaulme, 1762, 4 vol. in-8 v. br. avec les gravures d'Eisen (très-belles épreuves).

UN NOUVEAU DOCUMENT HAGIOGRAPHIQUE.

Les études archéologiques, dont les objets paraissent, en général, d'un intérêt restreint et d'une nature aride, ont cependant, il faut en convenir, leur utilité pratique et leurs heures de vive jouissance. Qu'on nous laisse citer aujourd'hui un nouvel exemple de cette vérité trop méconnue.

Parmi les papiers administratifs de la préfecture de Loir-et-Cher, on a fait une découverte inattendue : celle d'un manuscrit du XV⁰ siècle, contenant la vie de saint Victor, évêque du Mans, au VI⁰ siècle, personnage oublié dans la liste de ces Pontifes qui se trouve dans la *Gallia christiana*, et où règne beaucoup de confusion pour les temps antiques.

Cet ouvrage, provenant anciennement de l'église de la Chaussée-Saint-Victor, paroisse rurale des environs de Blois, semble un extrait d'un Bréviaire du diocèse de Chartres, dont l'archidiaconé de Blois faisait partie, avant l'érection de l'évêché de ce nom au XVII⁰ siècle. C'est probablement un de ces lectionnaires qu'on rédigeait jadis pour l'usage des églises et qui contenaient la vie du Saint local, abrégée selon la grande *Vie des Saints* et réduite en leçons, de manière à être récitée dans les offices spéciaux.

L'analyse de l'ouvrage paraît confirmer cette supposition. Il est divisé en neuf leçons, toutes terminées par les deux premiers mots du verset. « Tu autem, Domine, miserere nobis, » et suivi d'une partie à chanter et non plus à réciter, qui consiste: 1⁰ dans deux hymmes, imitées du célèbre *Pange lingua*, et commençant par les mêmes mots, et 2⁰ une antienne avec verset, répons et oraison (1).

On nous permettra de dire, entre parenthèse, qu'il serait convenable que cet office pût être rétabli liturgiquement par l'Evêque, dans l'église actuelle de la Chaussée. Cet édifice peu ancien, refait et replâtré depuis sa construction, d'une époque inconnue, a dû remplacer l'antique sanctuaire, situé près de la rivière, au lieu de l'oratoire primitif du Saint, suivant l'usage. Dans cet endroit, encore très-vénéré dans le pays, appelé spécialement *Saint-Victor*, et au cimetière actuel, on croit avoir retrouvé le tombeau du Saint. Ajoutons, puisque ce point a été touché, que dans l'église de la Chaussée, parmi un grand nombre de châsses, on en trouve une en bois peint et doré, du XVI⁰ siècle, très-curieuse, admirable par l'expression des figures, et dont on n'a pu expliquer les sujets

______

(1) Il résulte définitivement des recherches faites sur ce point, que notre manuscrit est l'office tout entier du Saint divisé en neuf leçons terminées, suivant la coutume, par le verset habituel, avec les autres parties de l'office et l'évangile du jour.

que par de vagues traditions orales, jusqu'à la découverte du manuscrit
en question, au moyen duquel tout est parfaitement éclairci.
     Revenons à l'analyse du livre.

L'écrivain, dans le cours des leçons, qui composent principalement
l'ouvrage (comme il a été dit), fait connaître, en un latin emphatique et
parfois obscur, les diverses phases de l'existence de saint Victor, mais
surtout ses miracles. On l'y voit d'abord nommé ainsi comme vainqueur
des démons et préposé par Dieu à la garde du château de Blois (castrum (1), ce qui doit s'entendre à cette époque de la ville de Blois, au
VIe siècle, peu considérable et toute renfermée dans les murailles d'une
forteresse sur le côteau de la Loire, à son confluent avec le ruisseau de
l'Arron. La naissance de Victor est inconnue ; ses miracles sont nombreux. Un navire chargé de marchandises, naviguant sur la Loire, pas-
sait devant l'ermitage de la Chaussée. Un matelot se met à insulter le solitaire, l'accusant de vivre mal et en concubinage. Peu après, dans une
tempête, l'insulteur tombe à l'eau et on voit le diable l'enfoncer, malgré
ses efforts pour surnager. Le Saint paraît, gourmande le démon, tire le malheureux de ses griffes et l'amène au port, converti et repentant. Après un tel
miracle, la réputation de Victor se répand au loin, et, à la mort de l'évêque
du Mans, le peuple et le clergé de cette ville envoient vers lui et l'arra-
chent à sa solitude pour l'élever, malgré son refus, au pontificat. Là,
Victor abandonne furtivement les pompes séculières pour aller retrouver
son désert chéri, où il meurt enfin, exténué de jeûnes et de mortifications.
Après son trépas, la légende rapporte qu'une biche blanche venait chaque
année, le jour de son anniversaire, se présenter devant le temple, dont
les portes s'ouvraient d'elles-mêmes, au bruit de la clochette miraculeu-
sement secouée et s'agenouiller devant l'autel et le sacré mausolée.
Les deux hymnes qui suivent ce récit sont en vers rimés, non rythmés,
suivant l'habitude des poésies latines du moyen-âge. Elles racontent,
outre ces faits, ceux qui se rapportent à un vol commis dans l'église, découvert par un miracle qui emprisonna les brigands dans le temple, dont
les portes, quoiqu'enfoncées, se refermèrent d'elles-mêmes sur les vo-
leurs.
L'ouvrage est terminé par un extrait de l'évangile selon saint Luc, relatif
à la vigilance (2), et une répétition de l'oraison dernière de l'office spécial ;
le tout d'une écriture postérieure à celle du manuscrit, qui est en minus-
cule gothique, avec titres en rubriques et majuscules carminées.
Sur le dos du volume se trouve la note suivante, en encre rouge :
« Saint Victor, près Blois, 1554. » Ce n'est pas la date de l'ouvrage, mais
l'indication de l'époque où il a pu faire partie des archives de l'église,
probablement classées au XVIe siècle. Sur la couverture extérieure se lit
un extrait de l'histoire de Gui, première partie, chapitre III : — Deux
personnages, dit cette note, ont été appelés ainsi, tous deux nobles. L'un
fut martyrisé sous les empereurs Dioclétien et Maximien (3). L'autre se
rendit célèbre dans le Maine. Son père s'appelait le chevalier Thibault et

(1) On sait que le castrum est une espèce de bourg, d'une importance restreinte, mais d'origine romaine.
(2) C'est celui qu'on dit à la Messe de la fête du Saint, chapitre II, versets 35 à 40.
(3) C'est saint Victor de Marseille, martyr, dont la vie est insérée au Bréviaire de Blois, partie d'été, page 470, 21 juillet.

sa mère Jeanne. Il laissa tout, enfant, parents et patrie, et alla construire un oratoire sur le château de Blois, où, après la mort d'Allain (1), évêque du Mans, et sur le bruit de ses miracles, il fut élu en sa place... Ces dix-huit lignes sont d'une écriture cursive, effacée, fine et très-difficile à déchiffrer.

L'histoire locale nous apprend qu'il y avait jadis dans ce village une ancienne église, qui eut, dit-on, pour fondateur Charlemagne, parce qu'on voyait sa figure à cheval, à côté de la grand'porte. Ce temple était situé dans le val de Loire. C'était, assure-t-on, une paroisse *extra muros* de la ville de Blois. Elle fut saccagée au XVIe siècle par les protestants et les reliques de saint Victor, qu'elle possédait, furent perdues. Ce n'est qu'en 1670 qu'elles furent retrouvées et recueillies par les habitants, qui les renfermèrent dans des châsses, déposées maintenant dans l'église nouvelle, ancien prieuré dépendant de l'abbaye de Marmoutier-les-Tours. Chaque année, le jour de la fête du pays (2), on promène processionnellement dans les rues du village les châsses contenant des reliques de plusieurs saints, et cette cérémonie attire un grand concours de peuple du lieu et des environs. Les femmes surtout ont en haute vénération les ossements sacrés. Elles ne manquent pas, le jour de la cérémonie, de faire passer leurs enfants sous les coffres saints, pour les guérir des maux présents et futurs (3).

On suppose, d'après les annales de Lecointe, que le saint Victor dont il est question (parmi tant d'autres du même nom), vivait au VIe siècle, du temps de saint Mélanius de Rennes, dans la vie duquel il est cité deux fois; mais on n'a pu retrouver le récit qui précède notre manuscrit (voyez page 404), ni dans l'histoire de Bernard Guidonis, évêque de Lodève, ni dans son ouvrage sur les Saints (*speculum sanctorale*), dont parle la bibliothèque des Frères prêcheurs (*Scriptores ordinis prædicatorum recensiti*, etc., par Jacques Quétif et Laurent Echard, t. I, p. 576). Nous avons consulté sans résultat les deux ouvrages de Guidonis, manuscrits de la Bibliothèque impériale.

La biographie de saint Victor que nous avons analysée, ne se trouve pas dans la Vie des Saints de Godescard. Les récits qu'elle renferme ne se rapportent pas davantage à ceux qu'ont publiés les Bollandistes aux différents noms de saint Victor et Victur du Mans, au Ve siècle (25 août et 1er septembre). Mabillon se trouve dans le même cas. Le Bréviaire de l'église de Blois (4) raconte d'abord toute l'histoire de saint *Victurius*, fils de saint *Victurius*, évêque du Mans. Il éteint un incendie, assiste aux Conciles d'Angers et de Tours, écrit à saint Léon et Euphronius, meurt à la fin du Ve siècle et est enterré dans un sépulcre où il guérit les malades. Ce qui se rapporte à ces contrées consiste dans les renseignements suivants. Il y a, près de Blois, une ancienne église paroissiale dédiée à saint Victor, où il est fort honoré par les habitants et fêté avec saint Ursin et saint Fronicule, qui ont laissé une mémoire très-vénérée dans le

(1) Ce personnage est aussi nouveau parmi les prélats manceaux que notre Victor.
(2) Le deuxième dimanche de juillet.
(3) Chorographie du département de Loir-et-Cher, page 39.
(4) 5 septembre, partie d'automne, page 402, leçon 3e. Victor est appelé dans le titre *Victurius*, ainsi qu'il suit : « Victuri Cenomanensis episcopi ad pagum Blesensem translati (festum) » Ce Bréviaire particulier a été remplacé par le Bréviaire romain, avec un propre contenant quelques fêtes locales, telles que celle de saint Victor.

pays. On y garde leurs reliques que Hervé, abbé de Bourgmoyen, y transféra l'an 1379. Elles ont été déplacées par la crainte des Huguenots, puis rétablies de nouveau en 1588, le 3 des kalendes de juillet (28 juin).

Tout ce récit ne concorde en aucune façon avec le manuscrit découvert, appuyé des sculptures d'une châsse authentique et du témoignage de la tradition orale conservée dans le pays. Il s'agit donc d'un nouveau saint Victor, entièrement inconnu, et qui vient enrichir la légende et l'histoire.

Nous avons tout lieu de croire que le manuscrit sera publié prochainement.

A. DE MARTONNE,

Archiviste du département de Loir-et-Cher, correspondant du
Ministre de l'Instruction publique pour les travaux historiques.

LE DICTIONNAIRE DE LA NOBLESSE ET LA MAISON DESSALES

Recherche historique (suite et fin).

De toutes les généalogies Goth publiées jusqu'à ce jour, il ressort que dans les générations articulées des seigneurs de Rouillac, on ne trouve qu'une seule *Agnès* ou *Anne de Goth*, mariée par acte du 26 août 1476 à Jean de Foure, seigneur de Montastruc. En d'autres ouvrages les armes de cette famille sont décrites: *d'argent à trois faces de gueules.* Ces contradictions ne sont-elles pas étranges?

Nous le répétons, l'*Histoire de la maison Dessalles* commet une erreur grave en attribuant aux Dessalles de Lorraine une origine béarnaise; les preuves de cette erreur fourmillent dans nos documents, mais ellesrésultent encore de quelques passages de ce livre même. En effet, page 3 de la préface on lit dans une lettre, écrite le 28 mai 1710, du château Salles en Béarn, par un de *Laur* à un Dessalles de Lorraine, baron de Rorté et marquis de Bullégnéville: « *Ce qui est de ma connaissance et de celle de tout le monde est que M. Des Salles, gouverneur de Navarreins et grand-maître de l'artillerie de Navarre et de Béarn, mourut sans enfants mâles et ne laissa que* DEUX *filles, dont l'aînée fut mariée à mon* BISAIEUL, etc., etc. » Page 10 de la dite préface on remarque que Charles César de Laur était le frère du baron de Laur, auteur de la lettre dont l'extrait précède ; or, pour connaître la bisaïeule de ces deux de Laur, ouvrons le *Dictionnaire de la Noblesse,* petite édition, tome II, page 392 et nous y verrons que cette bisaïeule était une *Moureuil,* dont le père sans doute, fut seigneur du château *Salles,* en Béarn, ce qui servit plus tard aux de *Laur* de Lescun à s'intituler aussi seigneur de Salles ou des Salles.

Et maintenant d'où sortait *Pierre Dessalles,* chef des Dessalles en Lorraine, et qu'était-il à *Antoine Dessalles,* cité dans notre premier article. C'est ce que, pour conclure, nous allons examiner rapidement.

Le célèbre Caumartin, commissaire réformateur, donne aussi aux Dessalles de Champagne (ou de Lorraine, ce qui est la même chose), une origine béarnaise, mais en marge de la généalogie rédigée par lui dans son ouvrage, on lit: *Dressé par M. d'Hozier.* Avant Caumartin, *Matthieu*

Husson l'Ecossais, conseiller au siége présidial de Verdun, avait été plus prudent, car dans son livre : *Simple Crayon utile,* etc. (presque introuvable aujourd'hui), cet auteur consciencieux s'est tu sur l'origine des Dessalles.

Nous nous sommes demandés tout d'abord si Antoine et Pierre Dessalles étaient frères et fils, et s'ils ne pouvaient pas être tout aussi bien deux Dessalles jetés de Bretagne en Lorraine vers 1475, par suite du drame sanglant de Gilles de Bretagne ?

Antoine Dessalles n'avait point épousé une Goth de Rouillac : Mais n'a-t-il pas pu épouser une *Rouillac :* famille noble et ancienne de Bretagne ?

On lit dans l'extrait de la réformation de Bretagne : *Mss. de la Bibliothèque de Saint-Brieuc 1710,* évêché de Saint-Malo, paroisse de *Sévignac,* p. 441 au recto plusieurs matières qui prouvent que les Rouillac de Bretagne étaient possessionnés dans cette commune dès 1428.

On voit dans la même réformation : paroisses de *Plumaugat,* de *Gaël,* etc., que les Dessalles y sont possessionnés dès 1440. Plumaugat touche Sévignac et, à quelques lieues de Sévignac, se trouve encore une paroisse du nom de Rouillac.

Tout le monde sait qu'Arthur de Montauban fut le grand coupable que l'histoire accuse du meurtre de Gilles de Bretagne.

Dom Morice : tome II, col. 1258, cite le contrat de mariage d'un Montauban avec une Vauclerc, où figure un *Dessalles et un La Houssaye comme parents, amis ou officiers des Montauban.*

Lisons la réformation de Saint-Brieuc, paroisse de Gaël 1513, p. 375, et l'on y verra les rapports entre les Dessalles et les La Houssaye.

Reportons-nous au passage de *Pierre Dessalles* en Lorraine, *sous Georges de Caon, mari* d'une *Montauban* avec un *Odet de Rouillac* et l'on commencera à avoir la clef de l'origine des Dessalles de Lorraine.

Une autre preuve de l'origine bretonne des Dessalles de Lorraine, c'est que Pierre Dessalles, marié en Lorraine, comme nous le raconte Hugo, chap. 1, eut une fille : Marguerite Dessalles qu'il maria à Théodore de Mandelot, etc., *d'argent à la face d'azur.* Or, le père Anselme : tome VIII, pages 716 et 906, cite des Mandelot, des Dintheville et des Thoreau de Molitard ; ce dernier, maître d'hôtel de la reine Anne de Bretagne et mari d'une Mandelot. Ouvrez Morice, tome II *des Preuves,* col. 409, vous verrez qu'un Regnault de *Mandelo* servait en 1379 dans la retenue de l'amiral. Si les Mandelot ne sont point Bretons, (on les croit des confins de la Bretagne et de l'Anjou), ils tenaient à la Bretagne et Pierre Dessalles, dans ce mariage de sa fille avec un Mandelot, conservait un souvenir de son origine.

Un mot sur le nom Dessalles.

Deux origines se présentent pour ce nom dans l'histoire : *Les Salliens et la Sala.*

La *Sala* a fait beaucoup de Domini *de Salli* ou de *sieurs et seigneurs de la Salle, de Salles ou des Salles. Les Sales* de Bretagne : (voir Morice, *tables des preuves*), ont leur nom écrit Des Salles par cet historien presque générale ment pour tous les Dessalles qu'il cite, excepté pour Philippe *de Sales,* archer en 1356, dans la montre d'Olivier de Montauban (autre preuve des rapports intimes de ces deux noms dans l'histoire).

Ce fut après cette date, 1356, que les Dessalles fondèrent deux maisons nobles à Gael. *Les Rosaès et les Gallonnaès*, et signèrent leur nom Dessalles; peut-être pour se distinguer des *Domini de Salli*. Ils eurent cela de commun avec les Sales de Savoie qui signaient de Sales ou des Sales (*sic*), *voir Nicolas de Hauteville, Maison Naturelle de saint François de Sales.*

On n'a pu relever que deux signatures Dessalles de Lorraine.

Dans le contrat de mariage de François-Louis, comte des Salles avec Philippine-Elisabeth de Rochambeau (paroisse de Thorel, Loir-et-Cher, 1754), le nom des Salles est défiguré l'acte; mais François-Louis Dessalles le rétablit et signe *Dessalles.*

Par une pièce du 30 décembre 1731 (état des dettes et charges du comte Des Salles); archives impériales, r. 629 le comte signe *Des Salles.*

Lachenaye des Bois : édition in-8°, écrit le nom des Salles. Edition in-4° : dans les diverses alliances des Dessalles : *Rosierès, Beauveau, Choiseul*, etc., il écrit le nom *Dessalles*. Dans les états militaires et l'histoire des chevaliers de saint Louis, le nom est écrit *Dessalles.*

Il nous resterait bien des choses à dire sur les armes des Dessalles, et à prouver l'erreur contenue dans la préface de Hugo, où on lit en marge : « *Les originaux sont entre les mains de M. le comte des Salles, cachetez du cachet du baron de Laur, écartelé au premier, d'argent à la tour donjonnée de sable qui est Des Salles.* »

Mais cette étude curieuse et bizarre mettrait peut-être en défaut des auteurs contemporains.

Il est assez de mode, d'ailleurs, d'accepter sans un contrôle approfondi les *documents écrits* sur les généalogies des familles. Il est vrai qu'il faut quelque patience pour relever les fautes commises par nos anciens héraldistes, mais enfin lorsque ces erreurs sont démontrées les savants doivent s'incliner devant les preuves et ne sauraient répondre impérativement comme un auteur moderne que nous cite un de nos correspondants : *Dom Calmet est pour la Lorraine, ce que dom Morice est pour la Bretagne.*   LE BIBLIOPHILE JULIEN.

L'abondance des matières ne nous permet pas de publier ce mois-ci la chronique du Bibliophile Julien.

Nous nous bornerons donc à citer les principales productions littéraires du mois.

1° *Métamorphoses amoris*, un volume in-18, réimprimé sur beau papier vergé (d'après l'ouvrage de Nicolas Brizard, 1556), à Reims, par M. Brissart-Binet. Prix : 4 fr.

2° *Dissertations sur les maléfices et les sorciers*, réimprimées sur papier vergé in-12 (d'après l'original de 1752), par M. Leleu, libraire à Lille. Prix : 3 fr.

3° *Des distinctions honorifiques de la Particule*, par M. Henri Beaune, substitut du procureur impérial à Dijon. Un joli volume in-18 publié à Paris, par M. Muffat. Prix : 3 fr.

4° *Le contrat entre l'Eglise et les gouvernements*, brochure d'actualité, par M. Eugène Gonel. Un vol. in-8 de 45 pages. Prix : 3 fr.

5° Enfin *la Noblesse d'Armagnac en 1789, ses procès-verbaux*, etc., par M. le vicomte de Bastard d'Estang 1 vol. gr. in-8. Prix : 6 fr.

Citer les titres de ces divers ouvrages, c'est en faire l'éloge.

Mme BACHELIN-DEFLORENNE.

908. **Aimé Martin**. Correspondance de J. H. Bernardin de Saint-Pierre, précédée d'un supplément aux mémoires de sa vie. *Paris, Ladvocat*, 1826, 4 v. in-8 d. r. mar. roug. pap. vergé n. r. 15 fr.

909. **Alboise** et **Ch. Elie**. Fastes des Gardes Nationales de France, 2ᵉ édition. *Paris*, 1849, 2 v. gr. in-8, c. n. r. figures. 16 fr.

910. **Album des bords de la Loire**, composé de 50 magnifiques gravures sur acier, tirées sur papier de Chine, représentant les villes, les bourgs et châteaux les plus remarquables de la source de ce fleuve à son embouchure dans l'Océan, par MM. Rouargue frères. *Tours*, 1851, in-fol. obl. cart. n. r. 25 fr.

911. **Allais** (de Saint). L'ordre de Malte, ses grands maîtres et ses chevaliers. *Paris*, 1839, in-8 c. n. r. 10 fr.

912. **Allais** (de Saint). Les siéges, batailles et combats mémorables de l'histoire ancienne et moderne. *Paris*, 1815, in-8, c. n. r. 5 fr.

913. **Almanach historique** de la révolution française pour l'année 1792, rédigé par J. P. Rabant. Ouvrage orné de gravures d'après les dessins de Moreau. *Paris*, 1792, in-12 d. r. v. 6 fr.

914. **Almanach généalogique**, chronologique et historique pour 1759. *Paris*, pet. in-12 mar. r. fil. tr. d. dent. 7 fr.

Aux armes, jolie reliure. Manque le titre.

915. **Amours de Henri IV** (les) Roi de France avec ses lettres galantes à la duchesse de Beaufort et à la marquise de Verneuil. *Amst.* 1743, in-12 v. fil. tr. d. 5 fr.

916. **Anacréon, Sapho. Bion et Moschus.** Traduction nouvelle en prose, suivie de la Veillée des fêtes de Vénus et d'un choix de pièces de divers auteurs, *à Paphos*, (Paris), 1780, in-8 v. tr. d. 8 fr.

Titre gravé. Cartouches, vignettes, culs-de-lampes, figures d'Eisen.

917. **Audiffret** (P.-H.). Généalogie de la Maison de France. S. l. n. d. in-8 d. r. ch. 3 fr.

Plaquette de 16 pages.

918. **Augustin** (Saint). Les lettres traduites en françois sur l'édition des Bénédictins de Saint Maur, par M. Dubois, de l'Académie françoise, 2ᵉ édition. *Paris*, 1701, 6 v. in-8, v. tr. d. 10 fr.

Le titre manque au 1ᵉʳ volume.

919. **Azoth**, ou le moyen de faire l'or caché des Philosophes de Frère Basile Valentin, revue, corrigé et augmenté par M. L'Agneau médecin. *Paris, chez Pierre Moet*, 1659, in-8 v. 6 fr.

920. **Bail des fermes générales**, des domaines, gabelles et tabacs de Lorraine et Barrois. *Nancy*, 1738, in-12, mar. r. tr. d. 5 fr.

921. **Baratte** (L.-H.). Poètes normands. Portraits gravés d'après les originaux les plus authentiques par Charles Devrits. Notices bibliographiques par MM. Tissot. Raoul Rochette. J. Janin, Destigny, etc. etc. sous la direction de L.-H. Baratte. *Paris*, 1846, gr. in-8 br. fig. 12 fr.

922. **Bardin** (le Sr) Pensées morales sur l'ecclésiaste de Salomon. *Rouen*, 1640, gr. in-12, vél. 3 fr.

923. **Barlandi** (Hadriani). Ducum Brabantiæ Chronica. *Antuerp.*, 1600, in-fol. vél. 20 fr.

Carte, portraits, blasons.

924. **Barclay**. Euphormionis Lusinini Satyricon. *Leydæ*, 1619, in-12 v. 3 fr.

925. **Basan**. Dictionnaire des graveurs anciens et modernes, depuis l'origine de la gravure, avec une notice des principales estampes qu'ils ont gravées, suivis des catalogues des œuvres de Jacques Jordans et Corneille Visscher. *Paris*, 1767, 2 parties en 1 vol. in-12 v.
10 fr.

926. **Beaufort** (de). La République romaine ou plan général de l'ancien gouvernement de Rome. *Paris*, 1767, 6 v. in-12, v.
12 fr.

927. **Beauvais.** Histoire abrégée des Empereurs romains et grecs, des Impératrices, des Césars, des Tyrans, et des personnes des familles Impériales pour lesquelles on a frappé des médailles depuis Pompée jusqu'à Constantin. *Paris*, 1767, 3 v. in-12, d. r. v.
10 fr.

928. **Béraud** (de l'Allier). Histoire des Comtes de Champagne et de Brie. *Paris*, 1842, 2 v. in-8, c. n. r.
8 fr.

929. **Blondel**. Planches du cours d'architecture. *Paris*, 1771, in-8, d. r.
15 fr.

930. **Botanique** (la) mise à la portée de tout le monde, ou collection des planches d'usage dans la médecine, dans les aliments et dans les arts, exécuté et publié par Régnault. *Paris*, 1774, 3 vol. in-fol. v. m. *planches coloriées.*
120 fr.

Très-bel exemplaire d'un ouvrage artistement et savamment exécute.

931. **Bouhier de l'Ecluse**. Le Pape et l'Italie. 3e édition. *Paris*, 1860, in-8 br.
3 fr.

932. **Bouly** (Eugène). Histoire de Cambrai et du Cambraisis. *Cambrai*, 1842, 2 v. in-8 cart. n. r. (papier vergé).
8 fr.

933. **Boyer**. Traité complet d'anatomie ou description de toutes les parties du corps humain. Nouvelle édition, *Paris*, 1798, 4 v. in-8 v.
5 fr.

934. **Brantôme** (P. de Bourdeille, seigneur de). Mémoires contenant les vies des Dames illustres de France *Leyde, Sambix, à la sphère*, 1699, in-12 v.
3 fr.

935. **Brunswick**. Recueil généalogique de cette maison. In-4, mar. r. dent. tr. d.
50 fr.

Beau manuscrit du xviiie siècle, contenant 70 blasons finement coloriés. Texte allemand et latin.

936. **Bulletin des comités historiques** (*ministère de l'instruction publique et des cultes*). *Paris, imprimerie Nationale*. 1843 et suiv. 23 vol. dont 2 br. et le reste cart. *figures noires et coloriées.*

Cette importante collection est ainsi divisée :

1o Arts et monuments   4 vol.
2o Archives des missions scientifiques   6 vol.
3o Archéologie, Beaux-Arts.   4 vol.
4o Histoire, Sciences, Lettres.   4 vol.
5o Langue, histoire, Arts en France.   4 vol.
6o Monuments écrits.   1 vol.

Chaque partie à sa tomaison spéciale et peut se vendre séparément, le vol.   5 fr.

937. **Burtin** (François-Xavier) Traité historique et pratique des connaissances qui sont nécessaires à tout amateur de tableaux et à tous ceux, qui veulent apprendre à juger, apprécier et conserver les productions de la peinture. *Bruxelles*, 1808. 2 v. in-8, cart. n. r.   18 fr.

Portrait de l'auteur.

938. **Carte générale** de la Monarchie Française, contenant l'histoire militaire depuis Clovis, premier Roi chrétien, jusqu'à la 15e année accomplie du règne de Louis XV, etc. 20 tables enrichies de tailles douces qui se joignent en une seule carte... présentée au Roy le 17 février 1730, par le Sr *Lemau de la Jaisse*, mise au jour en 1733. *Paris*, gr. in-fol. obl. d. r.   20 fr.

Ouvrage officiel d'un haut intérêt pour l'histoire de la noblesse militaire. Les cartes comprennent un nombre considérable de noms nobles, appartenant aux divers régiments de l'époque.

939. **Cérémonial du sacre** des Rois de France précédé d'un discours préliminaire sur l'ancienneté de cet acte de religion, les motifs de son institution, du pompeux appareil avec lequel il est célébré et suivi d'une table chronologique du sacre des Rois de la 2e et de la 3e race, (par Alletz). *Paris*, 1775, in-12, d. r. bas. (*Témoins*).   6 fr.

940. **Cérémonies et fêtes du**

sacre et couronnement de LL. MM. II. Napoléon 1er et son auguste épouse. *Paris, Bance*, 1806, gr. in-fol. d. r. t. (*Planches*). 15 fr.

941. Cérémonies et coutumes religieuses de tous les peuples du monde, représentées par des figures dessinées de la main de *Bernard Picard*, avec une explication historique et quelques dissertations curieuses. *Amst.*, 1739. 7 v. in-fol. d. r. (*nomb. planches*). 110 fr.

Très-bel exemplaire de cet ouvrage recherché, qui est complet en sept volumes.

942. Cervantes (Miguel de). Les principales aventures de l'admirable Don Quichotte, représentées en figures par Coypel, Picart-le-Romain, et autres habiles maîtres, avec les explications des 31 planches de cette magnifique collection. *Lahaye*, 1774, 2 v. in-8, v. fil. 10 fr.

943. Challamel (Aug.). Un été en Espagne, avec vignettes. *Paris*, 1845 in-8 br. 2 fr.

944. Chappe d'Auteroche (l'abbé). Voyage en Sibérie, fait par ordre du Roi en 1761, contenant les mœurs, les usages des Russes et leur état actuel, etc. *Paris*, 1768, 4 v. gr. in-4 (*dont un atlas*), v. m. fil. figures et cartes. 50 fr.

Très-bel exemplaire. Cet ouvrage artistement illustré par le Prince, se recommande par une belle description des mœurs, usages, costumes des Russes et autres peuplades du Nord de l'Europe.

945. Chrétien de Méchel. Œuvres du chevalier Hedlinger ou recueil des médailles de ce célèbre artiste, gravées en taille-douce, accompagnées d'une explication historique et critique, et précédées de la vie de l'auteur, dédié à S. M. Gustave III, roi de Suède. *Basle*, 1776, in-fol. mar. vert, fil. tr. dor. 30 fr.

Magnifique exemplaire.

946. Ciceronis (M. Tullii). Rhetoricorum ad L. Herenniù libri quatuor cum eruditis si mil elucidationibus Francisci Maturantii et Antonii Mancinelli, etc. *Impressum Lugô. Per Johanne Marion*, 1518, gr. in-8, v. (Belle reliure). 15 fr.

Titre gravé très-curieux. Lettres ornées, gravures en bois dans le texte, *Fortes piqures aux 2 dern. ff.* qui ont été interpolées de feuilles blanches.

947. Colet (Louise). Les chants des Vaincus. *Paris*, 1846, in-8, c. n. r. 5 fr.

Joli portrait de l'auteur dessiné par Winterhalter.

948. Compendium theolog. ven. S. Thom. Tributia mss. an MDCCCCII. 60 fr.

Beau manuscrit sur velin du XVe siècle, très-bien conservé et contenant des lettres ornées, or et couleur figulines curieuses.

949. Cours d'archéologie professé par M. Raoul Rochette à la bibliothèque du Roi, tous les mardis ; publié par la sténograpgie avec l'autorisation et la révision des professeur. *Paris*, 1828, in-8 cart. n. r. (*papier vergé*). 10 fr.

950. Daguerre. Historique et description des procédés du Daguerréotype et du Diorama, ornée du portrait de l'auteur et augmenté de notes par MM. Lerebours et Susse. *Paris*, 1839, in-8 br. fig. 2 fr.

951. Decourcelle (Ch.) Traité des symboles, ouvrage indispensable aux littérateurs et aux artistes, qui donne la clef de toutes les allégories tant sacrées que profanes *Paris*, 1806, in-8, cart. 4 fr.

952. De l'Allégorie ou traités sur cette matière, par Winckelman, Addison, Sulzer, etc. Recueil utile aux gens de lettres et nécessaire aux artistes. *Paris*, an VII de la République, 2 v. in-8, c. n. r. 10 fr.

953. Der Stat Nurnberg verneute reformation. 1564, in-fol. 10 fr.

5 ff. imprimés sur VELIN avec un beau frontispice armorié et gravé en bois sous le monogramme de Martin Schonn...

954. Description de la cathédrale de Milan accompagnée d'observations historiques et critiques sur sa construction et sur les monuments d'art dont elle est enrichie. *Milan*, 1830, in 8, cart. n. r. figures. 7 fr.

Exemplaire sur papier velin.

955. Description de la cathédrale d'Anvers, 6 planches et texte, *idem*, cathédrale de Gand, 4 planches et texte. *S. l. n. d.* gr. in-fol. dem. rel. ch. 12 fr.

Figures de Goetgebuer.

956. Description abrégée des quinze estampes sur les principales journées, de la Révolution, gravés par Helman, d'après les dessins de Monet, avec ces planches. *Paris*, s. d. in-fol. obl. cart.   35 fr.

Les principales de ces planches inspirées par le génie révolutionnaire représentent les éxécutions capitales des infortunés Louis XVI et Marie Antoinette.

955. Descrizione delle feste celebrate in Parma per le nozze del Real Infante Duca Ferdinando di Borbone con S. A. R. l'Arciduchessa d'Austria Maria Amalia, l'anno 1769, (*texte italien et français*) *In Parma nella Stamperia Reale*, gr. in-fol. v. (*Aux armes*).   70 fr.

Très-beau titre gravé et magnifiques planches de *Petitot*. Vignettes, cartouches, culs de lampe, lettres ornées, blasons, par Bossi.

958. Dictionnaire de la Folie et de la Raison. *Paris*, 1820, 2 tomes en 1 v. pet. in-8, d. r. v. 4 fr.

959. Dictionnaire de l'Industrie, ou collection raisonnée des procédés utiles dans les sciences et dans les arts ; ouvrage également propre aux artistes, aux négociants et aux gens du monde par une société de gens de lettres. *Paris*, 1776, 3 v. in-8 v.   8 fr.

960. Dinaux (Arthur) Trouvères, jongleurs et ménestrels du Nord de la France et de la Belgique. *Paris*, 1837-39 et 43, 3 v. in-8 br.   25 fr.

961. Durozoir. Relation historique, pittoresque... du voyage de S. M. Charles X dans le département du Nord, ornée de planches lithographiées. *Paris*, 1827, in-fol. cart.   12 fr.

Ce volume contient une table alphabétique des personnes citées dans l'ouvrage.

964. Etrennes tourquennoises et lilloises ou recueil de chansons en vrai patois de Lille et de Tourcoing. *Lille*, Vanackere s. d. 9 cahiers au lieu de 10, petit in-32, br non coupés. (*figures, airs notés.*)

965. Etrennes intéressantes des quatre parties du monde contenant toutes les autorités civiles et militaires du Royaume. *Paris*, *Janet*, 1824, pet. in-12 mar. r. fil. tr. d.   2 fr.

966. Evreux. Graduel contenant l'office à l'usage du diocèse et propre à l'église cathédrale, fait par Dubosq en l'année 1786 (avec chants notés)

3 forts vol. in-8 v.   20 fr.

Ce curieux manuscrit qui paraît avoir été exécuté à Evreux se divise en trois parties : *Hiver, Printemps, Automne.* (Manque l'*Eté*).

967. Filhol. Cours historique de peinture, ou Galerie complète du Musée Napoléon, rédigé par Lavallée. Dédié à S. M. l'Empereur des Français Napoléon Ier. *Paris*, Filhol, 1814, 10 v. gr. in-8, pap. verg. non rogné d. r. mar. rouge, figures.   450 fr.

968. Filhol (Mme V^e). Musée Royal de France ou Collection gravée des Chefs-d'œuvre de peinture et sculpture. *Paris*, 1827, 12 livraisons in-4 avec leurs couvertures, figures sur papier de Chine, avant toute lettre, texte, par Jal, papier vélin, le tout dans un cartonnage à la Bradel.   50 fr.

Superbe ouvrage tiré à 25 exemplaires sur papier de Chine.

969. Fortoul (Hyppolite). Essai sur la théorie et sur l'histoire de la peinture chez les anciens et chez les modernes. *Paris*, 1845, in-8 c. n. r.   7 fr.

970. Galerie de Rubens dite du Luxembourg, précédée de la vie de Rubens, ouvrage composé de 25 estampes avec l'explication historique et allégorique de chaque sujet. *Paris*, 1846, gr. in-fol. obl. cart. n. r.   50 fr.

671. Gault de Saint-Germain Vie de Nicolas Poussin considéré comme chef de l'Ecole Française, suivie de notes inédites sur sa vie et ses ouvrages, etc. ornée de planches gravées en taille-douce et à l'eau-forte. *Paris*, *Didot*, 1806, in-8 cart. à l'angl. n. r.   7 fr.

Bel exemplaire sur papier vergé

972. Galerie impériale et royale de Florence. 2e édition ornée des planches de la Vénus de Médicis, de celle de Canova et de l'Apollon. *Florence* 1828, pet. in-8 br.   2 fr.

973. Gatien-Arnoult. Les fleurs du gai savoir, autrement dites les lois d'amour. *Paris*, *Sylvestre*, s. d. 3 v. g. in-8 br.   12 fr.

Texte d'après les originaux avec la traduction française.

974. Gueudeville. L'éloge de la folie, traduit du latin d'Erasme.

Nouvelle édition ornée de nouvelles figures avec des notes. *S. l.*, 1757, in-12 v. (figures d'Eisen). 6 fr.

975. **Guilbert** (Aristide). Histoire des Villes de France avec une introduction générale pour chaque province, *volume séparé* comprenant la Bretagne, la Tourraine, le Lyonnais, le Béarn. *Paris*, 1845, in-8 d. r. mar. r. (*figures, blasons coloriés*). 12 fr.

976. **Guillemin** (Al.) Jeanne d'Arc. Poëme, nouvelle édition. *Paris*, 1858 in-8 br. 2 fr.

977. **Guillé** (docteur). Essai sur l'instruction des aveugles ou exposé analytique des procédés employés pour les instruire. *Paris*, imprimé pour les aveugles. 1817, in-8 d. r. bas. fig. 3 fr.

978. **Histoire des nobles prouesses** et vaillances de Gallien Restauré fils du noble Olivier le marquis et de la Belle Jaqueline, fille du Roi Hugon, empereur de Constantinople. *Lons-le Saulnier*, 1807, in-4 cart. n. r. 4 fr.

Édition populaire avec une gravure en bois.

979. **Histoire de la littérature allemande,** d'après la cinquième édition de Henisius, par MM. Henry et Apffel, avec une préface de M. Matter, inspecteur de l'Université. *Paris*, 1839, in-8 cart. n. r. 4 fr.

980. **Histoire d'Angleterre,** depuis les temps les plus reculés jusqu'à nos jours, par MM. de Roujoux et Alfred Maniguet. Nouvelle édition enrichie d'un grand nombre de gravures, etc. *Paris*, 1847, 2 vol. gr. in-8 d. r. mar. r. 20 fr.

981. **Histoire** des Trappistes du val de Sainte-Marie, diocèse de Besançon, avec des notices intéressantes sur les autres monastères de la Trappe. 4ª édition. *Paris*, 1843, in-8 cart. non rogné (mouill.). 3 fr.

Portraits des abbés de Rancé et de Beaufort.

981. **Houssaye.** Monographie du thé, orné de 18 gravures. *Paris*, 1843, in-8 cart. à l'angl. 3 fr.

982. **Hyéronymi Mercurialis.** De arte gymnastica, libri sex, in quibus exercitationum omnium vetustarum genera, loca, modi, fa-cultates et quidquid denique ad corporis humani exercitationnes pertinere, etc. *Venise*, 1587, in-4, vél. 6 fr.

Curieuses gravures en bois relatives à la gymnastique.

983. **Imitation de Jésus-Christ.** Traduction nouvelle, par le R. P. de Gonnelieu, de la Compagnie de Jésus. *Amiens*, 1783, in-12 mar. r. fil. tr. d. 10 fr.

984. **Introduction philosophique** à l'étude du Christianisme, par M. l'Archevêque de Paris. *Paris*, 1845. in-12 br. 2 fr.

985. **Janin** (Jules). L'âne mort, édition illustrée par Tony Johannot. *Paris*, 1842, in-8 d. r. ch. 8 fr.

Bel exemplaire.

986. **Jonstonus** (Johannes). Historiæ naturalis cum anæis figuris. *Amstel. Schipper*, 1657, 5 tomes, en un volume in-fol.. v. m. fil. tr. d. (*figures, front. gravé*). 26 fr.

Magnifique exemplaire d'un ouvrage remarquable par une grande diversité de figures d'histoire naturelle.

987. **Jouy et Jay.** Salon d'Horace Vernet. Analyse historique et pittoresque des 45 tableaux exposés chez lui en 1822. *Paris*, 1822, in-8 v. 4 fr.

988. **Kilian Dufflaeus** (Cornélius). Mythologia Ethica. Hoc est moralis philosophiæ per fabulas brutis attributas, traditæ amænissimum vividarium... Artificiosissimis nobilissimorum sculptorum iconibus, ab Arnoldo Treitagio. Embricensi latine explicatis eri incisum. *Antuerpiæ*, in-4 d. r. v. 12 fr.

Titre gravé: nombreuses figures à mi-pages très-curieuses.

989. **Laborde.** Description générale et particulière de la France. *Paris*, Lamy, 1791-96, 12 tomes en 11 volumes in-fol. d. r. v. fig. 200 fr.

Bel exemplaire de cet ouvrage rare et recherché pour ses nombreuses vues de France. Très-belles épreuves.

990. **Labbe** (Philippe). Concordia sacræ et profanæ chronologiæ. *Parisiis*, 1638, in-12 vél. 2 fr.

991. **Lacroix** (Paul, Bibliophile Jacob) *et Ferdinand Séré.* — Histoire de l'Orfévrerie-Joaillerie et des a-

ciennes communautés et confréries d'Orfèvres-Joailliers de la France et de la Belgique. *Paris*, 1850, gr. in-8 c. n. r. fig.   8 fr.

992. **Lamennais.** Essai sur l'indifférence en matière de Religion. Troisième édition Tome 1er. *Paris*, 1818, in-8 c.   4 fr.

993. **La vie d'un solitaire inconnu,** mort en Anjou en odeur de sainteté le 24 décembre 1891. *Paris*, 1699, in-12 v.   4 fr.

C'est la vie du comte de Morette dont le portrait est en regard du titre. Benserade a fait un sonnet sur le reclus du Mont-Valérien; ce sonnet est imprimé à la fin de l'ouvrage.

994. **Lesne.** Excursion à la villa del Foro : ancien Forum appelé par quelques géographes *Forum Statiellorum*, situé à 3 milles de Piémont ou à 7 à 8 kilomètres d'Alexandrie. *Alexandrie*, 1811, in-8 gr. pap. vélin, cart. n. r. fig.   8 fr.

995. **Le Laboureur.** Histoire du gouvernement de la France, de l'origine et de l'autorité des pairs du royaume et du parlement. On y a joint un traité des Paieries d'Angleterre et un autre de la Grandesse d'Espagne. *La Haye*, 1743, in-12 v. m. fig.   3 fr.

996. **Lettre** à S. M. l'empereur Napoléon III sur une application du principe des spécialités à l'organisation municipale, par le baron Alfred de Turcheim. *Paris*, 1856, in-8 br.   1 fr.

997. **Limiers** (de). Pierres antiques gravées sur lesquelles les graveurs ont mis leurs noms, dessinées et gravées en cuivre sur les originaux ou d'après les empreintes par *Bernard Picart*, tirées des principaux cabinets de l'Europe, expliquées par Philippe de Stosch, traduites en françois, par M. de Limiers. *Amst.* chez *B. Picart-le-Romain*, 1724, in-fol. cart. n. r.   40 fr.

Exemplaire en grand papier. Rare.

998. **Magny** (de). Nobiliaire universel, recueil général des généalogies des maisons nobles de l'Europe. *Paris*, 1853 et suiv., les tomes 3, 4, 5 et 6, in-4 br. n. coup. *Chaque volume.*   5 fr.

Nombreux blasons très-finement exécutés.

999. **Malfilâtre** (de). Narcisse dans l'Isle de Vénus. Poëme en 4 chants. *Paris*, s. d. in-8 c. n. r. pap. vergé, fig. d'Eisen.   6 fr.

1000. **Malliot.** Recherches sur les costumes, les mœurs, les usages religieux, civils et militaires des anciens peuples, d'après les auteurs célèbres et les monuments antiques, publié par P. Martin. *Paris, Didot*, 1804, 3 v. in-4 d. r. v. (*nombreuses figures*).   40 fr.

1001. **Marchal.** Fastes généalogiques des quatre dynasties des Rois et des Empereurs qui ont régné sur la France, des princes et des princesses qui en sont descendus depuis Pharamond jusqu'à ce jour avec leurs alliances et leurs armoiries. S. l., 1841, in-4 c. n. r. (*planches*).   3 fr.

1002. **Masseville.** — Histoire sommaire de Normandie avec table des lieux et familles citées. *Rouen*, 1688, 5 v. in-12 v.

1003. **Mazois,** le palais de Scaurus ou description d'une maison romaine. *Paris*, 1822, in-8 v. fil. fig.   8 fr.

1004. **Mémorial** de sir Hudson Lowe, relatif à la captivité de Napoléon Ier à Saint-Hélène avec le portrait de l'auteur et une vue de Long-Wood *Paris*, 1830, in-8 c. n. r. (*pap. vergé*).   4 fr.

1005. **Meésangère** (de la). Dictionnaire des proverbes français. 2e édition. *Paris*, 1821, imp. de Crapelet in-8.   6 fr.

1006. **Montesquieu.** Grandeur et décadence des romains. Lettres persanes et temple de Gnide. *Paris*, *Didot*, 1846, pet. in-8 cartonné à la Bradel.   2 fr.

Portrait de l'auteur.

1007. **Nieupoort.** Explication abrégée des coutumes et cérémonies observées chez les Romains, pour faciliter l'intelligence des anciens auteurs ouvrage écrit en latin, par M. de *Nieupoort* et traduit par M. l'abbé X*** (des Fontaines). *Paris*, 1770, in-12 d. r. v.   3 fr,

Ouvrage estimé.

1008. **Noblesse** (la), telle quelle doit être ou moyen de l'employer utilement pour elle-même et pour la patrie. *Amst.*, 1758, in-8 v.   6 fr.

LIVRES

QUI SE TROUVENT CHEZ MM. SCHLESINGER, FRÈRES

Éditeurs du Dictionnaire de la Noblesse par La Chenaye-Desbois et Badier.

Libraires, rue de Seine, 12, à Paris.

1009. **Mémoires** de M. l'abbé de Montgou, publiés par lui-même, contenant les différentes négociations dont il a été chargé dans les cours de France, d'Espagne et de Portugal depuis 1725 jusqu'en 1731 ; 1743, 8 vol. in-12 v. (portr.).   15 fr.

1010. **Mémoires** de Montecuculi, commentés par M. L. Comte Turpin de Crissé. *Amst.* 4 vol. in-12 fig.   10 fr.

1011. **Mémoires** de M. le Marquis de Feuquières, lieutenant-général, contenant ses maximes sur la guerre, etc.; *Londres,* 1736, 4 vol. in-12.   12 fr.

1012. **Mémoires** de feu M. Omer Talon, avocat gén. en la Cour de Parlement de Paris. *La Haye*, 1732, 8 vol. in-12.   15 fr.

1013. **Mémoires** pour servir à l'histoire de France, contenant ce qui s'est passé de plus remarquable dans ce royaume depuis 1515 jusqu'en 1611 avec les portraits des *Rois, Reines, Princes, Princesses et autres personnes* dont il y est fait mention. *Cologne*, 1719, 2 vol. pet. in-8 v. 15 fr.

1014. **Mémoires** de Michel de Marolles, abbé de Villeloin, avec des notes historiques et littéraires. *Amst.*, 1755. 3 vol. in-12 v.   12 fr.

1015. **Mémoires** et aventures d'un homme de qualité qui s'est retiré du monde. *Amst.*, 1745, 8 tomes en 4 vol. in-12   12 fr.

1016. **Mémoires** historiques, politiques, critiques et littéraires, par Amelot de la Houssaie (ouvrage imprimé sur le propre manuscrit de l'auteur). *Amst.*, 1737, 3 vol. in-12 v.   9 fr.

1017. **Mémoires** du baron de Tott, sur les Turcs et les Tartares. *Amst.*, 1784, 4 vol. in-8 v.   10 fr.

1018. **Mémoires** du duc de Rohan sur les choses advenues en France, depuis la mort de Henry-le-Grand jusqu'à la Paix faite avec les Réformés, au mois de juin 1629. *Paris*, 1665, 2 vol. in-12 v.   10 fr.

1019. **Mémoires** du baron de Pollnitz, contenant les observations qu'il a faites dans ses voyages, et le caractère des personnes qui composent les principales Cours de l'Europe. *Amst.*, 1735, 4 tomes en 2 vol. in-12   7 fr.

1020. **Mémoires** sur la vie de Mademoiselle de Lenclos. *Amst.*, 1754, 2 parties en 1 vol. in-12   4 fr.

1021. **Mémoires** et lettres pour servir à l'histoire de la Vie de Mademoiselle de Lenclos. *Rott.*, 1751, in-12 bas.   4 fr.

1022. **Mémoires** historiques et critiques sur divers points de l'histoire de France, et plusieurs autres sujets curieux, par François Eudes de Mezeray. *Amst.* 1753, 2 tomes en 1 vol. in-12.   4 fr.

1023. **Mémoires** et aventures de Monsieur de ***, trad. de l'ital. par lui-même. *Paris*, 1735, 2 vol. in-12.   6 fr.

1024. **Mémoires** de M. du Guay-Trouin, lieutenant-général des armées navales., *Amst.* 1756, in-12, v. fig.   2 fr.

1025. **Mémoires** du Marquis Maffei, lieut.-gén. des troupes de l'Electeur de Bavière, etc. Contenant une exacte description de plusieurs des plus fameuses Expéditions militaires de notre siècle, trad. de l'ital. *La Haye*, 1740, 2 vol. in-12.   5 fr.

1027. **Mémoires** du maréchal de Berwich, Duc et Pair de France, et Généralissime des armées. *La Haye*, 1737, 2 vol. in-12 v. 7 fr.

1028. **Mémoires** de Mademoiselle Delfosses. *Paris*, 1695, in-12. 3 fr.

29. **Mémoires** et Réflexions sur les principaux événements du règne de Louis XIV, et sur le caractère de ceux qui y ont eu la principale part, par M. L. M. D. L. F. *Rotterd.*, 1716, in-12 v. 4 fr.

1029. **Mémoires** de M. L. C. D. R. contenant ce qui s'est passé de plus particulier sous le Ministère du Cardinal de Richelieu et du Cardinal Mazarin, avec plusieurs particularités remarquables du Règne de Louis-le-Grand, 2e édit. augm. *Cologne*, 1696. 6 fr.

1030. **Mémoires** de la minorité de Louis XV, par Massillon, évêque de Clermont. *Paris*, 1792, in-8. 4 fr.

1031. **Mémoires** du Cardinal de Retz, *Amst.*, 1717, 4 vol. in-12 v.— *Mémoires* de M. Joly. *Rotterd.*, 1718, 2 vol. v. ensemble 6 vol. 15 fr.

1032. **Mémoires** du Maréchal de Tourville, Vice-Amiral de France, et général des armées navales du Roi. *Amst.*, 1769, 3 vol. in-12. 8 fr.

1033. **Mémoires** du duc de Villars, Pair de France, Maréchal général des armées. *La Haye*, 1737, 2 vol. in-12 v. 5 fr.

1034. **Mémoires** pour servir à l'histoire de Braudebourg, avec quelques autres pièces intéressantes, 1751, 2 tomes en 1 vol. in-12, v. portr. 4 fr.

1035. **Mémoires** de Mademoiselle de Montpensier. *Londres*, 1746, 7 vol. in-12 v. 18 fr.

1036. **Mémoires** pour servir à l'histoire de Port-Royal, par M. Du Fosse. *Utrecht*, 1739, in-12 v. 4 fr.

1037. **Mémoires** de Montchal, archevesque de Toulouse, contenant des particularitez de la vie et du ministère du cardinal de Richelieu. *Amst.*, 1734, 2 tomes en 1 vol. in-12 v. 5 fr.

1038. **Mémoires** d'une Fille de qualité, par M. D. L. P., 1742, in-12 v. 4 fr.

1039. **Mémoires** du Chevalier d'Erban. *Londres*, 1755, 2 tomes en 1 vol. in-12 v. 3 fr.

1040. **Mémoires** de M. L. D. D. N. Contenant ce qui s'est passé de plus particulier en France pendant la Guerre de Paris, jusqu'à la prison du cardinal de Retz, arrivés en 1652. Avec les différents caractères des personnes qui ont eu part à cette Guerre. *Cologne*, 1709, in-12. 6 fr.

1041. **Mémoires** de Jacques de Chastenet, chev. seign. de Puysegur, lieut.-gén. des armées du Roi sous Louis XIII et Louis XIV. *Paris*, 1690, 2 tomes en 1 v in-12 v. portr. 5 fr.

1042. **Mémoires** historiques de la comtesse de Marienberg. *Amst.*, 1751, 2 tomes en 1 vol. in-12. 4 fr.

1043. **Mémoires** de la marquise de Fresne, nouv. édit. augm. *Amst.*, 1722, in-12 v. fig. 4 fr.

1044. **Mémoires** de M. de ***, pour servir à l'histoire du XVIIe siècle, 2e édit. *Amst*, 1765, 3 vol. in-12 d. rel. 8 fr.

1045. **Mémoires** de M. de la Porte, premier valet de chambre de Louis XIV, contenant plusieurs particularités des règnes de Louis XIII et de Louis XIV. *Genève*, 1756. 4 fr.

1046. **Mémoires** de Messire Robert Arnauld d'Andilly, écrits par lui-même. *Hamourg*, 1734, 2 tomes en 1 vol. in-12. 4 fr.

1047. **Mémoires** de M. d'Ablancourt, contenant l'hist. de Portugal, depuis le Traité des Pyrénées de 1659 jusqu'à 1668. *Paris*, 1701, in-12 v. 3 fr.

1048. **Mémoires** de Jean de Wit, Grand Pensionnaire de Hollande, trad de l'orig. en français, par M. de ***, 3me édit. *Ratisb.*, 1709, in-12 v. portr. 3 fr.

1049. **Mémoires** pour servir à l'histoire d'Anne d'Autriche, épouse de Louis XIII, par Mad. de Motteville, une de ses Favorites. *Amst.*, 1750. 6 tomes en 3 vol. in-12 v. 15 fr.

1050. **Mémoires** secrets de la Cour de France, contenant les intrigues du Cabinet pendant la minorité de Louis XIV. *Amst.*, 1733, 3 vol. in-12 v. 10 fr.

1051. **Mémoires** sur la vie privée de Marie-Antoinette, reine de France et de Navarre, suivis de souvenirs et anecdotes histor. sur les règnes de Louis XIV, de Louis XV et de

Louis XVI. par Mad. Campan, Première Femme de Chambre de la Reine. *Paris*, 1822, 3 vol. in-8 dem. rel. portr. 14 fr.

1052. **Confidences** (les) d'une jolie Femme, *Amst.*. 1784, 4 tomes en 2 vol. in-12 bas. 6 fr.

1053. **Le Vicomte** de Barjac, ou Mémoires pour servir à l'Histoire de ce Siècle. *Dublin*, 1784, 2 tomes en 1 vol. in-12 v. 3 fr.

1054. **Histoire** du maréchal de Fabert lieutenant-général, gouverneur de la ville et chateau de Sedan, 1698, in-12 v. 4 fr.

1055. **Commentaires** de Messire Blaise de Montluc, mareschal de France ; où sont décrits tous les Combats, Rencontres, Escarmouches, Batailles, etc. *Paris*, 1760, 4 vol. in-12 v. 10 fr.

1056. **Discours** du Comte de Bussy-Rabutin à ses enfants sur le bon usage des adversités et les divers évènements de sa vie. *Paris*, 1694, in-12. 4 fr.

1057. **Histoire** du vicomte de Turenne, maréchal-général des armées du Roi. *Amst.*, 1771, 4 vol. in-12 bas. fig. 10 fr.

1058. **Histoire** de Jacques II, roi de la Grande-Bretagne. *Bruxelles*, 1740, in-12 v. portr. 3 fr.

1059. **Le Prétendant**, au Perkin, faux duc d'Iorck, sous Henri VII, roi d'Angleterre, par le sieur La Paix de Lizancourt. *Cologne*, 1416, 2 tom. en 1 vol. in-12. 4 fr.

1060. **Histoire** du Danjou et du Château de Vincennes, depuis leur origine jusqu'à la chute de Napoléon Bonaparte. Nouv. édit. *Paris*, 1814, 3 vol. in-8 br. fig. 12 fr.

1061. **Histoire** de la ville de Chaumont, par Emile Jolibois. *Paris*, 1356, gr. in-8 br. fig. (*mouil*). 4 fr. 50

1062. **Histoire** de l'Eglise Vaudoise, depuis son origine et des Vaudois du Piémont jusqu'à nos jours, par Antoine Monastier, Toulouse, 1847, 2 vol. in-8 br. 8 fr.

1063. **Histoire** monétaire de la province d'Artois et des Seigneuries qui en dépendaient, Béthune, Fauquembergues, Boulogne, Saint-Pol, et Calais, par A. Hermand. *Saint-*

Omer, 1843, in-8 dem. rel m. pl. 12 fr.

1064. **Histoire** de Bagnère-de-Luchon, suivie de notices historiques sur tous les établissements thermaux et les bains des Pyrénées, par Castillon ; 2e édit. *Toulouse*, 1843, in-8 br. 4 fr.

1065. **Mémoirs** pour servir à l'histoire de plusieurs hommes illustres de Provence. *Paris*, 1752, in-12 v. 8 fr.

1066. **Description** (nouvelle) historique et topographique des deux Départements du Rhin, par Aufschlâger. *Strasbourg*, 1826, 2 vol. in-8 fig. 10 fr.

1067. **Histoire** du Château et de la Ville de Cherberoy de siècle en siècle, par Jean Pillet, Chanoine de Gerberoy. *Rouen*, 1679, in-4. (Rare). 40 fr.

La dernière partie de cet ouvrage renferme des sceaux des XIe XIIe XIIIe et XIVe siecle.

1068. **Histoire** du Pays et Duché de Nivernois, par Guy Caquille. *Paris*, 1612, in-4 v. 20 fr.

1069. **Recherches** et Mémoires servant à l'histoire de l'ancienne ville et cité d'Autun, par Jean Maunier ; revues par Claude Thiroux. *Dijon*, 1660, in-4 v. (*arm. et cart.*) 25 fr.

1070. **Voyage** en Bourgogne, suivie de mélanges littéraires, par Bouché de Cluny. *Paris*, 1845, in-8 br. 4 fr.

1071. **Le Réveil** de Chyndonax, prince des Vacies Druydes Celtiques Dijonois, avec la saincteté, religion et diversité des cérémonies observées aux anciennes sépultures, par J. G. D. M. D. *Dijon*, 1621, in-4, fig. vél. 15 fr.

1072. **Mémoires** historiques de la province de Champagne, contenant son Etat depuis l'établissement de la Monarchie française, les vies des Ducs, Comtes, qui l'ont gouvernée, et des personnes illustres qui y sont nées ; la description des Villes, Châteaux et Terres Titrés, etc., etc.. par Baugier. *Chalons*, 1721, pet. in-8, fig. et portr. qq. tâches. (Rares). 15 fr.

1073. **Histoire** de la Ville, Cité et Université de Reims, par M. Marlot. *Reims*, 1843, 4 vol. gr. in-4, fig.   35 fr.

1074. **Notices** historiques sur l'établissement des Fontaines publiques en la ville de Bailleul, départ. du Nord, et Relation de la fête qui a eu lieu le 23 juin 1844, pour l'inauguration de la Fontaine Centrale, in-8 br. pl.   3 fr.

1075. **Histoire** littéraire de la Ville de Lyon, avec une Bibliothèque des auteurs lyonnais, distribués par siècles, par de Colonia. *Lyon*, 1728, 2 vol. gr. in-4 fig. *(Bel exempl.)*   25 fr.

1076. **Le Mont-Saint-Michel.** *Falaise*, 1835, in-8 br.   2 fr.

1060. **Collection** des procès-verbaux des séances de l'Assemblée provinciale de Haute-Guienne, tenue à Ville-Franche, ès-années 1779, 1780, 1782, 1784 et 1786. *Paris*, 1787, 2 vol. in-4.   20 fr.

1077. **Procès-Verbal** des séances de l'Assemblée provinciale du Berri, tenue à Bourges dans les mois de sept. et d'oct. 1780. *Bourges*, 1781, in-4 non rel.   6 fr.

1078. **Histoire** de France, depuis l'établissement de la Monarchie française dans les Gaules, par le P. G. Daniel. Nouv. édit. augm. de notes, de dissertations critiques et historiques, de l'histoire du règne de Louis XIII et d'un journal de celui de Louis XIV. *Paris*, 1755, 17 vol. in-4 v.   70 fr.

Ouvrage orné de plans, de cartes géographiques et de vignettes représentant des médailles et des monnayes de chaque règne.

1079. **Antiquités** de la nation et de la langue des Celtes, autrement appelés Gaulois, par le P. Pezron. *Paris*, 1703, pet. in-8 v.   8 fr.

1080. **Histoire** générale et raisonnée de la Diplomatie française, par M. de Flassau. *Paris*, 1809, 6 vol. in-8 dem. rel.   20 fr.

1081. **Dictionnaire** des Dates, des Faits, des lieux et des Hommes historiques, contenant : une caractéristique de tous les faits de l'histoire, la naissance, les évènements, la mort de tous les hommes célèbres, la fondation des villes, états, em-

pires, royaumes et républiques ; la filiation de toutes les maisons historiques, les origines, les inventions et découvertes chez tous les peuples, etc. etc., par d'Harmonville. *Paris*, 1842, 2 fort vol. gr. in-8 dem. rel. *(Rare).*   40 fr.

1082. **Les Chartes** nouvelles des Pays et Comté de Hainau. Nouv. édit. augm. de notes de M. Fortius. *Mons*, 1735, 2 vol. in-4 v.   12 fr.
Exempl. interfolié de papier blanc.

1083. **Même ouvrage**, édit. de 1632, pet. in-8 v.   6 fr.

1084. **Coutumes** de Normandie expliquée par Pesnelle, 4o édit. *Rouen*, 1771, 2 vol. in-4 v.   8 fr.

1085. **Schiller**. Sæmmtliche Werke in zwei Baenden miteinem Facsimile *Paris*, 1836, 2 tom. en 1 vol. demi-rel. mar., port.   16 fr.

1086. **Scohier** (Jeh.). L'Estat et comportement des armes, livre autant utile que nécessaire à tous gentilshommes et officiers d'armes. *Bruxelles, Jean Mommart*, 1597, in-fol., cart. en vél. blasons color.   26 fr.

1087. **Syncope**, reine de Mic-Mac paredie de Pénélope, par M. Despréaux, pensionnaire du roi. *Ballard* 1786, in-8 br. nou rogn., gr. pap. vél.   6 fr.

Cette singulière parodie est ornée de trois curieuses figures a l'eau forte, qui, sans doute, ont été gravees par l'auteur de cette piece. Les exemplaires qui, comme celui-ci, sont ornes de ces gravures sont ceux qui furent distribues a la cour.

1088. **Traité** des fiefs, par M. P. S. l., gr. in-4 v. marbr. (manuscrit de 300 pages.   15 fr.

1089. **Trou** (l'abbé). Recherches historiques, archéologiques et biographiques sur la ville de Pontoise. *Pontoise*, 1841, in-8 bas. fig.   8 fr.

1090. **Vaissette** (Joseph). Abrégé de l'histoire générale de Languedoc. *Paris*, 1749, 6 vol. in-12, v. br. carte *(le premier volume est un peu piqué vers la fin).*   15 fr.
— Histoire générale de Languedoc, avec des notes et des pièces justificatives *Paris*, 1730-45, 5 vol. in-fol. demi-rel. *(avec divers monuments et sceaux, etc.).*   160 fr.

1re Année. — No 7.   DÉCEMBRE 1862.

LE
BIBLIOPHILE
FRANÇAIS

REVUE MENSUELLE DES LIVRES

ANCIENS ET MODERNES

SOMMAIRE :

Avis important. — Chronique, par le *Bibliophile* Julien. Discours tragicque et lamentable, etc. réimpression. — Catalogues de Livres anciens à prix marqués. — Table des matières de la 1re Année.

<table>
<tr><td>

PARIS

Un an . . , 3 fr.

ÉTRANGER

Un an. . . . 4 fr.

</td><td>

DÉPARTEMENT

Un an . . . 3 fr.

UN NUMÉRO

Prix . . . 25 cent.

</td></tr>
</table>

PARIS

LIBRAIRIE DE Mme BACHELIN-DEFLORENNE
RUE DES PRÊTRES-St-GERMAIN-L'AUXERROIS, 14, AU PREMIER
Près la Place de l'École.

1862

LE

BIBLIOPHILE FRANCAIS.

AVIS IMPORTANT.

Nous terminons, avec ce 7e *numéro*, la première année du BIBLIOPHILE FRANÇAIS.

— A partir du mois de janvier prochain, notre petite Revue, dont le succès va toujours en augmentant, paraîtra deux fois par mois, par livraison de 16 pages au moins.

Nous croyons inutile d'ajouter qu'il n'y a rien de changé pour nos abonnés actuels. En ce qui concerne les souscripteurs à venir, leur abonnement datera du 1er janvier 1863. Le prix de cet abonnement sera désormais de 3 francs pour toute la France. Le prix des 7 numéros parus, brochés, est fixé à 3 francs. Il ne nous en reste qu'un petit nombre d'exemplaires.

Nous rappelons à nos abonnés que nous nous chargeons de toutes les commissions en librairie et notamment de celles qui ont rapport aux ventes publiques de livres anciens.

Ce numéro est accompagné d'une couverture de couleur pour la première année du BIBLIOPHILE FRANÇAIS. La table générale des noms d'auteurs cités dans nos catalogues sera publiée à la fin de la deuxième année.

CHRONIQUE.

La *Sorcière* de M. Michelet a été l'événement de ces derniers jours. Ce livre annoncé à son de trompe, comme la huitième merveille du monde, a été accueilli avec une sorte d'enthousiasme *préliminaire*, qui a fait place tout-à-coup à une déception indéfinissable. On s'attendait, en effet, à trouver dans l'œuvre dernière de l'auteur de la *Mer*, des révélations nouvelles, des aperçus profonds, mais le lecteur surpris s'est arrêté aux premières pages, désolé en quelque sorte de ne pouvoir applaudir de nouveau l'écrivain, que maints paradoxes ont rendus si célèbre.

L'*Histoire de Sybille* de M. Octave Feuillet a été plus heureuse; le succès, mais un succès d'estime, a souri à son apparition. C'est un livre charmant que ce livre du nouvel académicien; plus charmant mille fois que

Salammbô de M. Gustave Flaubert, qui vient d'être mis en vente et autour duquel résonnent en ce moment toutes les fanfares de la réclame.

Mais les romans ne sont pas notre affaire et si nous les citons c'est simplement pour mémoire. Nous préférons de beaucoup à ces compositions éphémères, les livres utiles et sérieux qui se publient chaque jour, et qui, moins fortunés que les romans, prennent place dans nos bibliothèques, sans les honneurs d'une ronflante publicité. Parmi les ouvrages sérieux publiés récemment nous recommandons à nos lecteurs l'*Alexandriade* ou chanson de geste d'*Alexandre-le-Grand*, épopée romane du XIIe siècle, de Lambert le Court et Alexandre de Bernay, publiée pour la première fois en France avec introduction, notes et glossaire par MM. F. Le Court de la Villethassetz et Eugène Talbot. Cette épopée d'un haut intérêt historique et littéraire sera certainement bien venue de tous les savants. Les notes qui l'accompagnent sont rédigées avec infiniment de talent et l'introduction est à elle seule tout un livre où l'érudition la plus vaste se développe dans un style de la plus admirable netteté.

L'espace nous manque aujourd'hui pour parler d'une monographie très-curieuse du château de Pau, publiée par M. G. Bascle de Lagrèze, conseiller à la cour impériale de Pau. Cette monographie a pour titre : *Le Château de Pau*, souvenirs historiques, son histoire et sa description. Nous y reviendrons prochainement. En attendant, signalons cette monographie, comme indispensable à tous les amateurs qui collectionnent sur les châteaux royaux en particulier et sur l'histoire de France en général.

Les ventes publiques de livres ont été nombreuses en ces derniers temps. L'une des plus remarquables est celle de la bibliothèque de M. le comte de Labédoyère, qui se distinguait surtout par la belle condition des ouvrages qui sont généralement brochés. La vente de la bibliothèque du chevalier Binda, faite par M. Delbergue-Cormont, assisté de M. Hérold, comportait un grand nombre de bons livres qui ont été adjugés à des prix généralement très-élevés.

Nous ne terminerons pas cette chronique sans parler quelque peu de la vente de la bibliothèque de M. le vicomte d'O***, qui aura lieu le 15 décembre, et dont le catalogue doit être parvenu en ce moment à tous nos lecteurs.

Ce catalogue est sans contredit de la plus haute importance en raison de la variété et de la richesse des matières bibliographiques qui le distinguent tout particulièrement. M. le vicomte d'O***, recherchait les bons livres de tous les genres, de toutes les époques, depuis ceux publiés aux premiers temps de l'imprimerie jusqu'aux ouvrages célèbres, sortis des presses modernes. Nous ne parlerons ici, ni de la *Bible historial*, admirable manuscrit ancien, ni du *livre d'Heures de 1480*, aux splendides miniatures, ni du grand ouvrage du *Père Anselme*, ni du *Dictionnaire de la Chenaye-Desbois*, ni du *Roman des 3 pélérinaiges de Guillaume de Guilleville*, si curieux par ses variations avec les éditions qui en ont été données, ni du *Viel Testament de la Bible*, premier livre français imprimé à Lyon par Bartholomieu Buyer. Les amateurs sérieux ont déjà, nous le croyons du moins, lu attentivement les longues notes qui abondent dans tout le catalogue et qui sont d'une grande exactitude bibliographique.

LE BIBLIOPHILE JULIEN.

DISCOVRS TRAGICQVE ET LAMENTABLE (1).

De la crvavté inhùmaine d'vne femme vefue, laquelle estant remonstree par son propre fils de sa paillardise et meschante vie, par vindicte, l'empoisonne, poignarde, couppe sa teste, et tous ses autres membres.

Dieu ayant mis au monde l'homme, et l'ayant créé à son image et semblance, il luy a donné toutes choses nécessaires pour son corps et salutaires pour son ame. Premierement il luy a donné les cinq cens de nature pour nourrir et alimenter son ame, et pour son corps il luy a dôné autant de moyens qu'il luy est nécessaire : car il luy a donné la dominatiô sur tous animaux tât soient ils feroces et atroces qu'il ne les puisse amener et commander soubs sa domination et à sa puissance, et outre il luy a baillé vn tel moyê qu'il s'en peut seruir, nourir et repaistre quant au corps : auec ce il ny a chose au monde que l'hôme n'ait à sa puissance pour cômander et dominer, mesmes sur les eauës de la mer et aux poissons habitans en icelle : mais quâd il viêt à parler de se pouuoir dominer soymesme, il luy est impossible du tout : car quand il la mis au môde il la muny et bien armé de toutes choses nécessaires pour resister ou pour euiter aux tentations qui luy sont de iour en iour presente, c'est à sçauoir au Diable qui est le vrai bourreau et ennemy de noz ames quand nous nous abandonnons trop curieusement aux sept pechez mortels, branches et circonstances d'iceux : car il ny a hôme quel qu'il soit qui se puisse exêpter des assaux furieux de cest ennemi mortel de nos ames, qui n'est qu'vn monstre hideux : si nous voulons bien considerer sa puissance il est si sot que si nous estiôs tous sages entre dix mille il n'en pourroit pas gaigner vn seul, chose incroyable à plusieurs : car le soldat qui est moins que rien, quand il s'en va en bataille contre son ennemy, tousiours il se vante que de demy douzaine qu'il combatra il n'en reschapera que six, tant il est fier et orgueilleux. Et pour reuenir à mô piteux et tragicque discours, (ie diray deux mots en passant) qui ny a au monde si petit ny si grand qu'il ne soit sujet à vn péché mortel ou plusieurs autres branches et circonstances d'iceux, donc de chacun peché ie laisse la dispute aux Theologiens de l'Eglise qui voguêt et ont domination soubs la barque et nauire de sainct Pierre, qui ont charge des ames en ce monde mortel : mais si nous voulons considerer les pechez que nous commettons iournellement de iour en iour, et moy pour le premier, n'estât pas au monde pour corriger le magnificat, mais seullement comme vn ver de terre et grand pecheur, i'ay mis la main à la plume, n'ayant oublié le prouerbe commun qui dit, *nemo sine crimine viuit.* Donc ce present discours ne tend à autre chose qu'à vous narrer et raconter ce qui est aduenu à vne pauure pecheresse, qui est vne seconde Medee, laquelle a esté tant cruelle, barbare et inhumaine, que d'elle mesme a deffaict de sa propre main, ce que toutes les plus cruelles bestes qui sont au monde ne voudroyent iamais faire. Et comme dit Platon en son liure des animaux, tant raison-

<hr>

(1) Nous reproduisons ici, sans aucun préambule, une curieuse plaquette de 16 pages, dont nous possédons l'original publié *à Lyon, jouxte la coppie imprimée à Rouen, par Pierre Courrant, 1604.*   Mme B.-D.

nables qu'irraisônables, que la femme n'est pas autre cstose qu'vne An-
drogine, pour donner milles ennuis à l'hôme, et mesmes ledit Platon en
ses escrits dit, qui est vn des premiers personnages du môde : Il doute en
quel rang il doibt mettre la femme, c'est à sçauoir au rang des bestes
raisonnables ou irraisonnables : car par la femme le premier peché est
mis au môde, et outre que par plusieurs femmes on void aduenir plusieurs
guerres et dissentions, mesme de nostre temps, comme on a veu depuis
cinquante ans en ça.

Donc ceste femme cy dequoy ie vous veux parler a esté tât cruelle et
inhumaine qu'ayant esté nourrie dès sa ieunesse d'vn païsant et d'vne
païsanne, toutesfois assez riches côme de deux à trois cens liures de
rente, qui est vn beau reuenu pour vn païs de basse Normandie Euesché
de Constance pres de Bretaigne, et proche de la mer Septentrionalle assez
bon païs, lesquels n'auoient enfans fils ne filles que celui enfant, pre-
noient trop grand plaisir à nourrir et alimêter ce môstre hideux qu'ils
trouuoient neantmoins beau et parfait en toutes ses actions, gestes et fac-
tions, que s'ils n'eussent craint les commâdemens de Dieu, ils l'eussent
adoré comme idolle, et dés son adolescêce ils commêcerent si bien à la
nourrir en toutes conuoitises; tant de petites bagues, carcans, ioyaux, et
de plus en plus en haussecouls, portefraises, collets, nouuelles, chaines,
doreures, pareures, qui n'appartenoient à son estat, et de plus en plus
ils lui mirent l'orgueil au ventre, comme n'ayant enfant que cestui là :
apres l'enuoierent à l'escolle pour bien apprendre à lire, prononcer et
escrire, chose pour acheuer de la gouuerner en tous les arts et sciêces,
comme pensant bien faire, encores que le sieur de Marconuille en son
liure blasme beaucoup la trop grande science des femmes, toutesfois ils
l'sleuoient en plus grand estat d'hôneur qu'ils pouuoiêt : estant doncques
en l'aage de quinze ans elle fut mariée à vn ieune gentilhôme nommé de
la Porte dudit païs de Normandie, ayant de quatre à cinq cens liures de
rête, assez beau moyen pour viure audit païs, dont elle eut deux beaux
enfans, à sçauoir vn fils et vne fille. En secondes nopces elle eut vn hon-
neste homme nommé Iacques Hauart bon marchand trafficquant de poilles
et batterye, selon la coustume du païs et de ladite ville, dont elle eut
deux filles en troisiesme nopces. Elle eut côme estant belle ieune et de
bon aage vn autre ieune homme nommé pierre le Pontoys bon marchât
traficquant par mer et par terre, tant en Angleterre, Bretaigne que Poy-
tou, dudit mestier et estat de poyllerie et batterie qui est tel estat que
qui n'est du sang ou extraict d'icelui, il n'en peut trauailler, estant donc
seule fille heritiere de son pere elle possede tous les moyens de sondit
pere et de sa mere apres leurs trespas : l'orgueil qu'elle pouuoit auoir
tant à cause de ses moiens que de tous ses douayres elle fut tellement
esleuce en orgueil et somptueuse cupidité, que derechef elle fut vefue.
Ie tais soubs silêce la rumeur et commun bruit du païs qu'elle pouuoit
auoir à cause qu'ils n'eurent point d'enfans ensemble. Et estant derechef
demeuree vefue pour la troisiesme fois, et aiant quatre enfans, c'est à
sçauoir deux du premier et deux du second, tousiours iouïssante, tant
des moyens que des douaires de ses maris.

La fin au prochain numéro.

[Footnote text illegible]

1091. **Abrégé des fables d'Ésope** orné des figures analogues à chaque fable. *Paris*, 1795, in-8 c. n. r. 6 fr.

1092. **Almanachs royaux,** années 1706, in-8 vélin, *rare.* Exemplaire interfolié de papier blanc. 12 fr.
— 1814-1815, in-8 cart. *rare.* 4 fr.
— 1827, in-8 cart. 3 fr.

1093. **Amours pastorales** (les) de Daphnis et Chloé, escrites en grec, par Longus et translatées en François, par Jacques Amyot. *Bouillon*, 1776, in-12 mar. r. dent. tr. d. figures. 18 fr.

Titre gravé par Coypel. Très-bel exemplaire remboité dans une reliure fort jolie.

1094. **Ancillon.** Tableau des révolutions ou système politique de l'Europe depuis la fin du XVe siècle, nouvelle édition. *Paris*, 1823, 4 v. in-8 d. r. v. f. 15 fr.

Ouvrage estimé.

1095. ΛΟΓΓΟΥ ποιμενικατα κατα Δαφνιν και χροην. *Parisiis, Didot*, 1802-4, in-fol. cart. fig. 15 fr.

Bel exemplaire en papier vélin avec les jolies figures de Prudhon.

1096. **Annuaire du Bibliophile,** du Bibliothécaire et de l'Archiviste, pour l'année 1862, publié par Louis Lacour. *Paris*, 1862, in-12 br. 3 fr.

1097. **Armorial de la chambre des Comptes** depuis l'année 1506, par Mlle Denys, armoriste de la Chambre, 2e édition. *Paris*, 1780, 2 v. in-4 fig. coloriées. 100 fr.

Ouvrage rare et précieux pour les recherches généalogiques. Les blasons de notre exemplaire ont été finement coloriés.

1098. **Armoiries et blasons,** petite encyclopédie de l'ornemaniste lithographiée à la plume, par A. Collette. *Paris*, s. d. in-8 obl. de 16 pl. d. r. ch. 5 fr.

1099. **Aufauvre** (Amédée). Les masques noirs ou le chirurgien de Bar-sur-Seine (1815). *Paris*, s. d. in-8 cart. n. r. 6 fr.

Exemplaire en papier vergé d'un ouvrage curieux, tiré à 25 exemplaires.

1100. **Aventures parisiennes** avant et depuis la Révolution par l'auteur des mille et une folies. *Paris*, 1808, 3 v. pet. in-8 d. r. 6 fr.

1101. **Bartholini.** De tibus veterum et earum antiquæ non libri tres. Edition altera, figuris auctior. *Amst.*, 1679, in-12 d. r. v. 5 fr.

Rare. Cet ouvrage est orné de curieuses figures dans le texte et hors texte.

1102. **Bartsch** (Adam). Catalogue raisonné des dessins originaux des plus grands maîtres anciens et modernes qui faisaient partie du cabinet de feu le Prince Charles de Ligne. *Vienne*, 1794, in-8 cart. n. r. 7 fr.

Papier vergé.

1103. **Beaumarchais** (A. de). La monarchie des Hébreux, par S. E. le marquis de Saint-Philippe, traduit de l'espagnol. *Lahaye*, 1728, 4 v. in-12 v. 7 fr.

1104. **Bibliomanie** (de la). *Lahaye*, 1761, in-8 br. 7 fr.

Piquante dissertation.

1105. **Biographie** des hommes vivants. *Paris, Michaud*, 1816, 5 v. in-8 cart. n. rog. 10 fr.

1106. **Bonafous** (Mathieu). Le ver à soie. Poème de Marc Jérôme Vida traduit en vers français avec le texte latin en regard. *Paris*, 1840, in-8 v. f. fig. (mouill.) 4 fr.

1107. **Boulogne** (de). Sermons et discours inédits de M. de Boulogne évêque de Troyes, précédés d'une notice historique sur ce prélat. *Paris*, 4 vol. in-8 d. r. v. 12 fr.

1108. **Brault** (L.). Recueil d'élégies, cantates et romances. *Paris*, 1812, in-12 mar. r. fil. tr. d. 5 fr.

1109. **Brœbes** (J.-B). Vues des Palais et Maisons de plaisance de S. M. le roi de Prusse. *Augsbourg*, 1733, in-fol. d. r. vél.   20 fr.

1110. **Brunner** (Andrea). Excubiæ tutelares LX Heroum qui ab anno CHDVIII, theodonem in principatu Boiariæ, etc. — Recueil de 59 portraits avec magnifiques ornements, titre gravé in-12 cart.   8 fr.

1111. **Buffon.** Œuvres complètes avec les suites de M. Achille Comte, accompagnées de 161 planches représentant plus de 800 animaux et d'un beau portrait de Buffon. Dessins de Victor Adam, 4ᵉ édition. *Paris*, 1845, 6 v. gr. in-8 d. r. ch.   30 fr.
Bel exemp'aire.

1112. **Bussy-Rabutin.** Histoire amoureuse de France. *Amst.*, chez Isaac van Dyck (*à la sphère*), 1677, in-12 v. fauv.   10 fr.

1113. **Cachet** (Emile). Lettres inédites de Pierre-Paul Rubens, publiées d'après ses autographes et précédées d'une Introduction sur la vie de ce grand peintre et sur la politique de son temps. *Bruxelles*, 1840.   5 fr.

1114. **Catalogue** de livres rares et précieux, anciennes poésies, Romans de Chevalerie, Chroniques, etc....., provenant de la Bibliothèque de M. le P. d'E... *Paris*, 1845, in-8 cart. pap. vergé n. r.   4 fr.

1115. **Catalogue** des ouvrages mis à l'index contenant le nom de tous les livres condamnés par la cour de Rome depuis l'invention de l'imprimerie jusqu'en 1825, avec les dates des décrets de leur condamnation, 2ᵉ édit. *Paris*, 1826, in-8 cart. à la brad.   6 fr.

1116. **Charnage** (de). La recherche du vrai bien, 2ᵉ édit. revue. *Paris*, 1850, in-8 br.   2 fr.

1117. **Chanlaire**, atlas national de la France en départements, revu et augmenté en 1806, conformément aux nouvelles divisions du territoire. *Paris*, 1806, gr. in-fol. d. r. v. n. rogné.   10 fr.

1118. **Crapelet.** Le pas d'armes de la Bergère, maintenu au Tournoi de Tarascon, publié d'après le manuscrit de la Bibliothèque du Roi, avec un précis de la Chevalerie et des Tournois et la relation du Carrousel exécuté à Saumur en présence de S. A. R. Madame, Duchesse de Berry le 20 juin 1828. *Paris, Crapelet*, 1835, in-8 gr. pap. vél. fig. color. 15 fr.

1119. **Decremps.** Magie blanche et les petites aventures de Jérome Sharp, Professeur de Physique amusante. Ouvrage contenant autant de tours ingénieux que de leçons utiles avec quelques petits portraits à la manière noire, 18 fig. *Bruxelles*, 1789, 4 tomes en 2 vol. in-8 v. f.   8 fr.
Ouvrage très-curieux.

1120. **Dellon.** Relation d'un voyage fait aux Indes orientales, contenant la description des Isles de Bourbon et de Madagascar, etc. *Amst*, 1699, in-8 v. (*titre grav.*)   3 fr.

1121. **Détail** des nouveaux jardins à la mode. *Paris*, s. d. *chez le Rouge*, in-fol. cart. fig. et description 10 fr.

1122. **Dulaure** (J. A.) Histoire, physique, civile et morale de Paris..... ornée de gravures. *Paris*, 1821, 8 v. in-8 d. r. v. n. rog. 15 fr.

1123. **Faustii Michaëlis.** Philaletha illustratus sive introitus apertus ad occlusum Regis Palatium. *Francofurti*, 1706, in-12 vél. fig. (*titre gravé curieux*).   4 fr.

1124. **Fournier.** Nouveau Dictionnaire portatif de Bibliographie, 2ᵉ édit. *Paris*, 1809, in-4 cart. 8 fr.
Bel exemplaire.

1125. **Gautier de Sibert.** Histoire des Ordres Royaux, hospitalières et militaires de Notre-Dame du Mont-Carmel et de Saint-Lazare de Jérusalem. *Paris*, Impr. Roy. in-4 cart. n. rog. (*fig. d'Eisen*).   12 fr.

1126. **Grand théâtre historique** pour l'usage de S. A. R. le Prince Royal de Prusse, ou nouvelle histoire universelle (par Gueudeville). *Leyde*, Van der AA, 1705, 5 tomes en 3 vol. in-fol. d. r. bas. non rog. titres gravés, portraits, quantités de grav. dans le texte. Superbe exemplaire.   50 fr

1127. **Histoire des Ministres d'Estat** qui ont servi sous les Roys de France de la troisième lignée, le tout justifié par les chroniques des auteurs contemporains, etc. *Paris*, 1642, in-fol. vél. portraits   20 fr.

1128. Huber. Notices générales des graveurs, divisés par nation, et des peintres rangés par écoles, etc. *Dresde*, 1787, in-8 . . . . . 15 fr.

1129. Lachambeaudie. Fables couronnées deux fois par l'Académie française, précédées d'une introduction par Pierre Leroux. Edit. illustrée. *Paris*, 1851, in-8, d. r. ch. fig. . . . . 12 fr.

Portrait de l'auteur. Bel exemplaire.

1130. La prise et capitvlation de la ville de Mery sur Seyne avec la deffaite du sieur de Poitrincourt, et sa mort, et comme ce tout est arrivé, et les noms de ceux qui y ont assisté, et autres particularitez remarquables. *Paris, chez Abraham Savgrain*, 1615, avec permission. In-8 d. r. mar. vert. 10 fr.

N° 16 de la reimpression à petit nombre sur pap. de couleur.

1131. La reprise de la ville de Mery sur Seine, sur Mr le Prince par les sieurs marquis de la Vieville, d'Andelot et Pointrincourt. *Paris, chez Pierre des-Haïes, en l'isle.* 1620, avec permission, in-8 d. r. mar. vert. 10 fr.

N° 6 de la reimpression à 17 exempl. sur pap. orange.

1132. Les quinzes joies du Mariage. Nouv. édit. conforme au manuscrit de la Bibliothèque publique de Rouen avec les variantes des anciennes éditions. une note bibliographique et des notes. *Paris, Janet*, 1853, in-16, pap. verg. n. rog. 4 fr.

1133. Le tombeau philosophique ou Histoire du marquis de X*** à Mme de X***, par le chevalier de la B***. *Amst*, 1751, 2 tomes en 1 v. in-8 (*titre gravé*). 5 fr.

1134. Lettres sur l'origine de la Noblesse française et sur la manière dont elle s'est conservée jusqu'à nos jours. *Lyon*, 1773, in-8 br. 5 fr.

Ouvrage très-intéressant et rare en cette condition.

1135. Lettres de Ninon de l'Enclos au marquis de Sévigné. *Amst., Fr. Joly*, 1750, 2 tom. en 1 v. in-12 v. 3 fr.

Belles marges, portrait de Ninon, titre gravé.

1136. Magnicourt (N. D. de). Deploration du trespas de très-illustre princesse dame Diane de Lorraine, duchesse de Piney, laquelle trespassa en son château du Pougy, le seizième iour de may 1585. *Troyes, par J. Griffart*, 1585. Réimpression à 15 exemplaires pap. vergé (n° 6), in-8 d. r. mar. rouge. 10 fr.

1137. Massillon. Conférences et discours synodaux sur les principaux devoirs des ecclésiastiques avec un recueil de Mandemens sur différents sujets. *Paris*, 1776, 3 v. in-12 v. 3 fr.

1138. Mémoires historiques sur la ville d'Alençon et sur ses seigneurs par Odolant Desnos, seconde édition, annotée par M. Léon de la Sicotière et suivie d'une bibliographie alençonnaise de la recherche de la noblesse de la généralité d'Alençon. Première livraison. *Paris*, 1858, in-8 br. pap. verg. 4 fr.

1139. Mémoires du capitaine Landolphe, contenant l'histoire de ses voyages pendant 36 ans aux côtes d'Afrique et aux deux Amériques. Rédigés sur son manuscrit par J. S. Quesné. Ornés de trois gravures. *Paris*, 1825, 2 vol. in-8, c. n. r. 5 fr.

1140. Millevoye (Charles). Belzunce ou la peste de Marseille et la bataille d'Austerlitz, poèmes, suivis d'autres poésies. Seconde édition. *Paris*, 1809, in-12, v. fil. fig. 3 fr.

1141. Notice sur le port de Boulogne avec une carte dressée pour l'intelligence de la traversée du détroit. *Boulogne*, 1842, in-8 cart. 3 fr.

1142. Nodier, Lurine (et autres) Les environs de Paris, Paysage, Histoire, Monuments, Mœurs, chroniques et traditions, etc, ouvrage illustré de 200 dessins par les artistes les plus distingués. *Paris*. s. d. in-8 cart. à l'angl. tr. d. *figures*. 12 fr.

1143 Oracles divertissants (les) ou l'on trouve la décision des questions les plus curieuses pour se réjouir dans les compagnies, avec un traité très-récréatif des couleurs aux armoiries, aux livrées, et aux faveurs et la signification des Plantes, fleurs et fruits. Le tout accommodé à la diction françoise, par M. W. D. L. C. *Paris*, 1652 in-12 d. r. bas. (*titre gravé*). 6 fr.

1144. Oracoli, auguri, aruspici, sibille, Indovini della religione pagana tratti; da antichissimi monumenti osulle traccie della Storia delineati dal celebre Jacobo Guarana. *In Venezia* vel 1792 in-fol. d. r. vél. 20 fr.

Texte encadré; 42 belles planches.

1145. **Ordo divini officii,** sacrumque faciendi, juxta rubricas breviarii ac missalis sanctæ Romanæ Ecclesiæ anno 1826. *Lugduni,* 1826. in-12 v. fil. tr. d. (*fleurs de lys*). 2 fr.

1146. **Orne.** Le département de l'Orne, archéologique et pittoresque par MM. Léon de la Sicotière et Auguste Poulet Malassis et par une société d'antiquaires et d'archéologues. *Laigle,* 1845, in-fol. d. r. 60 fr.

Très-bel exemplaire avec de nombreuses planches en lithographie et en lithochromographie, représentant les villes, châteaux et antiquités du département de l'Orne.

1147. **Oxenstirn** (le comte d'). Pensées sur divers sujets. Nouvelle édition revue par M. D. L. M. 2 v. in-12 v. (*titre gravé*). 4 fr.

1148. **Pancirole** (Guidi). Noticia utraque dignitatum cum Orientis, tum Occidentes ultra arcadii Honoriique, etc. *Lugduni,* 1608. in-fol. v. fig. 8 fr.

1149. **Papworth** (J. B.). Rurale résidence causisting of designs for cottages, decorated cottage, villas, etc. *London* 1818, in-4 v. f. tr. d. 20 fr

Magnifique exemplaire relié par Thouvenin d'un ouvrage recherché pour la beauté de ses dessins de villas et jardins anglais. 27 pl.

1150. **Poisson.** Œuvres. *Paris,* 1582, 2 v. in-12 v. 3 fr.

Ouvrage très-curieux contenant quelques pièces de théâtre d'un bon style et d'une composition remarquable.

1151. **Quatremère de Quincy.** Canova et ses ouvrages, ou mémoires historiques sur la vie et les travaux de ce célèbre artiste. *Paris,* 1834, in-8. cart. n. r.

Cet exemplaire en papier vélin est legèrement mouillé à la marge supérieure.

1152. **Recueil d'Estampes** représentant les différents événements de la guerre qui a procuré l'Indépendance aux Etats-Unis de l'Amérique. *Paris,* s. d. *chez Ponce* graveur de *M. le Comte* d'Artois, in-fol. obl. cart. 15 fr.

16 planches très-curieuses gravées en taille douce.

1153. **Recueil d'opuscules** et de fragments en vers patois, extraits d'ouvrages devenus fort rares. *Paris,* 1839. in-12 c. n. r. 5 fr.

Ce volume imprimé à 120 exempl. contient des pièces de *Babu, Bergoing, Chapelon, Courlet de Prades,* etc., et divers ouvrages anonymes.

1154. **Redouté.** Les Roses peintes, par P. J. Redouté, décrites et classées selon leur ordre naturel par C. A. Thory. 3e édition, publiée sous la direction de M. Pirolle. *Paris,* 1835, 3 v. in-8 cart. à l'angl. fig. 55 fr.

Nombreuses figures coloriées.

1155. **Sacre et couronnement** de Louis XVI à Rheims le 11 juin 1775. Précédé de recherches sur le sacre des Rois de France depuis Clovis jusqu'à Louis XI et suivi d'un journal historique de ce qui s'est passé à cette auguste cérémonie, enrichie d'un très-grand nombre de figures en taille-douce gravées par le sieur Patas, avec leurs explications. *Paris,* 1775, in-4, n. rog., mar. rouge du Levant à comp. doré en tête. 34 fr.

Grandes planches, portraits, costumes, etc., belles épreuves. Superbe exemplaire.

1156. **Sacre et couronnement** (le) de Louis XVI, dans l'Eglise de Reims, le 11 juin 1775, enrichi d'un très-grand nombre de figures en taille-douce. *Paris,* 1775, in-8 v. 18 fr.

Nombreuses et belles figures et portraits avec encadrements, beaux costumes

1157. **Saintes** (le livre des), par M. M. Didon, etc., méditations poétiques par Me de Girardin, M. de Lamartine, etc., orné de 12 gravures. *Paris,* 1835, in-8 d. r. v. fig. 5 fr.

1158. **Sannazar.** Biographie moderne de cet auteur célèbre en Italie. Le titre de cette jolie plaquette in-12 cart. ne porte ni date ni lieu d'impression. 3 fr.

1159. **Vulson de la Colombière.** La science héroïque traitant de la noblesse de l'origine des armes, etc., avec la généalogie succincte de la maison de Bosmadec en Bretagne. Le tout enrichi d'un grand nombre de figures en taille-douce. *Paris. Cramoisy,* 1644, in-fol. (*blasons*). 70 fr

LIVRES

1160. **Ampère.** Histoire littéraire de la France avant le douzième siècle. *Paris,* 1839, 3 vol. — Histoire de la littérature française au moyen âge comparée aux littératures étrangères. Histoire de la formation de la langue française, par le même. *Paris,* 1841, 1 vol. en tout 4 vol. in-8 dos et coins v. r. 32 fr.

Bel exempl.

1161. **Antichita** (le) *di Ercolano esposte;* Napoli, *reg. stamperia,* 1757, 8 vol. in-fol. d. rel., nombr. fig. 160 fr.

Cet ouvrage remarquable est composé comme il suit: Peintures, 5 vol. Bronzes, 2 vol. Table, 1 vol.

1162. **Arrabida.** Floræ fluminensis regni brasiliensis iconer. *Parisiis, Senefelder,* 1827, 11 tomes en 5 vol. très-gr. in-fol. dem. rel. 100 fr.

Cette flore se compose de 1340 planches.

1163. **Barante** (de). Histoire des ducs de Bourgogne de la Maison de Valois, 1364-1477, 5e édit. *Paris, Dufey,* 1837, 12 vol. in-8 carton. à la Bradel, ébarbé, fig. 55 fr.

L'édition la plus recherchée. Belles épreuves.

1164. **Bayle** (P.). Dictionnaire historique et critique, nouv. édit. *Paris, Desoer,* 16 vol. in-8 d. r. v. rose (*bel exempl.*) 100 fr.

Ouvrage entièrement épuisé.

1165. **Boitard.** Le jardin des plantes, description et mœurs des mammifères de la ménagerie et du muséum d'histoire naturelle. Précédé d'une introduction par J. Janin. *Paris,* 1842, gr. in-8 dem. r. v. fil. planches et vignettes sur bois. 12 fr.

1166. **Bossuet.** Ses œuvres. *Paris,* 1743, 12 vol. in-4 v. f. — Œuvres posthumes, 3 vol. in-4 v. br. en tout 15 vol. 60 fr.

1167. **Casanova de Seingalt.** Ses mémoires, écrits par lui-même. *Paris, Paulin,* 1833, 10 vol. in-8 br. 50 fr.

Édition originale, la seule complète.

1168. **Châteaubriant.** Œuvres complètes. *Paris, Pourrat,* 1837, 36 v. gr. in-8 sur grand papier vélin, br. fig. 125 fr.

C'est l'édition la plus belle et la plus recherchée.

1169. **Cicéron.** Œuvres complètes, publiées en français avec le texte en regard, par J. V. Le Clerc, 2e édit. *Paris, Lequien,* 1825, 40 vol. in-18 br. 75 fr.

1170. **Code** des Terriers ou Principes sur les matières féodales, avec le Recueil des Réglements sur cette matière. *Paris,* 1769, in-12 v. 6 fr.

1171. **Collection de Classiques latins,** édités par Barbou, 60 vol. in-12 veau racine. 180 fr.

Elle renferme les auteurs suivants : Plaute, 3 vol. — Terence, 2 vol. — Virgile 2 vol. — Horace, 1 vol. — Ovide, 3 vol. — Martial, 2 vol. — Phèdre, 1 vol. — Lucrèce, 1 vol. — Tite-Live, 7 vol. — Cesar, 2 vol. — Cornelius Nepos, 1 vol. — Pline l'ancien, 6 vol. — Pline le jeune, 1 vol — Ciceron, 14 vol. — Quinte-Curce, 1 vol. — Velleius Paterculus, 1 vol — Salluste, 1 vol. — Eutrope, 1 vol. — Seneque le philosophe, 1 vol. — Nouveau testament, 1 vol. — Imitation de Jesus-Christ, 1 vol. — Eloge de la folie, par Erasme, 1 vol. — Rapin, 1 vol. — Vanieres, 1 vol. — Theodore de Beze, 1 vol. — Debilons, 1 vol. — Sarberius, 1 vol. — Grenan, 1 vol.

La reliure de ces 60 volumes qui est celle des Barbou, est uniforme. On trouverait difficilement autant d'auteurs réunis de cette collection dans une aussi belle condition.

1172. **Corneille** (P.). Ses œuvres avec le commentaire de Voltaire. *Paris, Renouard,* 1817, 12 vol. in-8 br. pap. vergé non coupé. 35 fr.

1173. **Cuvier** (Geory). Le Règne animal distribué d'après son organisation pour servir de base à l'histoire naturelle des animaux, etc. *Paris, Masson,* 20 volumes dont 10 de planches coloriées, grand in-8 dos et coins maroquin rouge de Levant, ébarbé. 780 fr.

Magnifique publication. Exemplaire de toute beauté en état neuf. Le prix chez l'éditeur est de 1180 fr. relié.

1174. **Dassance.** Bibliothèque du Prédicateur. *Paris,* 1836, 15 vol.

in-8 dem. rel. . . . . 34 fr.

1175. Deguignes. Histoire générale des Huns, des Turcs, des Mogols et des autres Tartares occidentaux, etc. *Paris*, 1756, 5 vol. in-4
dem. rel.   75 fr.

Ouvrage recherché et peu commun.

**1176. Description de l'E-
gypte,** ou recueil des observations et des recherches qui ont été
faites en Egypte pendant l'expédition de l'armée française, 2° édition.
Paris, Panckoucke, 1820-30, 12 t.
en 10 vol. de planches, très-gr. in-
fol. et 24 tomes en 26 vol. in-8 de
texte dem. rel. v. bl. unif.   350 fr.

Bel exemplaire de cet important ouvrage.

1177. Documents historiques
inédits tirés des collections manuscrites de la Bibliothèque royale et
des Archives ou des Bibliothèques
des départements, publiés par
Champollion-Figeac. *Paris.* 1841,
4 v. gr. in-4 cart. fac-simile. 25 fr.

1178. Duhamel. Traité des arbres
et arbustes que l'on cultive en
France en pleine terre, sec. édit.
consider. augment. *Paris, Didot
aîné*, 1800-1819, 7 vol. gr. in-fol.
dem. rel. maroq. rouge.   600 fr.

Ce magnifique ouvrage, publié au prix de
2490 fr., est composé de 498 planches, très-bien
coloriées, d'après Redouté, représentant les
arbres et arbustes et leurs fruits; elles sont accompagnées d'un texte par M. Veillard, Jaume
Saint-Hilaire, Mirbel, Poiret et Loiseleur-Des-
longchamps. C'est un des quelques exemplaires
tirés sur *papier vélin grand in-folio* et dont les
planches ont été coloriées avec un plus grand soin
que les exemplaires en papier vélin ordinaire.

1179. Etat des Archevêchez, Evêchez,
Abbayes et Prieurez de France tant
d'Hommes que de Filles, de Nomination et Collation Royale, dans lequel on trouve l'Histoire, la Chronologie et la Topographie de chaque
Bénéfice et 48 cartes géographiques
par Dom Beaunier. *Paris.* 1743, 2
vol. in-4 v. (Rare).

Avec une table générale des abbayes, le nom
et Prieures de Filles, qui comprend aussi le Revenu
des Titulaires avec la date de leur nomination.

1180. Expilly. Dictionnaire géographique, historique et politique de la
Gaule et de la France. *Paris*, 1762,
6 vol. in-fol. v. br.   140 fr.

Ouvrage rare et recherché.

1181. Festiva ad capita anneclum-

que de Cursio a rege Ludovico XIV.
Principibus summisque aulæ pro
æribus, edita anno 1662. Très-grand
in-folio, broch.   40 fr.

Ce bel ouvrage est composé de 40 planches représentant les divertissements de la cour en
1662.

On y remarque la place du Carrousel où eurent
lieu les courses de bagues, ainsi que le cortège
a travers Paris, et les travestissements singuliers
de la cour et des gens de la suite du roi.

1182. Fleury. Histoire ecclésiastique. *Paris, Mariette*, 1722, 36 vol.
in-4 v. br.   60 fr.

1183. Flore médicale décrite
par Chaumeton, Poiret Chamberet,
peinte par Mme E. P .... et par J.
Turpin. *Paris, Panckoucke*, 1833,
6 vol. gr. in-8 d. rel. chagr. vert.
non rogn. planches coloriées. 65 fr.

1184. Florian. Ses œuvres, nouv.
édition, ornée d'un portrait et de figures. *Paris, Briand*, 1823, 13 vol.
in-8 v. fil. dent. à fr.   55 fr.

Bel exemplaire.

1185. Galerie de Florence et
Palais Pitti. Tableaux, statues. bas-
reliefs et camées de la galerie de
Florence et du Palais Pitti; dessinés
par Wicar, et grav. sous la direct.
de Lacombe ; avec les explications
par Mongez l'aîné, etc. *Paris, Lacombe*, 1789, 3 vol. gr. in-fol. dem.
rel.   500 fr.

Premières et superbes épreuves de cette magnifique collection. Notre exemplaire est tiré sur
*papier vélin superfin de Johannot d'Annonay et
non rogné.* Cette édition est la meilleure et la
plus recherchée.

1186. Galerie de S. A. R. Mgr le
Duc d'Orléans, dédiée à S. A. R.
Mme la Duchesse d'Orléans, publiée
par Ch^les Motte, 2 vol. gr. in-folio
dem.-rel. chagr. noir.   110 fr.

Recueil de 153 grandes et belles planches, tirées sur *papier de Chine*, accompagnées d'un
texte explicatif.

1187. Gau (F. C.). Antiquités de la
Nubie ou monumens inédits des bords
du Nil, situés entre la première et
la seconde cataracte, dessinés et
mesurés en 1819. *Paris, Firm. Didot*, 1822, in-fol. atlant. cart. dos
toile.   50 fr.

Très-belle publication composée de 64 planches
représentant des monuments nubiens et 14 planches d'inscriptions, avec un texte explicatif de
Niebuhr. Elle fait suite au grand ouvrage de la
commission d'Egypte.

1188. Généalogie de la Maison de

Broglie originaire de Quiers en Piémont. *Paris* 1843, in-8 br. fig. (*Rare*) 12 fr.

1189. **Guérin du Rocher.** Histoire véritable des temps fabuleux. *Paris*, 1824, 5 tomes en 4 vol. rel. (*Bel exempl.*) 15 fr.

1190. **Guizot.** Collection des Mémoires relatifs à l'histoire de France, depuis la fondation de la Monarchie jusqu'au XIII° siècle. *Paris*, 1834, 31 vol. gr. in-8 br. 135 fr.

1191. **Histoire** des Comtes de Toulouse, par Marture. *Castres*, 1827, in-8 br. 6 fr.

1192. **Histoire** de la Maison de Saxe Cobourg-Gotha, par Scheler. *Bruxelles* 1846, gr. in-8 br. fig. 7 fr.

1193 **Histoire** généalogique des Maisons souveraines d'Europe. *Paris* 1811, 2 vol in-8 demi. rel. v. 12 fr.

1194. **Hume and Smollet's** The history of England. *London*, 1808, 16 vol. in-8 rel. cuir de Russie. portraits et fig. sur bois. 60 fr.

Bel exemplaire, édition très-estimée.

1195. **Laborde.** Les monumens de la France classés chronologiquement et considérés sous le rapport des faits historiques et de l'étude des Arts. *Paris, P. Didot, l'aîné,* 1819, 2 forts vol. gr. in-fol. dem. r. chagr. bleu. 200 fr.

Ouvrage important, sous le double rapport historique et artistique; il est composé de 259 grandes planches, représentant les plus beaux monuments de la France.

1196. **La Fontaine.** Ses fables illustrées par J. J. Grandville. *Paris, Fournier,* 1839, 2 v. in-8 dem. rel. 20 fr.

Peu commun.

1197. **Lamartine** (A. de). Histoire des Girondins. *Paris, Furne,* 1847, 8 vol. in-8 dem. rel. chagr. bleu. (*Bel exempl.*) 32 fr.

1198. **Lavater** (G.). L'art de connaître les hommes par la physionomie, nouv. édit. corrigée et disposée dans un ordre méthodique, par Moreau (de la Sarthe). *Paris, Depélafol,* 1835, 10 vol. gr. in-8 dem. rel. v. fig. 55 fr.

1199. **Marchangy** (de). Tristan le voyageur, ou la France au XIV° siècle. *Paris, Urbain Cassel,* 1825, 6 vol. in-8 br. non coup. 16 fr.

1200. **Marmontel,** contes moraux. *Paris, J. Merlin,* 1765, 3 vol. — Bélisaire (et fragmens de philosophie morale). *Neufchâtel,* 1767, 1 vol.; en tout 4 v. in-8 v. rac. (*Bel exempl.*) 20 fr.

Avec le portrait de Marmontel grav. par Aug de Saint-Aubin, d'après Cochin, et beaucoup de jolies gravures de Gravelot.

1201. **Martin** (Henri). Histoire de France, depuis les temps les plus reculés jusqu'en 1789. *Paris, Furne,* 1838, 19 vol. in-8 dem. rel. v. fig. (*Bel exempl.*) 75 fr.

1202. **Michaud.** Histoire des croisades. *Paris, Furne,* 1849, 4 vol. gr. in-8 br. grav. s. acier. 20 fr.

1203. **Michelet.** Histoire de France jusqu'au XVI° siècle, nouv. édit. *Paris, Hachette,* 1852, 6 vol. in-8 br. non coup. 25 fr.

1204. **Mignet.** Histoire de la Révolution depuis 1789 jusqu'en 1814. 5e édit. *Paris, Didot,* 1833, 2 vol. in-8 d. rel. mar. rouge. 6 fr.

1205. **Musée** de peinture et de sculpture, ou Recueil des principaux tableaux, statues et bas-reliefs des collections publiques et particulières d'Europe, dessiné et gravé à l'eau forte, par Réveil, avec des notices descriptives, critiques et historiques, par Duchesne aîné, en français et en anglais. *Paris, Audot,* 1828-34, 16 vol. pet. in-8 br. 120 fr.

1206. **Musée Dantan.** Galerie des charges et croquis des célébrités de l'époque, avec le texte explicatif et biographique. *Paris, Delloye,* 1839, gr. in-8 dem. rel. maroq. vert tranche supérieure dorée, ébarbé. fig. 20 fr.

Rare. Bel exemplaire.

1207. **Notices et extraits** des manuscrits de la bibliothèque du Roi. *Paris, impr. roy.,* 1787, et années suiv., 15 vol, in-4 dem. r. v. 10 fr.

Bel exemplaire, de reliure uniforme.

1208. **Offrande** aux François de quelques actes de notoriété, de conservation renfermant beaucoup de particularités intéressantes, nonseulement pour tous les gentilshommes de l'Europe, mais pour tous les hommes vivants en société. *Paris,* 1791, in-8 br. 8 fr

1209. **Ovide**. Les Métamorphoses, traduites en vers, avec des remarques et des notes par De Saintange, nouv. édit. rev. et corrig. avec le texte latin en regard. *Paris, Deray,* 1808, 4 vol. gr. in-8, dos et coins, maroq. du Levant, pap. vél. (*témoins*). 80 fr.

Très-bel exemplaire d'un ouvrage remarquable par la beauté et le grand nombre des gravures dont il est orné et qui sont d'Eisen, Moreau, etc. Les épreuves sont de toute beauté.

1210. **Pascal** (Adrien). Histoire de l'armée et de tous les régiments depuis les premiers temps de la monarchie jusqu'à nos jours, avec des tableaux synoptiques par H. Brabant et des tableaux chronologiques par le capitaine Sicard. *Paris,* 1847, 4 vol. gr. in-8 dem. rel. 18 fr.

Avec un grand nombre de planches coloriées donnant les costumes de l'armée française depuis les premiers temps de la monarchie jusqu'à nos jours.

1211. **Procès-verbal** de la Recherche de la Noblesse de Champagne, par Caumartin. *Chaalons,* 1673, pet. in-8.

1212. **Quinet** (Edgar). Ses œuvres complètes. *Paris, Pagnerre,* 1857. 10 vol. in-8 br. (*exemplaire très-frais*). 34 fr.

1213. **Recherches** et Observations. sur les lois féodales, sur les anciennes conditions des Habitants des Villes et des Campagnes, leurs possessions et leurs droits, par Doyen. *Paris,* 1779, in-8 v. 8 fr.

1214. **Recherches** historiques sur les derniers jours des Rois de France, leurs funérailles, leurs tombeaux, suivies d'une Notice sur St.-Denis, etc., par Berthevin. *Paris,* 1825, in-8. br. 5 fr.

1215. **Recueil** général de tous les bénéfices et Commanderies de France et de ses dépendances, par ordre alphabétique, avec leurs noms Latins, Français, leurs revenus, leurs qualitez, leurs diocèses et le lieu où ils sont situez, etc., etc., par le Pelletier. *Paris,* 1690, in-12 v. (*Rare*) 15 fr.

1216. **Redouté** (P.J.). Les Liliacées. *Paris, de l'impr. de Didot jeune,* 1802-16, 8 vol. gr. in-fol. pap. vél. dem. rel. maroq. rouge. 440 fr.

Magnifique ouvrage, composé de 480 grandes planches, coloriées (exemplaire du comte de Portalis).

1217. **Représentation des fêtes** données par la ville de Strasbourg pour la convalescence du Roi à l'arrivée et pendant le séjour de Sa Majesté dans cette ville, invent. dessiné et dirigé par J. M. Weis, gr. in-fol. — Fêtes publiques données par la ville de Paris à l'occasion du Mariage de Monseigneur le Dauphin avec Madame Marie-Thérèse, Infante d'Espagne, le 23 et 26 février 1745. *Paris,* 1740. gr. in-fol. 2 ouvrages en 1 vol. gr. in-fol. titre gravé. 200 fr.

La reliure de ces deux ouvrages est en mar. rouge très-larges dent. et aux armes de la Ville de Paris, elle est signée sur le titre : *Relié par Padeloup, Relieur du Roy, Place Sorbonne, à Paris.* Le premier ouvrage renferme un superbe portrait équestre de Louis XV représentant les diverses fêtes qui eurent lieu à Strasbourg. Le texte qui suit est entièrement gravé et orné d'un riche encadrement dans le style de Louis XV. — Le second est composé d'un texte également gravé et non moins richement orné. Un titre gravé par Eisen et Lafosse, un frontispice allégorique d'après Hutin gravé par Lebas et 19 grandes planches représentant les décorations, illuminations, mascarades, qui eurent lieu à l'Hôtel-de-Ville, composent ce beau volume.

1218. **Rollin.** Œuvres complètes. Nouv. édit. accomp. d'observations et d'éclaircissements historiques, par Letronne. *Paris, Didot,* 31 vol. in-8 br. non coup. 75 fr.

1219. **Le roman du renart,** publié d'après les manuscrits de la Bibliothèque du roi des XIII⁰, XIV⁰ et XV⁰ siècles, par M. D. M. Méon. *Paris,* 1855, 5 vol. in-8 br. 24 fr.

1220. **Roullion-Petit.** Campagnes mémorables des Français en Égypte, en Italie, en Hollande, en Allemagne, en Prusse, en Pologne, en Espagne, en Russie, en Saxe, etc., ou histoire complète de toutes les opérations militaires de la France, depuis l'époque de l'expédition d'Egypte jusqu'à celle du traité de paix du 20 nov. 1815. *Paris,* 1817, 2 vol. gr. in-fol. d. r. pap. vél. 55 fr.

Cet ouvrage, publié à un prix fort élevé, est enrichi de 25 belles planches dessinées par Duplessi-Berlaux, Swebach, Carle Vernet, etc. et gravées à l'eau-forte par Couché. Dans le second volume se trouvent 100 portraits des généraux qui se sont le plus distingués.

1221. Rousseau (J.-B.). Ses œuvres. Nouv. édit. avec un commentaire historique et littéraire, précédé d'un nouvel essai sur la vie et les écrits de l'auteur. *Paris, Lefèvre*, 1820, 5 vol. in-8 cart. 20 fr.

1222. Saint-Non (de). Voyage pittoresque à Naples et en Sicile, nouv. édit., corrig , augment. et mise dans un meilleur ordre. *Paris*, 1829, 4 vol. in-8 de texte et 3 vol. gr. in-fol. de planches, jol. dem. rel. unif. *(bel exempl.)*   100 fr.

Cette belle édition est composée de 560 planches représentant des vues, des tableaux, des intérieurs d'édifices, la plupart gravés à l'eau-forte par St-Aubin, Marillier, Fragonard, Cochin, Duplessi-Bertaux et Queverdo.

1223. Saint-Simon (le duc*)*. Ses mémoires complets et authentiques sur le siècle de Louis XIV et la régence. Précédés d'une notice, par Sainte-Beuve. *Paris, Hachette*, 1856, 13 vol. in-18 angl. br.   22 fr.

1224. Sandrart. Académie de sculpture et peinture. *Nuremberg*, 1774, 8 vol. in-fol. dem. rel. ancienne, papier fort, fig.   170 fr.

C'est l'édition la plus complète de ce livre important, elle renferme près de 840 planches qui représentent les œuvres des plus fameux peintres, sculpteurs, architectes, égyptiens, grecs, romains, hollandais, allemands, etc. Les épreuves sont de toute beauté.

1225. Strabon. Géographie traduite du grec en français. *Paris, imprimerie Impériale*, an XIII, 1805, 5 vol. in-4 rel. pleine gr. pap. vél.   140 fr.

Édition rare et recherchée. Cet exemplaire est imprimé sur grand papier vél.

1226. Texier (Edm.). Tableau de Paris. *Paris, Paulin*, 1853, 2 vol. in-fol. dem. rel.   20 fr.

Cet ouvrage est illustré de 1500 gravures d'après les dessins de Hor. Vernet, Gavarni, Grandville, etc. Tous les monuments de Paris, les boulevarts, etc., etc , s'y trouvent représentés.

1227. Le Théâtre d'honneur et de Magnificence préparé au sacre des Rois, de la Vérité de la Sainte Ampoule, etc., par Dom Marlot. *Reims*, 1643, in-4 vél.   12 fr.

1228. Thierry (Augustin). Histoire de la conquête de l'Angleterre par les Normands, 4e édit. *Paris, J. Tessier*, 1836, 4 vol. in-8 dem. rel. chagr. bleu.   14 fr.

1229. Thiers. Histoire du Consulat et de l'empire. *Paris*, 1860, 19 vol. in-8 br.   65 fr,

1230. La Toscane françoise, contenant les éloges hist. et généalogique des Princes, Seigneurs, grands Capitaines de la Toscane lesquels ont été affectionnez à la Couronne de France, par J. B. l'Hermite Souliers. *Paris*, 1661, in-4 vél. (Blasons).   35 fr.

1231. Vaulabelle. Chute de l'empire. Histoire de deux Restaurations jusqu'à la chute de Charles X, 2e édition. *Paris*, 1817, 8 vol. in-8 non coupé.   28 fr.

1232. Ventenat. (E. P.) Choix de plantes dont la plupart sont cultivées dans le jardin de Cels. *Paris, de l'impr. de Crapelet*, 1803, gr. in-fol. dem. r. maroq. rouge, plats toile, pap. vél.   40 fr.

Bel exemplaire.

1233. Voltaire. Œuvres complètes. *De l'imprimerie de la Société littéraire typographique*, 1785, 70 vol. in-8 veau rac. fil. tr. dor.   200 fr.

Bel exemplaire, édition estimée, figures de Moreau.

1234. Wouvermans (Ph.) Hollandois. Ses œuvres, gravées d'après ses meilleurs tableaux qui sont dans les plus beaux cabinets de Paris et ailleurs, dédiées à S. A. S. Mgr le comte de Clermont, prince du sang, par J. Moyreau, graveur du Roy. *Paris, Morreau*, 1737, gr. in-fol. dem.-rel. dos et coins maroq. grenat.   100 fr.

Recueil important de 101 grandes et belles planches, y compris le titre et le portrait de Wouvermans.

HISTOIRE NUMISMATIQUE DE LA RÉVOLUTION FRANÇAISE, par M. Hénin. *Paris*, 1826, 2 vol. dont 1 de planches, in-4, br.   40 fr.

TABLE DES MATIÈRES

PREMIÈRE ANNÉE. — Numéros I à 7.

JUIN.

INTRODUCTION, par Mme Bachelin-Deflorenne. 1
LE LIVRE, par *G. Nicole* 3
LE DICTIONNAIRÉ DE LA NOBLESSE, par *le Bibliophile Julien* 5
LES OLYMPIADES, par *Reuillon* 7
CATALOGUES DE LIVRES ANCIENS A PRIX MARQUÉS. 9

JUILLET.

CHRONIQUE LITTÉRAIRE, par *le Bibliophile Julien*. 17
LETTRES INÉDITES DE BÉRANGER 20
LETTRE DE M. P. CHRISTIAN 21
LES SOIRS D'OCTOBRE, par *A. Lebailly* 22
L'HÔTEL-DE-VILLE, etc., par *E. la Rigaudière* 23
CATALOGUES DE LIVRES ANCIENS A PRIX MARQUÉS 24

AOUT.

CHRONIQUE LITTÉRAIRE, par *le Bibliophile Julien*. 33
CHRONOLOGIE DE L'HISTOIRE DE LA FRANCHE-MAÇONNERIE, par *M. P. Christian*. 35
CHARLOTTE CORDAY, par *M. A. de Martonne*. 36
CATALOGUES DE LIVRES ANCIENS A PRIX MARQUÉS 38

SEPTEMBRE.

CHRONIQUE, par *le Bibliophile Julien* 49
VENTE DE LA BIBLIOTHÈQUE DE M. LIBRI 50
LE DICTIONNAIRE DE LA NOBLESSE ET LA MAISON DESSALES, par *le Bibliophile Julien* 53
CATALOGUES DE LIVRES ANCIENS A PRIX MARQUÉS 54

OCTOBRE.

CHRONIQUE, par *le Bibliophile Julien* 65
UN MOT SUR LES BIBLIOTHÈQUES, par *M. P. Christian* 66
LE DICTIONNAIRE DE LA NOBLESSE ET LA MAISON DESSALES (*suite*), par *le Bibliophile Julien*. 68
CATALOGUES DE LIVRES ANCIENS A PRIX MARQUÉS 69

NOVEMBRE.

UN NOUVEAU DOCUMENT HAGIOGRAPHIQUE, par *M. A. De Martonne* . 81
LE DICTIONNAIRE DE LA NOBLESSE ET LA MAISON DESSALES (*suite et fin*), par *le Bibliophile Julien* 84
CATALOGUES DE LIVRES ANCIENS A PRIX MARQUÉS 87

DÉCEMBRE.

CHRONIQUE, par *le Bibliophile Julien* 99
DISCOURS TRAGICQUE ET LAMENTABLE, etc., (*réimpression curieuse*) . 101
CATALOGUES DE LIVRES ANCIENS A PRIX MARQUÉS 103

FIN DE LA TABLE.